교과서 너머

교육과정
마주하기

교과서 너머

교육과정
마주하기

초판 1쇄 발행 2015년 7월 7일
초판 2쇄 발행 2016년 11월 22일

지은이 이윤미 • 정남주 • 이길화 • 하늘빛 • 박미영 • 원혜진 • 서정아 • 박현혜 • 정광순
펴낸이 김승희
펴낸곳 도서출판 살림터

기획 정광일
편집 조현주
북디자인 꼬리별

인쇄·제본 (주)현문
종이 월드페이퍼(주)

주소 서울시 영등포구 양평로21가길 19 선유도 우림라이온스밸리 1차 B동 512호
전화 02-3141-6553
팩스 02-3141-6555
출판등록 2008년 3월 18일 제313-1990-12호
이메일 gwang80@hanmail.net
블로그 http://blog.naver.com/dkffk1020

ISBN 978-89-94445-91-5 13370

교과서 너머

교육과정 마주하기

초등 4학년 교육과정 개발 사례

이윤미 · 정남주 · 이길화 · 하늘빛 · 박미영
원혜진 · 서정아 · 박현혜 · 정광순 지음

살림터

교과서를 넘어서는 교사들

정광순 • 한국교원대학교

2012년 처음 신동초등학교 5학년 연구실을 방문한 날을 기억한다. 열 사람의 한 걸음 선생님들의 눈동자가 묘하게 흔들렸다. 내가 낯설기도 했겠지만, 교사들이 교수를 볼 때 보이는 경계심이 이 선생님들에게도 느껴졌다.

"우리가 하는 것이 맞나요……?"

첫날 선생님들과의 두어 시간의 대화를 통해서 내가 받은 핵심 질문이었다. 이 질문은 나름대로 교육과정을 개발하는 교사를 만날 때 가장 자주 받는 질문이다. 2012년은 이 선생님들이 교육과정을 개발하여 적극적으로 실천하기 시작한 첫해였다. 1년의 시간 동안 그들 안에서 '이렇게 해도 되나……, 이것이 맞는 건지…….' 이런 고민들이 많았을 것이다.

"실천해 보고, 선생님들이 체감하는 가장 큰 변화는 뭔가요?"

학생들과 함께 교육과정을 개발하여 실행하는 교사를 만나면 내가 하는 첫 번째 질문이다. 이 질문에 대한 이 선생님들의 답변은, "아이들이 순해졌어요, 아이들이 서로 돕고 배려해요, 수업 시간을 좋아해요……." 내가 듣고 싶었던 대답들이었다. 그때 이 선생님들의 실천이 앞으로도 계속되겠다는 예감을 가졌다.

이 선생님들은 2012년에 가르쳤던 5학년 아이들을 데리고 6학년으로 올라가 졸업을 시켰고, 2014년에는 4학년에서 시작해서 5학년으로 데리고 올라가 수업 실천을 계속해 오고 있다. 이 책은 그들의 실천을 기록한 두 번째 책이다.

이제 나는 더 이상 이 선생님들의 동공이 흔들리는 모습을 만나지 못한다. 더 이상 '맞나요?' 하는 식의 질문을 하지 않는다. 그들은 매 학기가 시작되기 전인, 2월과 8월 말에 동학년 교육과정 워크숍을 열어 예정된 한 학기 교육과정을 파악하고, 파악한 교육과정을 중심으로 수업 얼개를 만든다. 새 학기가 시작되면, 미리 계획한 수업 얼개에 학생들이 참여하여 수업은 좀 더 해 볼 만한 모습이 된다. 교사가 만든 계획은 학생이 수정, 보완함으로써 사전 수업의 얼개가 완성된다. 준비한 수업은 실제로 교실에서 학생과 교사의 손에서 살아 움직이기 시작한다. 교육과정은 수업으로 활성화되고, 교사는 활성화된 수업을 포착하고 기록한다. 학기 말이 되면 교사들은 실천을 기록하여 책으로 엮는다. 그들의 학습공동체 밖에 있는 더 많은 교사들과 대화하기 위해서……

이 책을 읽는 독자들은 아마도 그들이 내민 이 대화에 동참하고자 하는 예비 교사, 교사, 교사교육과정을 연구하는 연구자와 학자, 교수들일 것이다.

이 책은 누군가에게는 사례가 될 것이고, 누군가에게는 자신의 교육과정을 개발할 수 있는 생각의 단초를 제공할 것이고, 누군가에게는 학생에 맞는 교사교육과정을 만들어 보는 실천을 하게 할 것이다. 그리고 이 분야 연구자인 나에게는 교사교육과정의 모습과 그 과정을 그리게 해 준다. 국가교육과정에서 배제되어 온 교사들을 위해 목소리를 내라고 채근하게 해 준다. 그들과의 대화가 교사교육과정 영역을 기술하고, 개념화하여 교사가 증언할 수 있는 교육과정의 탄생으로 이어지기를 희망해 본다.

아이들 중심의 살아 있는 수업 이야기

이상우 • 서울 은빛초 교사, 『살아 있는 협동 학습』 저자

수업 이야기는 끝이 없다. 그래서 늘 수업은 어렵다. 하지만 멀리 보면서 함께 길을 가는 교사들이 곁에 있다면 결코 어렵지 않은 길일 것이다. 그리고 이 책에서 그런 느낌을 받았다. 현장에서 교사들이 공동 사고를 바탕으로 함께 실천하고 검증하고 피드백하면서 협동 학습을 몸소 실천하여 세상에 내놓은 아이들 중심의 살아 있는 수업 이야기. 그래서 어떤 실천서보다도 그 가치가 크게 느껴진다.

특히 무엇보다 밑바탕에 녹아 있는 철학적인 면에 제일 큰 박수를 보내고 싶다. 상상력 기반의 교실, 아이들의 가능성을 믿고 존중하며 소통하는 교실, 아이들의 삶을 가꾸는 통합수업, 경쟁 없는 교실 그리고 교사들끼리도 나눔을 실천하는 협동적 교육 공동체 만들기는 다른 교사들에게도 귀감이 되는 가장 큰 열매라 여겨진다.

담긴 내용 속에서 행복해하는 아이들의 모습이 머릿속에 그대로 그려져서 나도 따라 행복해지게 만드는 책. 다음에는 저자들이 어떤 창의적 사고를 바탕으로 어떤 이야기를 만들어 낼지 궁금해진다.

새로운 시대에 어울리는 교육을 생각하다

이경원 • 경기 모당초 교사, 『교육과정 콘서트』 저자

최근 교육과정에 대한 논의가 여러 가지 의미로 활발하게 진행되는 점은 무척 고무적이라 생각한다. 오랫동안 '교과서=교육과정'이라는 프레임 속에서 멈춰 있던 상황이 흔들린다는 이야기이기 때문이다.

'각주구검刻舟求劍'이라는 고사성어를 아실 것이다. 물은 흐르고 있는데 그것을 고려하지 않고 잃어버린 칼을 찾는다는 이야기다. 우리는 어쩌면 너무 오랫동안 시대의 변화를 오로지 학교 현장에서 실천하지 못한 것은 아닌지 생각해 보아야 한다. 시대의 변화를 따라간다는 의미는 단순히 새로운 매체(정보기기)와 자료를 사용한다는 말을 넘어선다. 새로운 매체와 자료들은 분명 새로운 시대에 따라 사용할 필요가 있는 도구다. 하지만 결국 도구일 뿐이다. 결국 새롭게 등장한 도구를 활용할 중심엔 교육을 바라보는 교사의 성찰과 시각이 있어야 한다. 시대의 흐름을 따를 수 있는 새로운 교육관을 가진 교사가 필요한 시기이다. 그런 의미에서 교과서라는 작은 프레임을 벗어나 교육과정이라는 넓은 프레임으로 바라보자는 취지는 중요한 의미를 갖는다.

이 책은 이러한 교육과정을 중심에 둔 현장 실천가인 선생님들의 공동 사고 결과물이다. 함께 교육과정을 중심에 두고 새로운 시대에 어울리는 교육을 고민한 내용이다. 특히 이 책은 그러한 논의를 통해 실천

한 구체적인 사례가 아주 자세히 제시되어 있다. 계획부터 실행 그리고 평가까지.

경력이 적은 교사, 경력이 많은 교사 그리고 한국교원대학교의 정광순 교수님과 함께하며 다듬어진 내용들이 이 책에 실려 있다. 실천하며 아이들과 함께 기뻐하고 행복해한 선생님들의 이야기가 담겨 있다. 실제 학교에서 진행되는 교육과정을 중심에 둔 활동이 궁금한 모든 분들과 새로운 교육에 대한 생각의 힌트를 얻고 싶은 독자라면 한번 꼭 읽어 보면 좋을 것이다. 그리고 그 속에서 찾아보기 바란다. 교육과정을 중심에 두고 운영하며 함께 고민했던 선생님들의 고민의 흔적들을…… 그리고 그로 인해 성장해 가는 아이들과 선생님들의 모습을.

차례

교과서 너머, 교육과정을 마주하다!

    교사들의 '교육과정관'에 대한 비판이 거세다. '교과서를 성전처럼 여긴다', '교과서가 자료가 아닌 목적이 되고 있다' 등의 말들이 심심치 않게 들린다. 솔직히 아니라고 부인하기 어렵다. 여전히 대부분의 교사들이 교과서를 절대시하며 교과서 전달식 수업, 교과서 진도 나가기 방식에서 벗어나지 못하고 있으니 말이다. 우리나라 교사들은 오랜 시간 동안 국가교육과정과 국정 교과서의 권위에 억눌려 스스로 '전달자'로서의 역할에 매몰되어 온 게 사실이다.

    그러나 전달자로서 살아가는 현실과 달리, 교사들의 이상 속에는 교육과정의 멋진 창조자, 개발자가 되고 싶은 희망이 자리 잡고 있다. 그 희망과 마음이 모여 새바람을 일으킨 걸까? 요즘 들어 학교 현장에 교육과정을 바라보는 인식과 관점을 바꿔 보고자 하는 '교육과정 재구성' 바람이 불고 있다. 교육과정 재구성은 사실 새로운 것도 아니다. 그것은 교사가 교육과정을 실행하면서 당연히 해야 하는 것으로, 교육의 본질과 맞닿아 있다. 아직 갈 길이 멀지만 교사의 교육과정 자율성을 확대하려는 물줄기가 만들어지고 있어 다행이다. 교육과정 재구성의 작은 물줄기들이 모여 제법 큰 물길을 만들기 시작했으니 이 흐름을 거스르기는 어려워 보인다. 점점 물길이 거대해져서 어떤 정책도 이를 흔들지 못하기를 바란다.

교육과정에 대한 연수와 자료들이 넘쳐나면서 교육과정 재구성이 교사들에게 화두가 되고 있는 지금, 그 의미와 관점을 명확히 하고 교사들 스스로 자신이 갖고 있는 교육과정 실행 관점을 성찰할 필요가 있다. 별 고민 없이 사용했던 '교육과정 재구성'이란 용어를 다시 한 번 생각하고, 교육과정 재구성이 지향해야 할 방향을 탐색해 볼 필요가 있다.

　우리가 일상적으로 사용하는 '교육과정 재구성'의 의미는 무엇일까? 교사들에게 교육과정 재구성은 어떤 의미로 받아들여지고 있을까?

　우리가 갖고 있는 가장 지배적인 관점은 '교과서 재구성'을 '교육과정 재구성'이라고 생각하는 것이다. 이 두 가지를 동일시하는 것은 '교육과정=교과서'라는 생각에서 비롯되었다. 따라서 교과서를 근간으로 한 차시 순서 변경, 차시 통합, 내용 첨삭 등을 교육과정 재구성으로 인식한다. 그러나 이는 교육과정 재구성이라기보다는 '교과서 재구성'이라고 부르는 게 더 적절하다.

　두 번째 관점은 교과서는 '하나의 자료이다'라고 생각하고 국가교육과정을 기반으로 학생들의 발달 단계, 흥미, 지역의 특수성 등을 고려하여 교실 상황에 맞게 교사교육과정을 만드는 것이다. 이러한 관점을 가진 교사는 교과서에 얽매이지 않고 자신이 지닌 실천적 지식을 발휘하여 학생의 학습과 성장을 돕는 교육과정을 개발한다. 이 관점은 수업 설계에서부터 실행, 반성까지 포함하고 있기에 '재구성'보다는 '교육과정 개발curriculum making'이란 용어가 더 적절하다.

　'교육과정 재구성'이란 용어 속에 이 두 가지 관점이 혼재되어 나타나지만, 이 둘은 질적으로 다른 관점으로 '교과서 재구성', '교육과정 개발'이라는 두 가지 용어로 구분해서 표현해야 한다. 재구성再構成의 사전적 의미는 '한 번 구성되었던 것을 여러 부분이나 요소들을 얽어짜서 다시 새롭게 구성함'이다. 즉, 재구성이란 무언가가 이미 존재한다는 것을 전제로 하기에 교육과정 재구성에서 교육과정은 이미 존재하는 그 무엇이어야 한다. 이미 존재하는 교육과정이라면 '수업을 통해 실행되는 교육과정', '아동이 경험한 교육과정'이 아니라 문서로 존재하는 국가교육과정을 의미한다고 볼 수 있다.

그러나 교육과정을 '국가교육과정'이라고 간주할 때, 교육과정 재구성이란 말은 논리적으로 맞지 않다. 우리나라의 국가교육과정은 법적 구속력을 갖는 것으로 교사에게 재구성 권한이 주어지지 않는다.

국가교육과정은 재구성할 수 없는데 왜 재구성이 가능한 것처럼 표현하고 있을까? 혹시 교육과정을 교과서와 동일시하고 있기 때문 아닐까? 교육과정과 교과서를 동일시함으로써 '교과서 재구성'을 '교육과정 재구성'으로 생각하고 있는 것은 아닐까? 논리적으로 따져 보면, 교육과정과 교과서를 동일시하는 관점을 갖고 있는 경우에는 교육과정 재구성이란 말이 성립되지만, 그렇지 않은 경우는 성립되지 않는다.

교육과정과 교과서를 같은 것으로 생각하는 것은 심각한 오류를 낳는다. 이 둘을 동일시함으로 인해 교사들은 교과서에서 벗어나지 못하고 진도 나가기 수업을 계속하고 있고, 교과서를 재구성하면서 교육과정을 재구성하는 것으로 잘못 생각하고 있다.

교육과정 재구성이 논리적으로 맞지 않는 표현이라면 어떤 용어로 표현하는 게 적절할까? 여전히 국가교육과정을 기반으로 해야 한다는 제한점을 갖고 있지만, 교사가 교육과정을 개발하고 창조한다는 의미를 넣어 '교육과정 개발'이라 부르는 것이 좋을 듯하다. 학교 현장에서 굳어진 용어를 바꾸기는 쉽지 않겠지만, 교육과정 재구성이라는 용어를 바꾸는 것이 곧 교육과정을 바라보는 관점을 바꾸는 데 적잖은 영향을 미칠 수 있기에 의도적으로 바꾸어 부르려는 노력이 필요해 보인다.

'교육과정 재구성'이란 표현을 사용하지 않으려다 보니 책의 제목을 정하는 데 고민이 많았다. '교육과정 개발'이라고 표현하기에는 아직 생소하기에 고민 끝에 '교과서 너머 교육과정 마주하기'로 했다. 이렇게 붙여 놓고 보니 우리가 지향하는 바를 잘 드러내는 것 같다. 이 제목이 보여 주듯이 우리는 지난 몇 년간 교과서에서 벗어나 교육과정을 마주하려고 노력해 왔다. 교육과정을 인식하지 못하고 교과서에 갇혀 있을 때보다 훨씬 행복했다. 교과서를 넘어 교육과정을 만나고 나니 새로운 세상이 보였다. 작은 차시 목표에 연연해하지 않고, 과도한 교과서 학습량에 신음하지 않으며, 진도에 쫓겨 자괴감이 드는 수업을 하지 않는다.

하지만 또 하나의 큰 산이 막혀 있다. 교육부는 '만들어 가는 교육과정'이라면서 교사에게 완전한 권한을 주는 것처럼 말하지만, 엄격한 국가 주도의 국가교육과정 개발과 국정 교과서 제도를 통해 여전히 교육과정에 대한 강한 통제권을 행사하고 있다.

국가교육과정에 근거해서 교육과정을 개발하다 보면 성취 기준이 아이들의 발달 단계에 맞지 않거나 협소한 관점으로 만들어져 있는 경우를 만나게 된다. 이럴 땐 교사 차원에서 성취 기준을 수정해야 할 필요성을 느끼곤 한다. 그러나 이는 합법의 영역을 넘어서는 것이기에 고민이 깊어진다. 영국이나 미국처럼 교육과정의 일부를 국가에서 제시하고, 나머지는 지역과 학교에서 선정하도록 했으면 좋겠다. 이들 국가에서는 국가에서 제시하고 있는 교육과정도 강제적인 것이 아니라 하나의 제안으로 작용하도록 하고 있다. 우리나라도 국가교육과정을 반드시 따라야 하는 '기준standard'으로 제시하기보다, 제안적인 성격을 갖는 '지침guideline'으로 제시할 필요가 있지 않을까?[1] 교사의 교육과정 개발 능력은 엄격하고 제한적인 분위기에서는 싹트기 어렵다. 거센 바

---

1. 강지영(2012), 「국가교육과정에 대한 초등교사의 해석과 실행 연구」, 서울대학교 석사학위논문.

람이 나그네의 옷을 벗기지 못했듯, 엄격한 기준보다는 따뜻한 햇볕 같은 성격의 지침이 웅크리고 있는 교사들을 일으켜 세우고, 스스로 옷을 벗게 할 수 있을 것이다.

그럼 우리 교사들은 무엇을 해야 할까? 일단 내가 어떤 관점으로 교육과정을 바라보고 있는지 자문해 봐야 한다. 내가 어떤 관점을 갖고 있는지 정확히 알아야 어떤 방향으로 나아갈지도 알 수 있기 때문이다. "나는 교육과정을 어떤 문서나 자료와 같은 '명사형'으로 바라보고 있을까? 아니면 아이들과 함께 역동적으로 만들어 가는 '동사형'으로 보고 있을까?", "국가교육과정에 관심을 갖고 찾아서 읽어 본 적이 있는가? 교과서를 비판적으로 바라본 적이 있는가?" 스스로에게 물어보아야 한다.

더 이상 교과서에 매몰되지 말자. 나무만 바라보지 말고 한 발 뒤로 물러서 교육과정이라는 숲을 마주하자. 우리 아이들에게 미래 사회를 살아갈 수 있는 능력, 시민으로 살아갈 수 있는 소양을 길러 주기 위해 지금까지 지켜 온 틀을 과감히 깨 보자. 교사의 교육과정 문해력 literacy은 먼 곳에 있지 않다. 우리의 실천 속에서 만들어진다. 나만의 교육과정 개발, 실행, 반성의 과정을 꾸준히 하다 보면 시행착오도 겪겠지만, 경험이 쌓이면서 어느새 단순한 교과서 재구성에서 벗어나 교육과정을 개발하고 있는 자신을 발견할 수 있을 것이다.

좋은 것을 한 번 경험하고 나면 더욱 발전하고 싶고, 주위 사람들과 나누고 싶어진다. 그래서 만들었던 것이 '열 사람의 한 걸음' 학습공동체이다. 우리 열 사람의 한 걸음의 실행을 기록해서 『주제통합수업, 아이들을 수업의 주인공으로!』를 펴낸 이후 전국의 많은 교사들과 소통하고 있다. 우리의 사례를 참고하여 더 좋은 수업을 만들어 내는 선생님들을 보며 나눔의 즐거움을 느낀다.

사실 바쁜 일상 속에서 우리의 교육 활동을 기록하여 책으로 만드는 일은 쉽지 않았다. 논리적 오류, 매끄럽지 못한 실행이 많아서 세상에 내놓는 게 부끄럽기도 하다. 그럼에도 교사의 실천적 지식은 드러내지 않으면 개선하기 어렵다는 걸 알기에 또 한 번 용기를 내 본다. 우리가 다른 선생님들의 실천적 지식을 바탕으로 교육과정을 만들었듯이, 우리의 실천적 지식을 발판으로 한 걸음 더 나아가는 초등 선생님들이 많아지기를 소망해 본다.

열 사람의 한 걸음

1장

의심하고? 상상하고, 실천하자!

교육과정 개발에 대한 이야기는 '의심하고, 상상하고, 실천하자'는 말로 시작해 보고 싶다. 낯익은 것들을 낯설게 바라보고, 너무도 당연해 보이는 것들을 의심해 보자. 그리고 마음껏 상상하자. 생각만 해도 즐거운 상상을 해 보자. 그리고 그 상상을 실천으로 옮겨 보자. 실천 속에 길이 보일 것이다.

1. 의심하자

내 안의 아동관 꺼내 놓기

나는 아이들이 어떤 존재라고 생각하는가? 자신의 아동관을 살펴볼 필요가 있다. 아동관을 기반으로 아이들의 발달 단계를 이해하는 것은 내가 하는 교육 활동의 근본이다. 과거 사람들은 아동이 '어른의 축소판miniature adult'이라는 '전성설'을 믿어 왔다. 이것은 이제는 보기 힘든 사라진 낡은 생각이지만, 아이들에게 어른과 같은 참을성을 바란다거나 마냥 조용히 앉아 있기를 바라는 것 등을 보면 아직 전성설에서 그리 자유롭지만은 않은 것 같다. 루소는『에밀』을 통해 "어른들은 아동이 어떤 존재인지 생각하지 않고 언제나 아동에게서 성인을 찾으려 한다.”고 비판했다. 아이들은 성인과 매우 다른 존재로 자신만의 방식으로 느끼고 생각하고 행동한다. 따라서 교사는 아이들을 끊임없이 관찰하며 그들의 방식을 찾으려 노력해야 한다.

또 내가 ‘어떤 아이를 더 선호하는가?’ 자문해 볼 필요가 있다. 교사들은 모든 아이를 동등하게 대하고 있다고 생각하지만, 실제로는 중류층의 언어와 문화적 소양, 사회적 능력을 갖추고 있는 아이를 선호하는 경향이 많다. 이에 미치지 못하는 아이를 무능력한, 부족한 아이로 보기도 한다. 일정 수준의 문화자본(예비지식, 능력, 언어 등)을 가진 아이들을 이상적인 모습으로 선정해 놓고 다른 아이들을 그와 비교하기도 한다. 아이의 문화자본은 아이가 가진 경제적 조건과 매우 밀접하다. 가난과 마찬가지로 낮은 성적, 결핍된 문화자본은 경제적·문화적·사회적 산물로 보아야 한다. 단순히 이를 개인의 문제라고 생각해서는 안 된다. 그럼에도 우리는 낮은 성적과 문화자본이 결핍된 아이를 보면 이 문제를 아이 개개인의 문제로 보는 경향이 있다. 아이들을 좀 더 넓게, 진솔하게 보자. 아이들을 일정한 기준과 관점에 따라 분류하고 낙인을 찍지 말자. 어떤 아이가 한번 ‘부진아’, ‘문제아’ 등으로 분류되면 그로부터 벗어나기가 어렵다.

좀 더 긍정적으로 아이를 바라보아야 한다. “애들은 열 번 변한다.”, “아이니까 그럴 수 있지.” 하는 말로 좀 더 여유 있게 긴 호흡으로 아이들을 보자. 학급의 아이를 어떤 아이로 규정짓지 말고, 열 번 변하는 긴 인생 여정의 한 부분에서 나와 함께하고 있는 소중한 아이라고 생각하자. 길버트 하이트Gilbert Highet 는 우리에게 “철없는 아이들 속에서도 그들에게서 전해지는 에너지를 호흡하며 그 에너지를 당신 것으로 만들 수 있다면 결코 지치지 않을 것이다. 아이들을 좋아하는 것이 가장 훌륭한 교사의 자질이다.”라고 말한다.[1] 지치지 않기 위해서라도 아이들과 교감하고 아이들의 에너지를 빌려 보자.

교육과정관, 교과서관 의심하기

나의 '교육과정관'은?

'교육과정 재구성'을 '교과서 재구성'과 동일시하는 것은 우리의 협소한 교육과정관을 말해 준다. '교육과정이 곧 교과서다'라는 생각은 오랜 시간 동안 우리 교사들을 지배해 왔다. 서명석[2]은 교육과정을 바라보는 방식을 '실체관'과 '텍스트관'으로 구분한다. 실체관은 '주어지는 교육과정', 텍스트관은 '만들어 가는 교육과정'과 통한다. 실체관은 이미 구성되어 있는 실체로서 교육과정이 교사에게 주어진다고 생각하는 것이다. 우리나라는 중앙정부가 과도하게 교육과정에 관한 권한을 행사해 옴으로써 실체관에 매몰된 교사들이 꽤 많다. 반면 텍스트관은 해석의 대상이 되는 문서화된 교육과정만 있을 뿐 고정된 실체가 아니라 교사가 교실에서 자주적이고 능동적으로 주어진 상황과 맥락에 따라 새롭게 창조하는 '무엇'을 교육과정으로 생각하는 것이다.

나는 어떤 교육과정관을 갖고 있는가? '교과서를' 가르치는가? 아니면 '교과서로' 가르치는가? 자신의 '교육과정관', '교과서관'부터 성찰해 보자. 그래서 주어진 교육과정을 사용하는 '사용자'에서 벗어나 나만의 교육과정을 개발하는 '개발자'가 되어 보자.

교육과정과 교과서는 객관적이고 가치중립적이다?

우리가 가르치고 있는 교육과정과 교과서는 객관적이고 가치중립적일까? 교사들은 교육과정과 교과서의 지식이 가치중립적이고 객관적이라고 생각하는 경향이 강하다. 그러나 겉으로는 가치중립적으로 보이는 것들이 특정 이해관계에 공헌하고 있을지도 모른다. 교육과정과 교

---

1. 길버트 하이트(2009), 김홍옥 옮김, 『가르침의 예술』, 서울: 아침이슬.
2. 서명석·김외솔·박상현(2012), 『교육과정·수업·거대담론·해체』, 파주: 아카데미프레스.

과서는 진공상태에서 만들어진 것이 아니다. 우리 사회의 어디인가로부터, 누군가로부터 나온 문화자본이 담겨 있을 수밖에 없다. 그렇다면 이 지식들에는 우리 사회에서 강력한 영향력을 가지고 있는 집단의 관점과 신념이 반영되지 않았을까? 그들에게 이로운 이데올로기를 반영하고 있지는 않을까?

마이클 애플Michael Apple은 이 문제와 관련해서 그의 명저 『교육과 이데올로기Ideology and Curriculum』[3]에서 다음과 같이 주장한다.

> 노동사와 여성사는 교육과정에서 제외되기 쉽고, 제외되지 않는다 하더라도 선택적으로 재해석되어 가르쳐졌다. 그러나 지배계급과 전쟁을 중심으로 한 역사는 예외 없이 가르치고 있고, 경제학에서도 주도권을 잡은 경제단체가 취하고 있는 관점에 의하여 지배되고 있다.

지난 몇 년간 역사 교과서에 대한 논쟁이 끊임없이 벌어지고 있고, 2015년부터 배우게 되는 5, 6학년 사회 교과서도 역사 왜곡 문제가 제기되고 있는 상황이다. 교과서를 절대시하지 않고 비판적으로 들여다보면 참 많은 이데올로기들이 숨겨져 있다는 것을 느낀다. 마이클 애플의 주장처럼, 정말 우리가 해야 할 일은 교과서를 덮어놓고 믿는 것이 아니라, 끊임없이 의심하면서 그 안에 숨겨져 있는 정치적·사회적·문화적 의도를 밝혀내는 일일 것이다.

교과서의 권위에서 한 걸음 벗어나 보자

그동안 교육과정과 교과서를 개발할 때, 교사는 교과 내용 전문가를 보조하는 역할을 해 왔다. 교사들은 내용 전문가를 보조하는 존재로

---

3. 마이클 애플(1985), 박부권·이해영 옮김, 『교육과 이데올로기』, 서울: 한길사.

규정되었고, 교사들의 의견은 참고 자료로 취급될 뿐 주체가 되지 못했다. 근래 들어 조금씩 나아지고는 있지만, 여전히 교육과정과 교과서 개발의 주체는 현장 교사가 아니라 학계의 교수들이다. 그렇기 때문에 교육적 관점보다는 내용적 관점으로 만들어지기 쉽고, 아이들의 발달 단계와 맞지 않는 경우가 많다. 만들어질 때부터 한계를 담고 있는 것이다.

또한 교과서가 아무리 잘 만들어졌다 한들 대한민국의 모든 아이들에게 적합한 교과서란 존재할 수 없다. 모든 아이에게 맞는 완벽한 교과서는 이상 속에서나 존재한다면, 교사들이 아이들의 상황과 교실에서의 맥락을 고려해 교육과정 자료를 개발하는 것은 당연하다. 대부분의 교사들은 교과서의 권위를 많이 의식하는데, 우리나라 교사들은 '변용adaptation'보다는 '충실fidelity'이 더 안전하다고 생각한다. 그래서 교과서를 변용하여 사용하지 못한다. 일부 변용을 시도하는 경우에도 교수법이나 시간 배정 등에 한정되어 있다. 교과서를 해석하려는 시도까지는 잘 나타나지 않는다.[4] 이는 입시제도로 인한 문제점이기도 하지만 교과서 진도 나가기 수업에서 벗어나는 것에 대한 교사들의 두려움 때문이기도 하다. 때로는 교과서를 버리고 나만의 교과서, 나만의 교육과정을 만들어 보려는 용기도 필요하다.

학력관, 평가관 바꾸기

혁신학교에 대한 오해 중 가장 흔한 것이 '혁신학교에 다니면 학력이 떨어진다'는 것이다. 내가 만난 학부모뿐 아니라 교사들도 이런 오해를 하곤 했다. 이런 말을 하는 사람과 이야기하다 보면 정작 '학력'이 무엇이지 진지하게 성찰하지 못한다는 생각이 든다. 이중현[5]은 우리나라의

---

4. Ben-Peretz(1990), 정광순·김세영 옮김, 『교사, 교육과정을 만나다』, 서울: 강현출판사.
5. 이중현 외(2014), 『유령에게 말 걸기』, 서울: 문학동네.

학력 왜곡이 두 가지 양상으로 나타난다고 말한다. 첫 번째는 지적 능력을 지나치게 단편적인 지식 습득으로 이해하여 분석, 비판, 종합, 평가 등의 고등정신 능력이 소홀히 다루어진다는 점이다. 고등정신 능력을 기르는 취지에서 대학 입시에 논술고사가 도입되고 수능을 도입해 통합형 평가 문제를 출제하고 있음에도 초, 중등학교에서는 개별 교과 중심으로 아이들을 가르치고 있다고 지적한다.

두 번째는 정의적 능력을 학력으로 보지 않는다는 것이다. 정의적 능력은 지적 능력의 기반이 되는 매우 중요한 학력인데 암기 위주의 교육에 매몰되어 이를 소홀히 하고 있다. 왜곡된 학력관은 아이들의 전인적 성장을 심각하게 저해하고 있다.

점수 위주의 입시 경쟁으로 말미암아 학력의 본질까지 왜곡되어 진정한 교육을 하기 어려운 상황이 계속되고 있다. 능력주의, 선발주의 교육관을 바꾸는 것은 쉽지 않은 일이지만 두 손 놓고 바라볼 수만은 없다.

처음에는 학부모들의 왜곡된 학력관을 바꾸는 것이 가장 힘들 거라 예상했다. 그러나 교사들이 갖고 있는 잘못된 학력관을 바꾸는 게 더 힘들었다. 오랜 시간 우리 교사들에게 체득된 '학력=선다형 평가 점수'의 공식은 신화처럼 깨기 힘든 존재가 되어 있었다. '학력'을 새롭게 바라보는 관점은 교육과정과 수업을 바꾸는 원동력이 되기 때문에 교육과정 개발을 위해서는 학력관을 바꾸는 것이 무엇보다 중요하다.

아이스너[6]는 단편적인 지식을 외우도록 유도하는 선다형 시험을 비판하며 다음과 같은 8가지 기준에 따른 '참 평가'를 주장한다. 학생들이 알고 있는 것, 할 수 있는 것을 평가하기 위한 과제는 다음과 같아야 한다고 말한다.

---

6. Elliot Eisner, 『The educational imagination』(New York: Macmillan, 1994), 203~210쪽, 박승배(2012), 『교육과정학의 이해』, 195~200쪽 재인용.

① 학교 내에서만 국한되지 않고 학교 밖의 세계에서 부딪힐 수 있어야 한다.
② 결과뿐만 아니라 문제 해결 과정도 보여 줄 수 있어야 한다.
③ 단편적 지식이 아닌 그 지식을 만든 지적 공동체의 가치를 반영해야 한다.
④ 한 사람의 활동에만 국한되지 않는 집단의 협력을 강조하는 방향이어야 한다.
⑤ 질문에 대한 해결책이 한 가지 이상이 되도록 구성되어야 한다.
⑥ 배운 것을 그대로 측정하는 것이 아닌, 배운 것을 새로운 상황에 적용하도록 요구해야 한다.
⑦ 부분과 전체를 관련시킬 수 있는, 전체적인 맥락을 신경 쓰도록 해야 한다.
⑧ 학생들이 배운 것을 표현하려고 사용하는 제시 형태를 다양하게 선택할 수 있도록 허용해야 한다.

비슷한 맥락에서 요즘 '참 학력' 이야기를 한다. 참 학력은 단순한 지적 능력인 지식, 기능뿐만 아니라 고등정신능력인 분석력, 비판력, 판단력, 종합력과 정의적 능력인 호기심, 성취 욕구, 도전 의식, 책임, 태도 등을 총체적으로 포함하는 개념이다. 학력이란 단순한 교과지식의 습득만을 의미하는 것이 아니라 자신의 삶과 사회의 변화와 흐름에 대한 통찰을 통해 미래의 삶을 의미 있게 살아갈 수 있는 힘을 기르는 것이다.

참 학력을 기르려면 반드시 평가가 바뀌어야 한다. 서열화를 위한 목적에서 피드백을 위한 목적으로, 양적 평가 체제에서 학생에게 도움이 되는 질적 평가 체제로, 획일적 일제고사 중심의 평가에서 교사별 평가로, 결과 중심에서 과정 중심의 평가로 바뀌어야 한다. 입시에서 상대적으로 자유로운 초등학교부터 바꾸어 나갔으면 좋겠다.

2. 상상력을 발휘하자

'학교교육의 문법'에 얽매이지 말자

학교는 참 경직되어 있는 곳이다. 창의력을 발휘하여 일을 수행하기보다는 문제가 발생하지 않는 안전한 업무 수행 능력을 요구한다. 그러니 과거에 했던 것을 그대로 답습하기 쉽다. 그러나 교육과정과 학교교육이 변화하려면 이러한 경직된 틀을 깨는 창의성과 융통성이 필요하다. 기존의 방식에 의존하지 않고 필요치 않은 부분을 살피고 새로운 방식으로 변화시켜야 한다.

데이비드 타이엑David Tyack과 래리 쿠반Larry Cuban은 기존의 교육을 바꾸려는 열린 교육과 같은 다양한 시도들이 뿌리내리지 못하는 이유를 '학교교육의 문법'[7] 때문이라고 말한다. 이는 학교 조직 또는 문화 속에서 당연시되어 널리 통용되는 관행이나 제도를 가리킨다. 우리가 사용하는 언어가 쉽게 변하지 못하는 게 문법 때문이듯이 학교가 변하지 않는 것도 바로 학교교육의 문법 때문이다.

초등 교사들은 경로 의존성[8]이 강해 경로를 벗어나는 것을 무척 두려워하는 문법을 갖고 있다. 교과서 전달식 수업에서 벗어나지 못하는 것도, 기존 평가 방식에서 자유롭지 못한 것도 이런 경로 의존성과 관계가 깊다. 이혁규[9]는 "현재의 교과서 중심의 전달식 수업 방식은 입시

---

7. David Tyack and Larry Cuban, 『Tinkering toward utopia』(Cambridge, MA: Harvard University Press, 1995), 4장, 박승배(2012), 『교육과정학의 이해』, 261쪽 재인용.
8. 경로 의존성이란 우연한 초기 사건으로 인해 하나의 관행이 제도화되면 이를 바꾸기가 쉽지 않다는 것이다.
9. 이혁규(2013), 『누구나 경험하지만 누구도 잘 모르는 수업』, 서울: 교육공동체 벗.

와 연동되어 있는 것 같지만 사실은 자체의 관성과 제도화된 규범으로 독립적으로 존속해 간다.”고 말한다. 새로운 제도가 들어와도 그 취지를 제대로 살리지 못하는 것은 우리가 갖고 있는 경로 의존성과 관성 때문이기도 하다.

당연하게 생각되고 낯익은 것들도 한 번쯤은 낯설게 바라보아야 한다. ‘왜 이렇게 하지?’, ‘다른 방법으로 하면 안 될까?’, ‘안 해도 되지 않을까?’ 이런 질문들에서부터 새로운 문법과 경로가 탄생한다. 수업, 행사, 평가, 생활교육, 각종 업무, 수업지도안, 시상 등에 상상력을 발휘하고 실천해 보자.

오른쪽 사진은 5학년 ‘지구와 달’을 공부하고 저녁에 운동장에 모여 아이들과 별 관측을 한 모습이다. 가족들과 함께 산책 나와 운동장에서 달, 금성 등을 관측했던 것은 색다르고 멋진 경험이었다. 그저 ‘과학의 달 행사를

학교 운동장에서 달을 관측하는 장면

다른 방식으로 해 볼 수 없을까?’라는 질문에서 시작되었다. 그 질문을 통해 과학의 달 행사의 문법에서 자유로울 수 있었다.

학습발표회도 마찬가지다. ‘세계여행’ 통합수업을 하고 나서, 사진처럼 강당에 모여 세계 여러 나라 음식축제를 실시했다. 소수만이 연습해서 무대에 올라가는 학습발표회에서 벗어나 아이들 모두가 함께 공부한 것을 파티 형식으로 마무리하였다.

‘왜’라고 의심하고 상상력을

세계 여러 나라 음식 축제

발휘하면 '무엇을', '어떻게'를 멋지게 채울 수 있다.

교육과정, 수업, 평가를 빚어 보자

장인이 혼을 불어넣어 예술품을 완성하듯이 수업을 향한 교사들의 정성과 노력도 일종의 예술 작업이다. 수업은 교육과정과 교사의 상상력이 만나 탄생하는 일종의 'art'이다. 가장 신나게 상상해야 할 것은 교육과정, 수업, 평가이다. 수업을 분절적으로 접근하지 말고 스토리가 있는 흐름으로 상상해 보자. 주제를 중심으로 흐름을 만들어 보는 것도 좋은 방법 중의 하나이다. 초등 단계에서는 아이들이 좋아하는 '주제'로 접근하면 아이들이 쉽게 받아들인다.

수업을 바꿀 때에는 잘게 쪼개진 구체적 수업 목표에 매몰되지 말자. 이혁규[10]는 "푸르고 높은 창공에서 독수리의 시야로 자신의 교육 실천을 해석할 수 있는 능력이 우리에게 필요하다."고 말하며 "우리는 왜, 무엇을 위해 가르치는가?"를 반문하며 수업을 만들어 가야 한다고 주장한다. 동의한다. 분절된 단위 수업에서 벗어나 좀 더 넓은 시야로 수업을 만들어 가야 한다. 그리고 '어떻게'에서 벗어나 '무엇을', '왜' 가르치는가 고민하며 수업을 설계해야 한다.

이혁규는 또한 우수 수업을 선발하는 눈을 다음과 같이 바꾸어야 한다고 주장한다. 내 수업을 고민할 때 한 번쯤 생각해 보길 권한다.

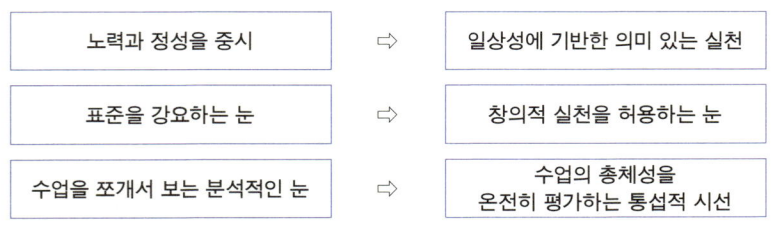

노력과 정성을 중시	⇨	일상성에 기반한 의미 있는 실천
표준을 강요하는 눈	⇨	창의적 실천을 허용하는 눈
수업을 쪼개서 보는 분석적인 눈	⇨	수업의 총체성을 온전히 평가하는 통섭적 시선

10. 앞의 책.

학습자의 경험보다 교사의 수업 테크닉을 보는 눈	⇨	학습자의 경험 세계를 경청하고 이들의 내면에서 일어나는 변화와 성장의 의미를 깊게 이해할 수 있는 눈

교사에게 주어지는 국가교육과정에 상상력을 불어넣어 나만의 교육과정과 평가를 개발해 보자. 성취 기준을 토대로 가능한 만큼의 상상을 해 보자. "구성주의적 교과서도 그것을 객관식 시험으로 변환해 내는 것에 무기력하게 무장해제를 당한다."는 말이 있다. 평가를 바꾸지 않는 수업 혁신은 진정한 혁신을 이룰 수 없다. 평가에 대한 고민은 교육과정과 수업을 바꾸기 전에 꼭 선행되어야 한다. 평가도 조금만 생각을 달리하면 암기 위주 선다형 위주의 평가, 100점 만점 형태의 점수 매기기에서 벗어나 아이들과 교사 모두가 행복한 평가를 만들어 낼 수 있다.

경쟁이 없는 교실을 꿈꾸자

"경쟁은 스포츠에나 있는 것이고, 교육은 협력이다."라는 말이 있다. 협력적 교실 문화 만들기를 중심에 두어야 한다. 말로는 아이들에게 협력을 강조하면서 정작 교사가 스티커 등의 각종 보상으로 은근히 경쟁을 조장하는 경우도 많다. 행동주의적 사고가 우리 안에 많이 녹아들어 있는 것이다.

일단 경쟁이 조장되는 각종 대회나 평가 체제를 바꾸어야 한다. 교내 행사의 시상 제도도 살펴볼 필요가 있다. 교육적으로 꼭 필요한지 생각해 보자. 전주 신동초 5, 6학년에서는 경쟁 체제를 모두 없애 보았다. 그래도 별 문제가 발생하지 않았다. 오히려 지극히 평화로운 학급, 학년이 만들어졌다.

2014년 2월에 했던 졸업식을 예로 들어 보겠다. 5, 6학년 2년 동안

교실에서 파자마 파티하기   교실에서 졸업식 하기

일절 시상이 없었고, 100점 만점 형태의 점수도 없었다. 그러니 졸업식을 앞두고 성적 사정을 할 수도 없었다. 졸업식에서 시상을 빼니 나머지 시간은 우리들 차지였다. 상상력을 발휘하여 '아이들이 주인공이 되는 1박 2일 졸업식'을 만들어 냈다. 졸업식 전날 저녁 교실에 모여 파자마 파티를 하며 함께 밤을 지새우고, 다음 날 교실에서 가족과 함께하는 따뜻한 졸업식을 했다. 교장, 교감, 전담 선생님들은 영상으로 인사하고 교사들은 뮤직비디오를 만들어 선사했다. 정말 감동적인 졸업식이었다.

3. 실천 속에 답이 있다

두 마리 토끼를 잡아주는 학습공동체

교사들의 학습공동체는 전문성을 높여 줌과 동시에 지치고 힘든 마음을 달래는 치유의 기능도 한다. 두 마리의 토끼를 잡아 주는 셈이다. 사실 학교 일로 속상하고 힘들 때 가장 먼저 찾게 되는 사람은 동료 교사이다. 때로는 가족보다 더 맘을 터놓고 이야기할 수 있는 존재이다. 서로의 상처를 보듬고 치유해 주기에 교사들의 정신건강을 위해서 공동체는 꼭 필요하다. 교사들의 학습공동체는 '전문성 신장'과 '치유'의 기능을 갖춘 보물 같은 모임이다.

초등 교사들은 친목을 중심으로 모이는 경우가 많다. 그러나 친목 위주의 공동체로는 한계가 있다. 함께 공부하고 성장할 수 있는 학습공동체를 만들어야 한다. 교사들은 누구나 수업을 잘하고 싶어 하고 교육과정 전문성을 갖고 싶어 한다. 그러나 이런 전문성은 혼자서 만들기 어렵다. 혼자 하면 꾸준히 오래 하지 못한다. 함께 고민하고 함께 해결해 나가는 공동체야말로 전문성을 기르는 좋은 방법이다.

교사는 배우기를 좋아하는 사람이어야 한다. 자신이 배움을 좋아하지 않으면서 어떻게 학생에게 배움을 강조할 수 있겠는가? 배우는 것을 좋아하는 교사가 되어 보자. 전문성을 갖추고 배움을 즐기는 교사들은 자신에 대한 자긍심을 갖게 된다. 이러한 자긍심은 교사가 지치지 않고 오래, 멀리 갈 수 있는 원동력이 된다.

한 번 맡은 학년은 졸업까지!

교육과정 개발을 통한 다양한 수업을 경험한 아이들은 그다음 해에도 일관성 있는 교육을 받아야 한다. 말하자면 책임을 져야 하는 것이다. 전주 신동초 학부모들도 다음 학년으로 올라갈 때 연계성을 확보해 달라고 요구했다. 교육과정뿐 아니라 생활교육 면에서도 연속적으로 데리고 올라가는 것이 많은 도움이 되었다. 지속적인 관심과 애정으로 아이들의 정서가 더 안정되고 풍부해졌다. 4학년에서 6학년까지 함께하고 졸업을 시키는 것도 좋겠다. 3년 동안이 어렵다면 5학년에서 6학년까지 2년만이라도 함께 올라간다면 6학년 생활교육이 한결 수월해진다.

학부모의 변화는 교육 혁신의 윤활유이다

학부모의 의식을 건강하게 변화시키는 것도 매우 중요하다. '내 아이'만을 위한 교육이 아닌 '우리의 아이들'을 위한 교육으로 좀 더 크게 바라볼 수 있도록 도와드리자. 학부모를 건강하게 변화시키려면 각종 연수와 소모임 등을 만드는 게 좋다. 특히 학부모들이 참된 학력관을 가질 수 있도록 노력해야 한다. 학부모의 학력관이 변화되지 않으면 어느 순간 넘을 수 없는 벽을 만나게 된다. 학부모들을 충분히 이해시키고 동의를 얻어내야 한다. 그러나 노력해도 변화되지 않을 때에는 포기하지 않고 자신이 원하는 교육을 해야 한다. 진심은 결국 통하기 마련이다. 용기와 실천력을 가지면 좋겠다.

한 번 변화된 학부모들은 든든한 지원군이 된다. 학부모들의 지지와 지원은 우리가 원하는 교육을 하는 데 윤활유 역할을 한다. 그리고 교사들을 지치게 하지 않는 에너지가 된다. 처음부터 변하기는 어렵다. 우리의 경우 학부모 간담회를 자주 열었고, 내실 있는 교육과정 설명회를 했다. 안내장, 문자, 클래스팅 등을 통해 교육과정 운영 방향을 친절히 안내하면서 신뢰를 쌓아 갔다. 그랬더니 "교과서는 하나의 자료입니다."라고 말씀드렸을 때 믿어 주셨다. 그런 신뢰 없이 교과서를 재구성하고 교육과정을 개발, 운영하는 것은 험난한 모험이 될 수밖에 없다.

관리자의 손도 놓지 말자

교육과정을 개발·적용하고, 학부모님들의 생각을 바꾸는 것도 힘든데 관리자의 의식도 함께 변화시켜 나가야 한다니 첩첩산중이다. 교장, 교감 선생님들의 교육관은 오랜 시간에 걸쳐 만들어져 나름 확고한 편이다. 그래서 바뀌기가 어렵지만 그렇다고 포기할 수도 없다. 교장, 교감 선생님이 도와주지 않으면 교사들의 에너지가 너무 많이 낭비되고 감정적으로도 지치기 마련이다. 너무 힘들 땐 포기하고 싶어지기도 한다. 그러나 좀 더 느긋한 마음을 갖고 생각의 차이를 줄여 나가야 한다. 되도록 함께 손잡고 나아가려는 희망의 끈을 놓지 않아야 한다.

교육철학이나 교육과정 운영에 관해 관리자들과 깊이 있는 대화를 나누는 것, 좋은 강사들을 초빙해 함께 강의를 듣는 것도 좋은 방법이다. 어려운 일이지만 포기하지는 말자.

실천의 기록은 상향 평준화의 길이다.

교사가 교육과정을 개발하고 적용하는 것은 그리 쉬운 일이 아니다. 주어진 교과서를 그대로 가르치지 않고 교과서를 재구성하고 새로운 교육과정 자료를 만드는 경우 좌충우돌할 수밖에 없다. 실행 후 돌아보면 어떻게 지나왔는지 까마득하다. 그래서 더 기록이 필요하다. 나의 실천을 돌아보기 위해서라도 반드시 기록해야 한다. 시간이 지나면 기억이 잘 나지 않기에 바로바로 기록해야 한다. 기록을 하면 주위 교사들과 함께 나누기 수월하다. 나의 기록을 토대로 우리의 더 나은 실천을 만들어 나가는 것이 모두 함께 성장할 수 있는 상향 평준화의 길이다. 그래서 우리도 우리의 기록을 책으로 만들고, 인터넷 소통 공간인 daum 카페[11]를 만들어 자료를 나누고 있다.

우리의 생각이 선생님들의 실천에 도움이 되었으면 하는 바람으로 부족하나마 정리해 보았다. 4년째 교육과정을 개발하고 실천하고 있는데 여전히 갈 길이 멀다. 서로의 생각이 맞지 않아 주춤할 때도 있고, 예상치 못한 어려움에 부딪히기도 한다. 그럼에도 우리가 이 길을 계속

---

11. 카페는 2012년에 문을 열어 4년째 운영 중이다. 좋은 자료를 만들고도 깜빡해서 못 올리는 것도 있고, 용량이 커서 안 올라가는 자료가 있기도 하지만 되도록 빠뜨리지 않고 자료를 모으려고 노력하고 있다. 조금 아쉬운 것은 방문하시는 쌤들이 흔적을 안 남기시는 것이다. 자료도 함께 올려 주시고, 댓글로 남겨 주시며 함께 카페를 만들어 갔으면 좋겠다. 가입하실 때 연수를 듣고, 책을 읽고 등 사유를 잘 적어 주시면 그 누구라도 정회원으로 등업을 해드리고 있으니 사유를 잘 적어 주시기를 부탁드린다. 카페 주소는 cafe.daum.net/jsindong2012.

해서 나아가는 건 교사로서 살아 나가는 데 필요한 생명력을 얻기 때문이다. 교사로서 정체성을 찾게 되고, 서로서로 성장하고 있음을 확인한다. 이보다 더 큰 행복이 어디 있을까 싶다.

갈수록 학교 현장은 힘들어지고 있다. 경쟁 이데올로기 아래 신음하는 학생과 교사들……. 이렇게 어렵고 힘들수록 함께 모여 좋은 책을 읽고, 이야기를 나누며 희망을 찾았으면 좋겠다. 혼자 꾸는 꿈은 꿈이지만, 함께 꾸는 꿈은 현실이 된다. 우리가 꿈꾸는 학교를 만들기 위해 함께 모이자. 그리고 서로 좋은 교육을 상상하자. 상상하면 이루어진다.

2장

교육과정 개발, 그리 어렵지 않아요!

교육과정은 학기가 시작되기 전에 계획해야 한다. 인사이동이 2월 말에나 발표되기 때문에 쉬운 일은 아니지만, 되도록 학기 시작 전 2~3일은 일정을 비워 두는 것이 좋다. 우리의 경우, 새 학기가 시작되기 전 2월, 8월 말에 교육과정 워크숍을 실시하여 대략적인 계획을 만들어 놓는다. 학년과 학기를 계획하는 것이므로 충분한 시간을 들여 회의를 해야 한다. 학기 중에는 긴 시간을 만들어 내기 어렵기 때문에 꼭 개학 전에 전체적인 교육과정 틀을 잡아야 한다.

교육과정 워크숍 사진

교육과정 개발에서 가장 중요한 것은 욕심 부리지 않는 것이다. 욕심을 부리지 않아야 활동 중심 수업을 할 수 있는 여유가 생긴다. 교과서와 국가교육과정을 분석할 때 통합을 통해 내용을 줄이는 데 주안점을 두어야 한다.

우리의 경험을 토대로 대략적인 교육과정 개발 과정을 정리해 보았다.

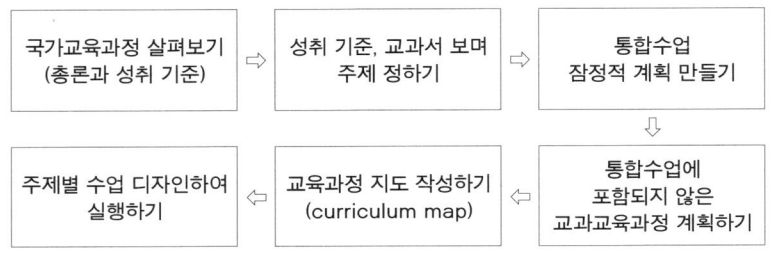

① 국가교육과정 살펴보기(총론과 성취 기준)

교육과정 총론을 통해 학교교육이 추구해야 할 기본 방향을 파악하고 나서 성취 기준을 살펴본다. 성취 기준이란 수업과 평가의 실질적인 근거로, 각 교과목에서 학생들이 수업이나 평가를 통해 성취해야 할 지식, 기능, 태도의 능력과 특성을 진술한 문장이다. 반면 교과서의 차시 목표는 교과서 개발자들이 성취 기준을 보고 단계별로 세분화시켜 정해 놓은 것이다. 따라서 교사가 법적으로 꼭 이수해야 하는 것은 교과서의 차시 목표가 아닌 국가교육과정 문서에 진술되어 있는 성취 기준이다. 국가교육과정 문서는 국가교육과정 정보센터www.ncic.re.kr에서 다운받을 수 있다.

② 성취 기준, 교과서 보며 주제 정하기

성취 기준과 교과서를 분석하여 한 학기에 2~3개 정도의 주요 주제를 뽑아낸다. 교과서의 내용을 기반으로 한 주제는 물론 탈교과적인 주제가 선정되기도 한다. 주제는 다양하게 선정할 수 있다. 우리의 경우 대부분 교육과정과 교과서를 근간으로 하여 통합수업을 만들어 가지만, 가끔 교육과정을 벗어나서 성취 기준에 없는 주제로 통합수업을 만들기도 한다. 2012학년도 5학년 2학기 '전쟁과 평화' 수업이 그 예이다. 사회과 3단원을 나가기 전에 제국주의가 기승을 부리던 19~20세기의 상황을 살펴보고 우리나라가 왜 일제강점기를 거쳐 분단에까지 이르렀는지 종합적으로 알아보기 위해 '전쟁과 평화' 수업을 계획하였다. 나아가 전쟁의 참혹함을 살펴보고 평화의 필요성을 새겨보는 것에 주안점을 두고, 약자의 입장에서 역사를 바라보고 평화를 위해 노력해야 함에 대해 공부했다.

통합수업이 특정 교과나 특정 단원에만 적합하다고 생각하는 것은 편견이다. 발상의 전환이 이루어지면 거의 대부분의 교과 내용과 연계시켜 통합수업을 탄생시킬 수 있다. 경험으로 미루어 보면, 학기마다 2~3개 주제가 적당했고 중학년 1~2주, 고학년 2~3주 크기가 적당한 듯했다.

③ 통합수업 잠정적 계획 만들기

통합수업 주제가 결정되면 교사는 학생의 입장이 되어 미리 '잠정적 주제망'을 짜 보고 대략적인 계획을 만들어 놓는 것이 좋다. 가능한 한 교사들의 교육과정 상상력을 동원하여 아이들의 흥미를 끌면서도 배움으로 연결될 수 있는 계획을 만들어야 한다. 교사들이 미리 구상한 잠정적 주제망은 실제 아이들과 함께 주제망을 짜는 과정에서 계속 수정된다.

잠정적 계획은 자유롭게 다양한 형식으로 만들어도 좋다. 1주일 계획일 경우는 시간표 형식으로 만들기도 하고, 2주를 넘어가는 경우는 표 형식으로 만드는 등 자유롭게 만들고 있다(아래 양식 참조). 지나치게 꼼꼼한 양식은 지양하는 것이 좋다. 시간이 많이 드는 것도 문제지만 교사의 상상력을 저해하기 때문이다.

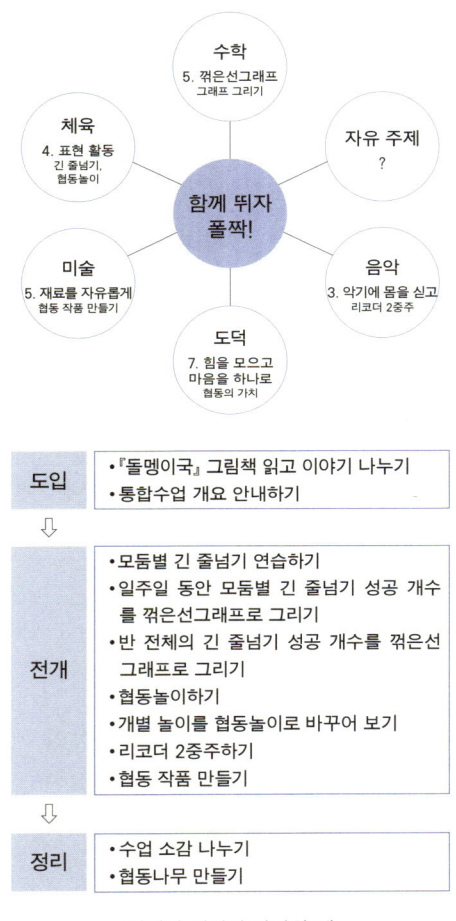

잠정적 계획의 다양한 예

다음 표와 같이 성취 기준과 단원, 차시 주제 등을 정리해 놓으면 한눈에 계획을 알아보기 쉽지만 시간이 부족하면 생략해도 괜찮다.

교과	교육과정 성취 기준	교과서		
		단원명	차시	차시 주제
도덕	협동의 의미와 중요성을 종합적으로 이해하고, 일상생활 속에서 공감과 소통을 바탕으로 협동하려는 적극적인 자세를 지닐 수 있다.	7. 힘을 모으고 마음을 하나로	1	『돌멩이국』이야기 들려주고 대화 나누기, 수업 전반 이해하기
			2	협동의 가치
			3	일주일 공부 되돌아보고 소감 나누기
			4	나의 소감을 써서 협동나무 만들기
수학	실생활 자료를 수집하여 막대 그래프로 나타낼 수 있다. 연속적인 변량에 대한 자료를 수집하여 꺾은선그래프로 나타낼 수 있다. 여러 가지 자료를 찾아 목적에 맞는 그래프로 나타내고, 막대그래프와 꺾은선그래프의 특성을 비교할 수 있다.	5. 꺾은선 그래프	1	꺾은선그래프 알기
			2	꺾은선그래프 그리기
			3	모둠별로 1분 동안 긴 줄넘기 콘테스트 성공 횟수 꺾은선그래프로 그리기
			4	물결선을 사용한 그래프의 특징 알기(물결선의 필요성 알기)
			5	모둠 전체를 합산한 꺾은선그래프 그리기(물결선 이용)
			6	모둠별로 1분 동안 긴 줄넘기 콘테스트 성공 횟수 꺾은선그래프로 그리기, 인구 변화가 궁금해요
			7	모둠별로 1분 동안 긴 줄넘기 콘테스트 성공 횟수 꺾은선그래프로 그리기, 생활 속 그래프 찾아 설명하기
			8	모둠별로 1분 동안 긴 줄넘기 콘테스트 성공 횟수 꺾은선그래프로 그리기, 북극곰을 지켜주세요
			9	모둠별로 1분 동안 긴 줄넘기 콘테스트 성공 횟수 꺾은선그래프로 그리기, 우리 학교부터 환경 보호를 실천해요
			10	그래프 해석하기(막대그래프 그려 비교하기, 그래프 해석하기)
체육	신체 활동으로 리듬감을 익히며, 신체 활동에 나타나는 리듬의 유형과 요소를 이해한다.	4. 표현 활동	1	모둠별로 긴 줄넘기 연습하기, 연습 후 모둠별로 1분 동안 긴 줄넘기 콘테스트
			2	모둠별로 긴 줄넘기 연습하기, 연습 후 모둠별로 1분 동안 긴 줄넘기 콘테스트
			3	모둠별로 긴 줄넘기 연습하기, 연습 후 모둠별로 1분 동안 긴 줄넘기 콘테스트
			4	모둠별로 긴 줄넘기 연습하기, 연습 후 모둠별로 1분 동안 긴 줄넘기 콘테스트
			5	모둠별로 긴 줄넘기 연습하기, 연습 후 모둠별로 1분 동안 긴 줄넘기 콘테스트
음악	악곡을 외워서 혼자 또는 여럿이 노래 부르거나 악기로 연주할 수 있다.	3. 악기에 음을 싣고	1	리코더로 '잠자리' 이중주 연습하기
			2	리코더로 '잠자리' 이중주 연습하기(모둠별 발표)
미술	다양한 주제를 탐색하여 자유롭게 표현한다.	5. 재료를 자유롭게	1	즐겁게 놀았던 나의 모습을 그려 오리기
			2	오린 것을 전지 한 장에 학급 전체가 함께 노는 모습이 되도록 어울리게 붙이기(협동 작품 만들기)

성취 기준과 단원을 연결해 놓은 표

④ 통합수업에 포함되지 않은 교과교육과정 계획하기

통합수업의 윤곽이 나오면 나머지 교과에 대한 고민을 시작한다. 어떻게 교육과정을 운영할 것인지에 대한 논의를 바탕으로, 교과서가 잘 개발되어 있다고 판단되는 경우는 교과서를 이용하고, 아이들의 발달 단계에 맞지 않거나 관점이 협소한 경우는 우리가 사용할 교육과정 자료를 개발한다.

국어 교과는 통합수업과 연계한 글쓰기, 뉴스 만들기, 기사 쓰기 등 도구 교과로 활용되는 경우가 많았다. 그래서 국어과와 사회과의 통합이 가장 활발한 편이었다. 미술, 실과, 도덕, 과학 등의 교과도 조금만 고민하면 엮어 낼 수 있다.

수학은 통합의 지점을 찾기가 어려운 경우가 많지만, 불가능하지도 않았다. 4학년 수학 5단원 꺾은선그래프는 체육의 긴 줄넘기와 연계하여 '함께 뛰자 폴짝'이라는 주제로 수업을 진행했다. 일주일 동안 모둠별로 긴 줄넘기를 연습하고 성공한 개수의 변화 과정을 꺾은선그래프로 나타내는 수업이었는데, 아이들이 무척 좋아했다.

교과교육과정 계획 단계에서는 교사의 풍부한 상상력이 필요하다. 다양한 교육과정을 디자인하고 실행해 보는 경험이 축적될수록 상상력도 커진다.

⑤ 교육과정 지도(curriculum map) 작성하기

대략적인 계획이 완성되면 아래와 같은 양식으로 한 학기 교육과정 지도를 작성한다. 이 지도는 한 학기 동안 교육과정 실행의 기본이 된다.

기간		통합수업	국어	도덕	사회	수학	과학	음악	미술	체육
			독서 릴레이 1, 4, 9 단원					리코더 연주		운동장 시간
8	25~29	함께 뛰자 폴짝!		7. 힘을 모으고 마음을 하나로		5. 꺾은선 그래프 (9/3)		리코더 2중주	협동 작품	긴 줄넘기
9	1~5		5. 컴퓨터로 글을 써요				3. 거울, 그림자	8. 음악이 들려주는 이야기	색과 모양 찾기	5. 전통놀이
	8~12					1. 소수의 덧셈과 뺄셈 (9/22)	4. 지구와 달			
	15~19	17. 나들이								
	22~26	24. 과천 과학관								
10	29~3		8. 정보를 나누어요		3. 지역사회 발전 소리축제 (10/7) 공개수업 (10/16)				6. 다르게 보기	
	6~10	8. 소리축제	8. 대화를 나누어요							
	13~17						4. 어림하기 (10/20)			
	20~24	22. 국립생태원								
	27~31		6. 우리말 여행		인권수업 사 2/ 도 3, 4, 8	2. 수직과 평행 (11/3)				
11	3~7					3. 다각형 (12/2)				4. 리듬 표현
	10~14	12. 나들이						6. 노래로 떠나는 세계여행	10. 찍어서 표현하기	
	17~21		2. 인터넷 세상		경제수업 사 1					
	24~28									
12	1~5	2. 기말고사								
	8~12					6. 규칙과 대응 (12/18)	2. 물의 변화 상태		16. 아름다운 글쓰기	
	15~19		2. 제안하는 글쓰기				소리의 성질	악기 만들기 (학예회 12/18)		
	22~26	23. 나들이	7. 적절한 의견 찾기						20. 다 함께 놀자	
2	3~6			5. 돌아보고 살펴보고		보충				
	9~13									

(통합수업 세로 표기: 초록 친구 통합수업 과학 4단원 - 식물)

2014년 2학기 진도 계획(초안)

45

⑥ 주제별 수업 디자인하여 실행하기

주제별 수업 설계는 학기 중에 더욱 세밀하게 수정되는데, 어떤 경우는 주제가 바뀌기도 한다. 아이들의 흥미, 지역사회 문제, 시기적인 이슈 등을 고려해 계획되기 때문이다. 학기 시작 전 같은 학년 교육과정 워크숍에서 간략한 얼개를 짜 놓고 주제수업이 시작되기 전까지 시간을 두고 천천히 생각하며 아이디어와 자료를 모은다. 주제별 수업 설계를 하는 데 특별한 양식을 정하지 않고 그때그때 편한 스타일로 만들어 썼다. 되도록 품이 많이 들지 않고 보기 쉬운 틀을 사용했다. 너무 복잡하고 시간이 많이 드는 양식은 지양해야 한다. 우리가 만든 주제별 세부 계획의 예를 제시해 보겠다.

'아름다운 가게' 수업의 흐름

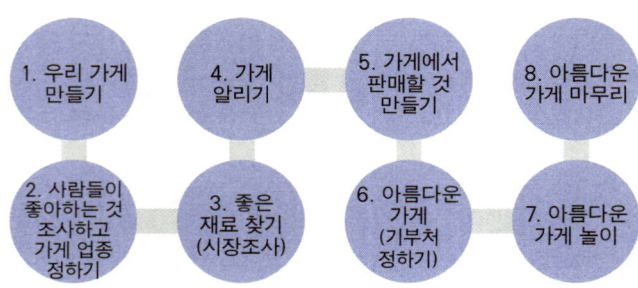

주제	내용 및 활동	비고	시량
우리 가게 만들기	• 모둠 나누기(6~7명) • 계획서: 우리 가게에서 하는 일, 이름, 역할 나누기, 장부 배부하기	– 사행성을 부추기는, 노동의 가치가 들어가지 않는 활동 금지	1
사람들이 좋아하는 것 조사하고 가게 업종 정하기	• 조사 방법: 설문지 만들기(개별 조사, 스티커 붙이기 등) • 조사 기간: 2일(틈틈이 조사하기)	– 사전 조사: 기업이 하는 일을 성공시키기 위한 조사	1
	• 설문 결과로 회의하고 결정하기 • 설문 결과로 그래프 만들고 해석		2
	• 간판 제작하기 • 상징 글자		1

좋은 재료 찾기	• 필요한 재료 시장조사하기 • 조사 양식	– 12일 금요일 주말 과제 – 서로 다른 가게에서 조사 　하여 가격 차이 알게 함	1
가게 알리기	• 홍보지 만들기 • 홍보하기	– 홍보 방법 알아보기	2
가게에서 판매할 것 만들기	• 판매할 물품 만들기 • 음식: 요리법 조사, 모형 요리 만 　들기	– 예산: 학예회 및 학급 경비	6
아름다운 가게 (기부처 정하기)	• 학급회의로 기부처 정하기 • 소수자 관련 기부처 알아보기	– 기부 수업	1
아름다운 가게 놀이 하기	• 아름다운 가게 놀이 • 손익계산 후 잘한 점, 수정 및 보 　완할 점 알아보기 ★ 기부하기	– 사전 홍보: 다른 학년과 　학부모 초대 홍보하기	2
아름다운 가게 마무리	• 활동 정리하기: 우리가 이 활동을 　통해 얻는 '돈으로 살 수 없는 것'	– 우리가 기부할 수 있는 것 – 돈으로 살 수 없는 것	1
총 시수			18

3장

가치와 철학이 녹아 있는
통합수업 사례

우리가 뽑은 그대
– 4학년 1학기 사회 3단원 '민주주의와 주민자치' 수업

4학년 아이들이 '가장 어려워하는 과목'이 사회이다. 아이들이 생각할 때 사회는 외워야 할 내용이 많고 이해하기 어려운 과목이다. 이런 현상은 교사들에게도 나타난다. 교사들에게도 사회는 '가르치기 어려운 과목'인 것이다. '과연 아이들이 이것을 이해할 수 있을까?' 의문이 드는 추상적인 내용이 많고, 성취 기준 자체가 너무 어렵다.

4학년 1학기 사회 3단원은 추상적인 사회과 개념을 담고 있는 단원이다. 3단원의 성취 기준을 살펴보자.

- 민주주의의 원리를 구체적으로 실현하는 것이 주민자치임을 이해한다.
- 우리 지역을 대표하는 자치단체는 어떤 것들이 있는지 찾아보고, 그 역할에 대해 이해할 수 있다.
- 우리 지역을 대표하는 사람들을 뽑는 선거 과정을 알아보고 이를 통해 대표자와 유권자의 역할에 대해 이해할 수 있다.
- 지방정부와 지방의회가 하는 일을 비교해 보고, 양자 간의 관계에 대해 이해할 수 있다.

4학년 아이들이 민주주의 원티, 주민자치, 지방정부와 지방의회의 관계를 이해하는 것은 불가능하다. 이런 개념들은 6학년 아이들도, 아니 어른들도 이해하기 쉽지 않다. 지역확대 원칙에 따라 3학년은 고장(시, 군), 4학년은 전라북도(도), 5학년은 우리나라, 6학년은 세계까지 배우

게 된다. 지역확대 원칙은 지리와 관련된 내용을 배울 때는 유용하지만, 민주주의와 정치 같은 추상적인 내용을 배울 때에는 적합하지 않다. 4학년 아이들은 대중매체를 통해 쉽게 접해 온 대통령이나 국회의원 등에 더 친숙하다. 지방자치단체, 도지사, 도의원 등은 단어부터 낯설다. 따라서 일률적으로 지역확대 원칙을 적용하는 것은 다시 생각해봐야 한다.

이럴 때 교사들은 고민에 빠진다. 우리나라는 성취 기준이 아이들의 발달 단계에 맞지 않아도 교사 차원에서 바꿀 수 없다. 교사들에게 주어진 권한은 성취 기준을 그대로 놔둔 채 최대한 쉽게 수업을 만들고 실행하는 것까지이다. 다른 나라와 달리 오랜 시간 중앙집권적 국가교육과정 체제와 국정 교과서가 존재했기 때문에 이런 문제점이 있다. 교사들이 성취 기준을 만들고 변용할 수 있는 권한을 가져야 한다.

'어떻게 민주주의와 주민자치라는 추상적이고 어려운 수업에 학생과 교사 모두 흥이 나서 참여하게 할까?', '수업을 통해 자연스럽게 시민의식을 내면화하는 방법은 뭘까?' 이런 고민 속에서 만들어진 수업이 '우리가 뽑은 그대'이다. 수업의 이름은 그 당시 인기가 많았던 드라마 '별에서 온 그대'에서 차용했다. 아이들에게 친숙한 이름으로 수업에 대한 기대감을 높일 수 있었다.

우리는 '쉽고 재미있는'에 중점을 두고 수업을 설계했다. 4학년 아이들은 구체적 조작기 단계이므로 활동을 통해 학습하는 것이 좋고, 표현 욕구가 강해 역할극에 적극 참여한다. 이런 특성에 따라 스토리텔링과 역할극, 시뮬레이션을 활용하기로 했다.

수업 시기는 지방자치 선거가 있는 6월 4일에 맞춰 실시하기로 했다. 선거로 인해 지방자치에 대한 관심이 자연스레 높아졌다. 선거 공보물, 현수막, 포스터 등을 활용하여 풍성한 수업을 할 수 있었다.

어려운 개념을 주입하기보다 이야기를 통해 이해할 수 있도록 했다.

역사적인 배경이나 실제 지방자치단체의 이름을 단순 나열하기보다는 우리 생활에서의 경험 속에서 민주주의와 주민자치를 친근하게 느낄 수 있도록 설계했다.

수업 계획

수업명	우리가 뽑은 그대	시수	13차시
수업 목표	주민자치의 의미를 바르게 이해하고, 지역의 일에 관심을 갖는 시민의식을 기른다.		

성취 기준		교과서
• 민주주의의 원리를 구체적으로 실현하는 것이 주민자치임을 이해한다. • 우리 지역을 대표하는 자치단체는 어떤 것들이 있는지 찾아보고, 그 역할에 대해 이해할 수 있다. • 우리 지역을 대표하는 사람들을 뽑는 선거 과정을 알아보고 이를 통해 대표자와 유권자의 역할에 대해 이해할 수 있다. • 지방정부와 지방의회가 하는 일을 비교해 보고, 양자 간의 관계에 대해 이해할 수 있다.	사회	3. 민주주의와 주민자치
• 다양한 전통 놀이의 규칙이나 방법을 변형하여 놀이를 할 수 있다.	체육	5. 여가 활동
• 회의의 절차와 방법을 알고 능동적으로 참여한다. • 알맞은 이유를 들어 자신의 의견이 드러나게 글을 쓴다. • 중심 문장과 뒷받침 문장을 갖추어 문단을 짜임새 있게 쓴다. • 반언어적·비언어적 표현의 효과를 이해하고 활용한다.	국어	2. 회의를 해요 7. 의견과 근거 1. 이야기 속으로

'우리가 뽑은 그대' 중심 활동

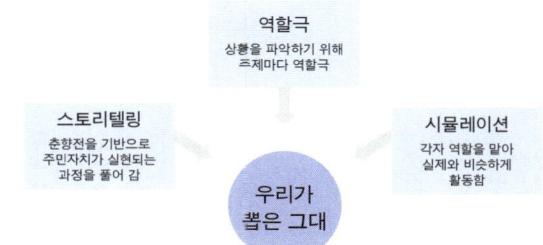

수업의 흐름

주제 (차시)	스토리(역할극)	수업 내용	시 량
주민 자치	• 지역의 실정을 생각하지 않고 정책을 펼쳐 사람들을 힘들게 하는 서울 출신 관리에 대해 문제의식을 느낀다. ▷ 어떤 문제가 있는지 알아보고 어떤 사람이 지역의 대표가 되는 것이 좋은지 토의함	1. 역할극을 보고 문제점을 해결하기 위한 모둠 토론- 디즈니 창의성 토론 2. 주민자치란 무엇인가? 3. 주민자치 실시 배경과 의미	2
선거 원칙	• 대표를 뽑는 선거를 실시한 마을. 하지만 선거 원칙이 이상하다. ▷ 왜 남성들만 대표를 뽑는가? 불평등을 인식하고 새로운 원칙을 만듦	1. 역할극에 나온 후보들을 보고 선거에 참여함 2. 불평등한 선거 경험 3. 선거 원칙 바꿔 보기	1
지방 의회	• (100년의 시간이 흐른 뒤, 천송이와 도민준이 사는 전주) 대표로 뽑힌 사람이 자기 마음대로 정책을 만들어서 실행해도 아무도 제지할 사람이 없어 지역 주민들이 힘들어진다. ▷ 대표를 감시하고 정책을 결정하는 데 시민들의 의견을 대변하는 단체의 필요성을 느낌	1. 의회의 필요성 및 역할 알아보기 2. 의회의 역할 일곱 가지가 드러난 역할극 해 보기	2
정책 제안	• 마을에 불편한 사항이 있지만 대표들이나 의원들은 세세한 부분을 알지 못하여 개선되기 힘들다. ▷ 주민들은 자신들에게 필요한 정책을 의원과 지역 대표들에게 제안하기로 함	1. 사전 과제: 우리 마을의 문제 두 가지 조사하기 2. 우리 마을에 필요한 정책 제안 3. 모둠별로 가장 시급한 문제를 선정하고 제안서 작성하기	2
모의 의회 활동	• 의원들은 제안받은 정책과 대표가 시행하려고 하는 정책에 대하여 의회를 열어 심의하고 감시한다. ▷ 모의 의회 활동	1. 모둠 대표 7인이 의회를 구성하고 의장은 교사가 맡아 진행 2. 나머지 모둠원은 시민으로서 감시 활동을 벌임	2
현장 체험 학습	• 도청·도의회 현장 체험학습	• 지금까지 배운 지역의 대표, 지역의 의회를 직접 확인해 보는 현장 체험학습	
지방 자치 단체	▷ 우리 지역에 있는 지방자치단체	1. 선거 공보물을 이용하여 자치단체의 종류 알아보기 2. 간략한 지방자치단체 구조도 만들기	2
선거의 실제	• 선거의 과정	1. 「무한도전」 편집 영상 시청 2. 6월 4일 지방선거 당일 부모님과 선거 인증샷 찍기 3. 인증샷 찍을 때 주의 사항 안내	1
마무리	• 시민, 지역 대표, 의회 역할 술래잡기	1. 반을 3개 지역으로 나누고 지역별로 대표 3인, 의회 1인, 시민으로 역할 2. 대표들이 잡히면 시민과 함께 의회로 와서 역할 카드 뽑기, 대표가 잘한 일이면 대표 생존, 잘못한 일이면 시민과 대표 역할 바뀜	1

수업 이야기

1. 주민자치

수업 과정 안내

역할극: 남원에 새로 부임한 변사또
⇩
해결 방안: 디즈니 창의성으로 토론하기
⇩
주민자치의 개념 도입하기
⇩
주민자치의 장점 정리하기

가. 역할극: 남원에 새로 부임한 변사또[1]
- 남원의 사정을 모르는 변사또는 자꾸 남원의 사정과 동떨어진 정책을 펼치려고 함
- 역할극 속 문제는 무엇일까 질문하기

나. 해결 방안: '디즈니 창의성' 구조로 토론하기
- 우리 지역의 사정을 잘 모르는 관리가 부임하는 상황을 어떻게 해결할 수 있을까?
- 주민자치가 왜 필요한지 이야기하기

다. 주민자치의 개념 도입하기
- 우리 지역의 주민이 스스로 우리 지역과 관련한 일에 참여하는 제도
- 우리나라 주민자치의 역사에 대해 공부하기

라. 주민자치의 장점 정리하기
- 주민자치의 장점: 지역의 사정에 갖게 일한다, 지역을 사랑하는 마음이 커진다, 민주주의 발전의 계기가 된다, 지역의 특색을 살린 축제나 문화가 발전한다.

마. 준비물
- 역할극 대본, 모둠 칠판, PPT.

---

1. 역할극 대본은 89쪽의 붙임 자료에 있습니다.

'주민자치'라는 개념은 어른들에게도 어렵다. 뉴스나 신문 등의 매체에서 많이 접하게 되는 '대통령', '국회의원' 등 전국 단위의 정치적 개념은 오히려 익숙한데, 가까운 우리 지역의 '시의원', '도의회'는 낯설다. 어떻게 하면 이제야 막 저학년을 벗어난 4학년 아이들에게 '주민자치'의 개념을 쉽게 알려줄 수 있을까 고민하다가 4학년 아이들이 좋아하는 역할극을 수업마다 도입하기로 했다. 그리고 우리에게 잘 알려진 「춘향전」이나 「별에서 온 그대」[2] 같은 드라마의 내용을 쉽게 변형하기로 했다.

첫 수업을 준비하면서 또 한 가지 고민했던 점은 '주민자치'와 '지방자치' 중 어떤 단어를 써야 하느냐이다. 이 둘은 같은 단어일까? 아니면 미묘하게 다른 의미를 담고 있나? 고민하다 교과서의 해당 부분을 찾아보았다. 교과서는 '주민자치'와 '지방자치'를 따로 구분하지 않고 혼용하고 있었다. 그러나 완전히 똑같은 개념이라고 생각했던 우리의 예상과는 달리 그 의미는 상황에 따라 다르게 사용되었다. 지역 주민들이 정책 제안이나 토론회를 통해 적극적 참여를 하는 경우에는 '주민자치'라는 개념을, 지방자치단체나 의원과 같은 대표들이 우리 지역의 일을 도맡아 하는 경우에는 '지방자치'라는 개념을 사용했다. '우리가 뽑은 그대'의 첫 수업을 위한 회의 결과 우리는 지역 주민의 참여를 강조하는 '주민자치'라는 말을 사용하기로 하였다. '지방자치'라는 말은 수도권과 대비되어 '변두리에서 이루어지는 자치' 정도로 곡해될 우려가 있기 때문이라는 의견도 있었다.

어떻게 하면 아이들에게 주민자치의 개념과 그 필요성을 이해시킬 수 있을까? 우리는 춘향전 역할극 속에 문제 상황을 담기로 했다. 역할극 속 문제 상황은 변사또가 아이들도 줄어드는 남원 고을에 서당

---

2. 이 수업 당시 「별에서 온 그대」라는 드라마가 선풍적인 인기를 끌고 있었다. 아이들의 흥미를 끌기 위해 이 드라마에 나오는 주인공의 이름을 수업에 사용했다.

을 짓는 등 지역의 실정과 맞지 않는 정책을 펴는 것이다. '디즈니 창의성' 토론 방법을 활용하여 역할극 속 문제 상황을 어떻게 해결할 수 있을지 생각해 볼 수 있도록 했다. 디즈니 창의성 방법은 반짝이-비판이-현실이[3]의 3단계를 통해 주제에 알맞은 해결책을 도출하는 방법이다. 반짝이 단계의 브레인스토밍을 통해 아이디어를 여과 없이 내놓은 후, 비판이와 현실이 단계를 거쳐서 현실에 맞게 다듬어 간다. 우리는 이 방법을 통해 '지역의 사정을 잘 아는 지역 주민이 직접 정치에 참여한다'는 주민자치의 의미가 도출될 수 있길 바랐다. 하지만 문제 상황이 아이들에게 너무나 어렵게 다가왔던 탓일까? 아이들이 내놓은 해결 방안은 우리의 예상을 빗나갔다.

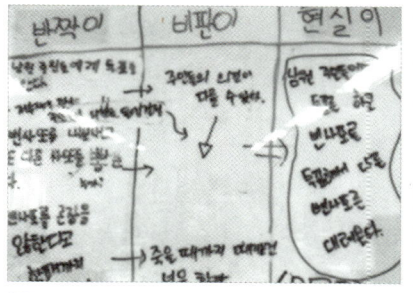

〈문제 상황〉 우리 지역의 사정을 모르는 관리가 새로 부임하여 우리 지역과 맞지 않는 정책을 펴고 있음.

〈아이들의 해결 방안〉
• 변사또를 쫓아낸다.
• 정부에 항의하여 똑똑한 사람을 관리로 대표로 보내 달라고 한다.
• 변사또에게 충고하여 서당을 짓지 못하게 한다(가장 다수를 차지한 해결책).
• 변사또에게 잘하라고 협박한다.

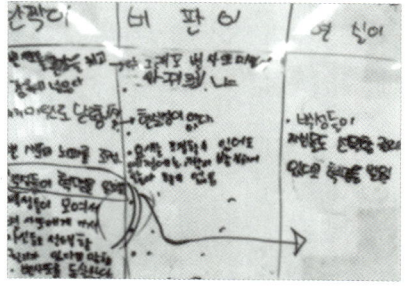

디즈니 창의성 토론을 해 봅시다.
〈디즈니 창의성 토론의 방법〉
• 먼저 모둠 칠판의 칸을 셋으로 나눕니다.

반짝이	비판이	현실이
반짝이 단계에서는 문제를 해결하기 위한 의견을 자유롭게 내놓도록 해요.	비판이 단계에서는 반짝이에서 나온 의견을 근거를 들어 비판합니다.	현실이 단계에서는 가장 좋은 1~2가지 의견을 현실에 알맞은 해결책으로 수정합니다.

디즈니 창의성 토론의 방법과 토론을 통해 아이들이 도출한 해결 방안

3. 원래는 몽상이-비판이-현실이 단계인데 우리는 이름을 변형해서 사용했다.

아이들의 해결 방안을 보면 알 수 있듯, 문제 상황이 아이들에게 주민자치의 필요성을 떠올릴 수 있도록 하는 데 실패한 것 같아 아쉬운 측면이 있다. 수업 후 협의를 통해 이러한 결과를 방지하기 위해 발문을 좀 더 정확하게 하거나 "변사또 대신 어떤 사람이 정책을 만들면 좋을까?"와 같이 토론 주제를 좀 더 명확하게 해 주는 것이 좋겠다는 결론을 내렸다.

주민자치 개념을 도입한 이후엔 주민자치를 실시하게 되었을 경우에 어떠한 좋은 점이 있을지 아이들과 이야기를 나누었다. 아이들은 "우리 지역 실정에 맞는 정치를 할 수 있다", "지역 주민인 우리가 직접 참여하므로 민주시민의식을 가질 수 있다", "우리 지역을 잘 아는 주민이 정치에 참여할 경우 지역의 특산품, 자연환경을 이용하여 축제나 행사를 개최할 수 있다"는 의견을 냈다. 우리는 생활 속에서 아이들이 어떻게 주민자치의 장점을 느낄 수 있을지 고민하며 우리 지역 전주의 축제인 '비빔밥 축제'를 소개하는 뉴스 동영상을 보여 주기로 했다.

한옥마을에서 열린 비빔밥 축제에 부모님을 따라가 본 아이들이 많아서였을까? 자신의 경험과 관련된 뉴스 영상이 나오자 아이들은 흥미를 느끼고 몰입하였다.

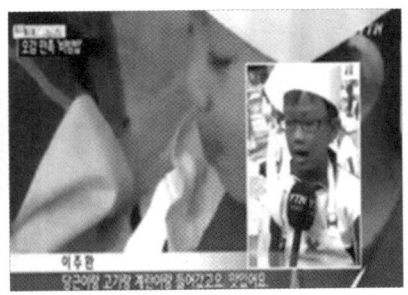

전주 비빔밥 축제를 소개한 뉴스

2. 선거 원칙

수업 과정 안내

역할극: 3명의 후보 소개

⇩

이상한 선거의 원칙에 따라 투표하기

⇩

바람직한 선거의 원칙으로 바꿔 보기, 바람직한 방법으로 투표하기

⇩

선거의 원칙 정리하기

가. 역할극: 3명의 후보 소개
- 지난 시간 배운 주민자치의 필요성을 상기시키기: 우리의 힘으로 지역 실정을 아는 후보를 뽑는 것이 중요함
- 3명의 후보: 홍길동, 허생, 혹부리 영감

나. 이상한 선거의 원칙에 따라 투표하기
- 선거를 할 때 필요한 원칙 제시.
- 해당되는 학생들이 일어나며 최종 투표자를 가려내 본다.
  ① 선거권은 남자만 갖는다.
  ② 선생님이 선택한 색깔의 옷을 입은 친구들이 대표로 투표한다.
  ③ 연필이 3자루 이상 있으면 2표 투표한다.
  ④ 모두가 보는 앞에서 투표한다.

다. 바람직한 선거의 원칙으로 바꿔 보기
- 방금 전 투표의 이상한 점 말해 보기
- 모둠별로 이상한 선거 원칙을 바람직하게 바꾸고 칠판에 붙이기

라. 선거의 원칙 정리하기
- 모둠 활동 내용을 수렴하여 선거의 4원칙을 정리해 준다.
  ① 성별에 관계없이 선거권을 갖는다(보통선거).
  ② 본인이 직접 투표한다(직접선거).
  ③ 연필 수에 관계없이 모두 1표만 갖는다(평등선거).
  ④ 비밀 투표를 한다(비밀선거).
  ⑤ 바람직한 방법으로 투표하기.

마. 준비물
- 역할극 대본, 후보자 선거 벽보 3종, 공개 투표 용지, 모둠 활동용 4절지 7장(선거 규칙), 매직, 설명 PPT.

2차시 선거의 원칙은 아이들로부터 올바른 선거의 원칙을 이끌어 낼 수 있는 수업을 계획하고자 했다. 반장 및 회장 선거를 한 번쯤 경험해 본 학생들에게 선거의 원칙은 어려운 내용은 아니었다. 기본적으로 한 표씩 투표권을 갖고 있고, 비밀로 선거를 하는 등 선거의 기본적 원칙은 아이들이 막연하게라도 알고 있을 거라 생각했다. 그래서 수업에서는 현재 우리가 당연하게 생각하는 참정권이 과거의 숱한 투쟁과 노력으로 모두가 평등하게 가질 수 있었음을 아이들과 함께 나누고 싶었다. 모든 사람이 동일하게 투표권을 갖지 못했던 시절을 모의 상황으로 경험하며 올바른 선거 원칙을 만들어 보는 수업을 계획했다.

1차시 역할극에 이어서 2차시 수업도 역할극으로 시작했다. 역할극의 내용은 지난 수업에서 주민자치의 필요성을 알아보았기에 자연스럽게 우리 마을 후보를 우리 손으로 뽑는 과정으로 진행했다. 마을에서 3명의 후보가 출마하여 자신의 공약을 발표한다. 출산을 장려하는 홍길동, 생활에 필요한 우물을 제공하겠다는 허생, 노래를 잘하게 혹을 선물해 주겠다는 혹부리 영감이다. 아이들은 진지함과 엉뚱함이 섞여 있는 후보들의 연설을 보며 어느 후보가 뽑힐지 함께 이야기 속으로 빠져든다.

역할극은 다음 두 대사로 끝나며 마무리된다.

"주민 2: 누굴 뽑아야 할지 행복한 고민이 생기네."

역할극 속 후보자들의 공약과 선거 참여 안내

"주민 4: 그런데 투표는 누가 한대? 우리 다 하는 거야?"

투표는 누가 하는 것인지, 어떤 원칙에 따라 진행되는지, 오늘 배울 내용을 질문으로 던진 것이다. 역할극이 끝나고 나서 우리 반 모두 참여하여 투표를 하겠다고 하자 아이들의 눈빛이 기대로 가득 찼다. 누구를 뽑을지 생각해 볼 시간을 주자 여기저기서 고민하는 표정이었다. 출력한 투표용지를 보며 궁금해하는 아이들에게 마을의 선거 원칙을 하나씩 공개했다. 교사들이 사전 회의를 통해 만든 이상한 선거의 원칙은 아래와 같다. 우리가 계획한 수업의 중심 활동은 이 이상한 원칙들을 올바르게 바꿔 보는 것이다.

선거 원칙을 하나씩 공개하며 이에 해당하는 학생들은 일어나고, 해

남원 고을 대표 선거			남원 고을 선거 원칙
홍길동	허생	혹부리영감	1. 선거권은 남자만 갖는다.
			2. 선생님이 선택한 색깔의 옷을 입은 친구들이 대표로 투표한다.
			3. 연필이 3자루 이상 있으면 2표 투표한다.
			4. 모두가 보는 앞에서 투표한다.

투표용지오· 이상한 선거의 원칙

당되지 않는 경우 자리에 앉는다. 4가지 원칙을 다 공개하고 마지막까지 일어나 있는 학생들만 투표에 참여하게 된다.

첫 번째 선거 원칙, '선거권은 남자만 갖는다.'를 공개하자 여학생들이 실망하는 기색이 역력했다. 남학생들은 크게 환호했다. 이 원칙은 보통 사람이면 모두 다 선거권을 가질 수 있다는 보통선거의 원칙을 바꾼 것이다.

두 번째로 공개한 원칙은 '선생님이 선택한 색깔의 옷을 입은 친구들이 대표로 투표한다.'이다. 사실 이 조항은 교사들이 많이 고민했다. 우리는 직접선거와 반대되는 간접선거를 의도한 것인데, 어떤 방법으로 표현해야 할지 어려웠다. 두 번째 원칙은 대표성을 띠고 교사의 선택을 받은 사람만이 투표를 할 수 있는 방향으로 만들었다. 각 교실에서 상황에 맞게 선생님이 특정 색깔을 말했고 이 색깔에 해당되지 않는 학생은 투표할 수 없었다.

세 번째 원칙은 '연필 3자루가 있는 학생은 2표 투표한다.' 이것은 재산에 따른 차등 투표를 학생들의 수준에 맞도록 바꿔 본 것이다. 실제 돈으로 차등을 두긴 애매한 지점이 있어 학생들이 늘 사용하는 학용품을 재산의 정도로 간주하기로 했다. 요즘 샤프를 많이 써서 연필 3자루는 없을 거라고 예상했는데, 생각보다 연필을 챙겨 가지고 다니

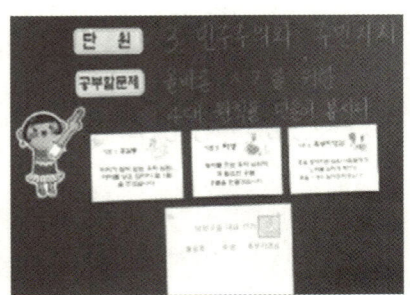
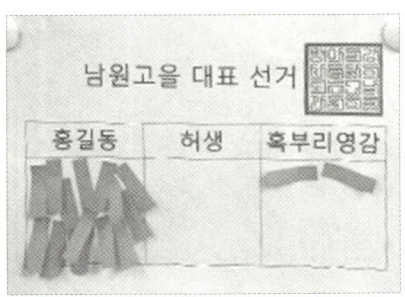

투표 결과

는 친구들이 많았다. 이는 모든 사람이 똑같이 한 표씩 투표한다는 평등선거의 원칙을 바꾼 것이다.

네 번째 원칙인 '모두가 보는 앞에서 투표한다.'는 비밀선거와 관련된 내용이다. 마지막 원칙까지 모두 해당되는 친구들 3~5명 정도가 칠판에 게시한 큰 투표용지에 투표권을 행사했다. 모두가 보고 있는 공개 투표였기에 아이들이 공약의 적절성과 무관하게 개인적으로 친한 친구가 맡은 역할의 인물에게 투표하거나, 본인이 맡은 역할의 인물에게 투표하는 것에 부담을 느끼는 모습도 보였다.

이렇게 투표를 끝낸 후 아이들과 함께 어떤 점이 이상한지 이야기했다. 여기저기서 불만이 터져 나왔다. 짧게 마무리하고서 오늘의 활동을 소개했다. 지금부터 이 이상한 선거의 원칙들을 모둠의 힘을 모아 올바르게 바꿔 보자고 안내했다. 아이들은 자신 있는 모습이었다. 모둠별로 4절 색지 한 쪽에 잘못된 선거의 원칙을 인쇄해서 나눠 주고 빈 공간에 새로운 원칙들을 쓰도록 했다. 평소 익숙한 '남녀 모두 투표한다', '1표씩 투표한다', '비밀 투표를 한다'는 대부분 쉽게 바꿔 썼지만 간접선거에 관련된 내용은 어떻게 표현해야 할지 어려워하는 모둠도 있었다. 당연하게 생각하던 내용이었기에 누군가가 선택되어 투표를 한다는 개념 자체가 낯설었을 듯하다. 10여 분이 지나고 모둠 활동을 마무리하

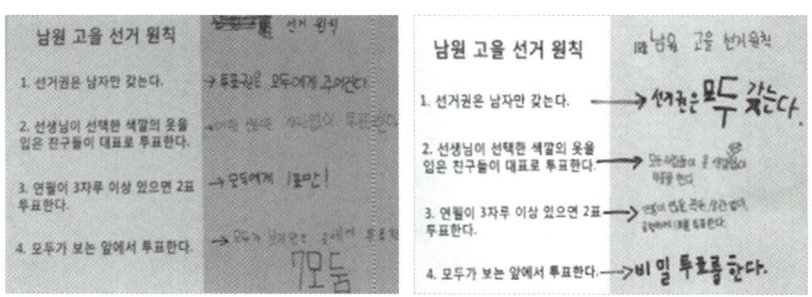

모둠 활동 결과물

고, 모둠별로 어떻게 원칙을 수정했는지 공유하는 시간을 가졌다.

아이들은 활동을 통해 투표권은 모두에게 똑같이 주어진다는 중요한 내용을 스스로 찾아냈다. 그리고 이 결과물을 교사가 마무리 활동으로 하나씩 정리했다. 관련된 역사적 내용, 사진 자료 등을 통해 설명했다. 정리 시간에는 보통선거, 직접선거, 평등선거, 비밀선거라는 용어를 한 번씩 언급하며 설명해 주었다. 아이들은 본인들이 선거의 원칙을 올바르게 찾아냈음을 뿌듯해했다.

이 수업은 학부모 초청 공개 수업에 맞춰 진행되었다. 최근 수업 공개의 방향이 일상의 수업, 과도한 부담을 주지 않는 수업이지만 그래도 교사들이 부담 없이 편하게 수업 공개를 한다고 말하긴 어렵다. 그래서 욕심을 내 많은 활동을 넣기보다는 아이들이 소통하고 공유할 시간을 충분히 주고 그 모습을 학부모들과 나누고자 계획했다. 수업을 실제 진행해 보니, 1차시 수업으로는 5분 정도의 여유 시간이 생긴다는 후기들이 있었다. 남은 시간은 참정권을 쟁취하게 된 역사를 들려주거나 관련된 교과서 내용을 자유롭게 나눴다.

오늘 수업을 통해, 지금 우리가 당연하게 생각하는 투표권이 처음부터 쉽게 가질 수 있었던 게 아님을 알고 성인이 되어서도 이 권리를 소중히 여겨 꼭 선거에 참여하는 성숙한 시민으로 성장하기 바란다는

선거의 원칙 정리

당부를 하고 수업을 마쳤다.

3. 지방의회

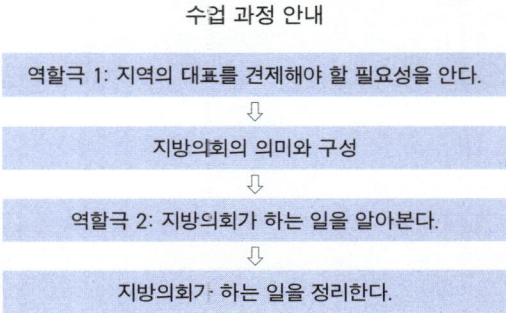

수업 과정 안내

역할극 1: 지역의 대표를 견제해야 할 필요성을 안다.
⇩
지방의회의 의미와 구성
⇩
역할극 2: 지방의회가 하는 일을 알아본다.
⇩
지방의회가 하는 일을 정리한다.

가. 역할극 1
– 지역의 대표를 견제해야 할 필요성을 안다.

나. 지방의회의 의미와 구성

다. 역할극 2
– 지방의회가 하는 일이 담겨 있는 역할극을 보고 지방의회가 하는 일을 추측한다.

라. 지방의회가 하는 일 정리
– 개별 활동
– 역할극 대본을 읽고 지방의회가 하는 일을 정리한다.

마. 준비물
–역할극 대본, 학습지

　지방의회 수업은 시·군·구 의회와 같은 지방의회의 의미와 필요성, 지방의회의 역할을 알아보는 차시이다. 지방의회의 의미를 알아보고 지방의회 구성 및 의원이 하는 일을 중심으로 지방의회의 역할을 알아보도록 구성하고자 했다. 처음에는 신문 활용 수업으로 전라북도의 여러 가지 신문 기사를 검색해 수업 자료 만들기, 아이들이 신문 기사를

역할극

읽고 지방의회에서 하는 일을 찾아내기 등을 계획했다. 그러나 교사 위주의 전달식 수업이 되거나 아이들이 신문 기사를 독해하기 어려울 것 같아 학생 활동 중심으로 수업을 대폭 수정했다.

2차시 역할극에 이어 3차시에서는 남원 「춘향전」에서 100여 년이 흐른 현재 전주로 시공간적 배경을 바꿔, 우리 손으로 뽑은 대표에 대한 불만이 높아진 상황을 만들었다. 아이들의 흥미를 끌기 위해 등장인물은 최근 인기 있었던 드라마 속 인물을 등장시키고 시간의 변화를 알리려고 「별에서 온 그대」 영상의 일부를 활용했다. 등장인물의 변화만으로도 아이들의 반응은 뜨거웠으며 자신이 원하는 역할을 맡으려고 노력했다.

역할극 도입부는 100년의 시간이 지난 후 대표로 뽑힌 이재경이 자기 마음대로 정책을 펼치고 자신이 내세운 공약을 지키지 않아 주민들의 불만이 커지고 있는 상황을 나타냈다. 아이들은 맡은 역할에 따라 즐겁게 역할 놀이를 하고 다른 아이들 또한 흥미롭게 역할 놀이를 지켜봤다. 역할 놀이를 통해 대표로 뽑힌 사람이 자기 마음대로 정책을 실행해도 아무도 제지할 사람이 없어 힘들어진 주민들의 상황을 공감하고, 이런 상황에서 대표를 감시하고 정책을 결정하는 데 시민들의 의견을 대변할 단체의 필요성을 이끌어 냈다. 이를 통해 지방의회의 의미

지방의회 지방의회의 의미와 구성

를 설명하고, 교과서를 중심으로 지방의회의 구성을 살펴보았다.

두 번째 활동은 지방의회에서 하는 일이 내포된 역할극을 본 후 지방의회가 하는 일을 추론하도록 했다. 역할극은 우리 지역에서 일어나는 일들을 중심으로 아이들이 이해하기 쉬운 내용들로 구성했다.

> • 역할극의 상황: 마을에 보건소가 없어 불편함, 조례에 따라 마트의 의무 휴일 날짜가 다름, 혁신학교 예산 지원, 의원들의 새만금 현장 방문, 새만금 집행 예산 점검, 주민의 의견 반영을 위한 토론회 개최 등.

역할 놀이 전 예산, 조례 등의 의미를 함께 알아보고 우리 지역과 관련된 예를 들어 설명해 주었다. 그리고 모둠별로 서로 다른 역할극 대본을 나누어 주었다. 모둠별로 각자의 역할을 나누어 맡아 역할극을 실행했고, 이를 지켜본 다른 모둠 친구들이 지방의회가 하는 일을 추론했다.

마무리 활동으로 개별 학습지를 통해 역할극 대본을 읽고 지방의회가 하는 일을 정리해 보도록 했다.

아이들 모두가 역할 놀이에 참여할 수 있었고, 이를 통해 지방의회가 하는 일을 추론해 보고 개별 학습지를 통해 정리해 보는 활동으로,

다소 어려웠던 지방의회가 어떤 일을 하는지 좀 더 쉽게 알게 되었다.

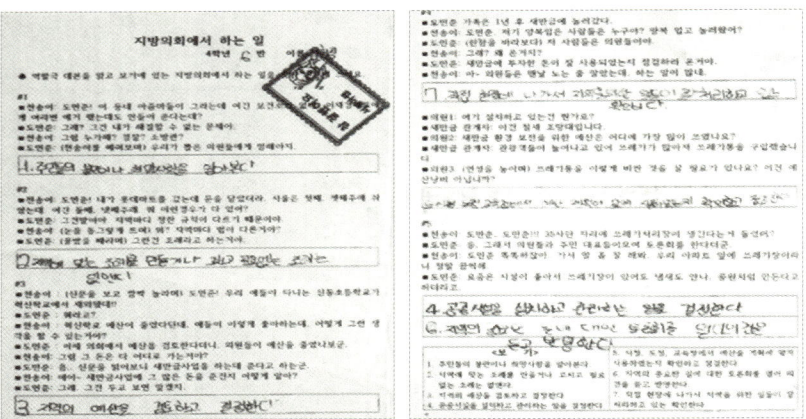

지방의회에서 하는 일

4. 정책 제안

수업 과정 안내

(사전 과제) 우리 동네의 문제점을 찾아오기

⇩

주민들의 정책 제안이 필요한 상황 역할극

⇩

동네 문제점의 해결 방안 찾기

⇩

모둠 토의를 통해 가장 현실적인 제안 선정

⇩

모둠별 제안서 만들기

⇩

의회에서 정책 제안을 발표할 모둠 대표 뽑기

가. (사전 과제) 우리 동네의 문제점을 찾아오기
– 모둠별 역할(초등학생 2모둠, 아기 엄마, 노인, 직장인, 중고등학생, 가게 주인)을

나누어 줌
- 생활하는 데 불편한 점, 고치면 좋겠다고 생각하는 점 등을 조사함

나. 주민들의 정책 제안이 필요한 상황 역할극
- 천송이와 도민준이 자기 동네에서 겪는 어려움
- 문제점을 고치기 위해서 지역 대표에게 정책 제안을 하기로 함

다. 동네 문제점의 해결 방안 찾기
- 자신이 찾아온 문제점을 쓰고 구체적인 해결 방안을 작성함
- 모둠 토의를 통해 모둠 중에 가장 현실적인 제안을 선정함

라. 모둠별 제안서 만들기
- 선정한 제안을 가지고 함께 제안서를 완성함

마. 의회에서 정책 제안을 발표할 모둠 대표 뽑기
- 제안서를 의회에서 발표할 모둠 대표를 뽑음
- 모둠에서 나눈 이야기를 가장 잘 전달할 것 같은 사람

지역의 대표를 견제하고 감시하는 의회에 대해 공부를 하고 나서 아이들이 시민의 위치에서 지방자치에 참여할 수 있는 방법을 생각하고 시행해 보는 수업을 계획했다. 수업에 앞서 아이들이 과제로 우리 마을의 문제점을 찾아보도록 했다. 학생의 입장에서 문제점을 찾으면 문제를 보는 시각이 제한적일 것 같아 모둠별로 역할을 나누어 주었다. 모둠별 역할은 초등학생 두 모둠, 아기 엄마, 노인, 직장인, 중고등학생, 가게 주인 각각 한 모둠씩이었다. 과제를 제출할 때는 가능하면 구체적이고 실제적인 문제점을 찾도록 했고 해결 방안에 대한 고민도 함께해 보라고 안내했다.

본격적인 수업에 앞서 아이들은 왜 주민들이 직접 정책을 제안해야 하는지 그 필요성을 경험해 보는 역할극을 했다. 드라마「별에서 온 그대」의 주인공이 송천동에 살면서 겪는 어려움을 바탕으로, 문제를 해결하려면 시민이 직접 의회나 지역의 대표에게 정책을 제안해야 한다

는 것을 깨닫는 내용이었다. 역할극 속 사건이 실제 자기들이 생활하면서 겪는 어려움들이었기 때문에 깊이 공감했다.

수업에서는 과제로 해 온 우리 마을의 문제점을 모둠원끼리 공유하는 시간을 가졌다. 아이들은 문제점을 조사하면서 주로 가족들과 대화를 나누었다고 했지만, 가능하면 직접 찾아가 조사하는 게 좋겠다는 말에 직접 핸드폰 가게와 커피숍에 찾아가 어려운 점을 물어본 경우도 있었다. 아파트가 밀집해 있는 마을의 특성상 주차 문제나 동종 업종의 가게들이 많은 것 등이 문제였고, 중고등학생들의 등하교 길의 안전 문제도 있었다.

모둠에서 문제점을 공유하고 난 후에는 각자 자신이 조사한 문제점을 해결할 방안을 정리하도록 했다. 문제를 조사할 때 해결 방안을 고민해 보도록 했기 때문에 간단하게 마무리가 되었다. 그리고 모둠에서 각자 조사해 온 문제점과 해결 방안을 가지고 토의를 진행하고 모둠원들끼리 의논해서 가장 현실적인 제안을 선정하도록 했다.

선정된 제안을 가지고 모둠원들이 의견을 모아 정책 제안서를 작성했다. 정책 제안서에는 실현 가능한 해결 방안이 들어가야 함을 강조했다. 모둠 활동을 할 때에는 모두가 함께 도와야 한다는 점을 다시한 번 상기시켰다.

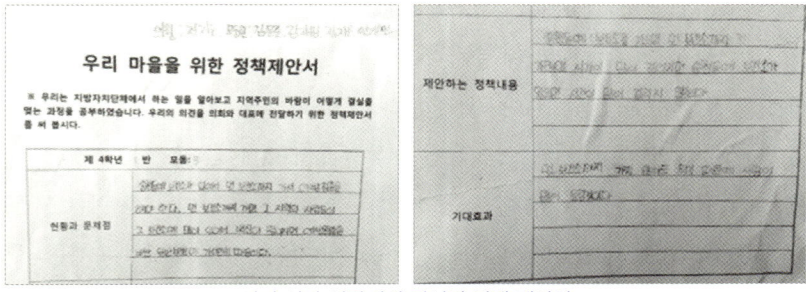

아기 엄마 입장에서 작성된 정책 제안서

정책 제안서를 작성한 후 모둠별로 대표를 뽑았다. 대표는 다음 수업인 모의 의회에 참여하여 모둠에서 완성한 정책 제안서를 발표해야 한다. 대표를 뽑을 때 가장 중요한 것은 자신들이 모둠에서 나눈 이야기를 조리 있게 잘 전달할 수 있어야 함을 강조했다. 모둠에서 뽑힌 대표는 각 지역을 대표하는 의원이 되었고 나머지 모둠원들은 그 지역의 시민이 되었음을 안내하고 수업을 마쳤다.

이 수업을 통해 우리는 아이들에게 주변의 문제에 대해 불평만 할 것이 아니라 우리 힘으로 고칠 수 있다는 생각을 심어 주고 싶었다. 이렇게 자라난 아이들이라면 미래에 자신들이 살고 있는 지역사회의 주체가 되리라고 생각한다.

5. 모의 의회 활동

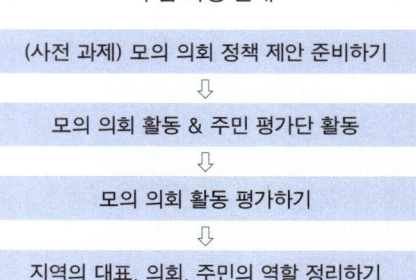

수업 과정 안내

(사전 과제) 모의 의회 정책 제안 준비하기

⇩

모의 의회 활동 & 주민 평가단 활동

⇩

모의 의회 활동 평가하기

⇩

지역의 대표, 의회, 주민의 역할 정리하기

가. 모의 의회 활동과 주민 평가단 활동
- 대표들은 가운데에 모여 앉는다.
- 각 모둠의 제안 7가지에 대한 토론을 진행한다.
- 의회 순서: 제안 → 토론 → 찬반투표
- 모두 주민이 되어 의회 활동을 평가한다(주민 평가표 활용).

나. 모의 의회 활동 평가하기
- 의원들의 활동 평가하기
- 모둠의 의견을 잘 전달하고 모의 의회에 열심히 참여한 대표 선정하기

　3차시에서 역할극을 통해 의회가 하는 일을 알아봤고, 4차시에는 우리 지역에 필요한 문제를 정책으로 제안했다. 그리고 이 내용을 가지고 의원, 주민의 역할을 나누어 맡아 모의 의회 수업을 했다. 이는 모의 의회 수업도 맥락 없는 내용보다는 아이들의 삶과 밀접한 내용으로 진행할 때 아이들이 수업에 더 몰입할 수 있다고 생각했기 때문이다.

　수업을 준비하며 아이들의 역할을 어떻게 나눌 것이냐를 놓고, 교사들 간에 의견이 팽팽하게 맞섰다. 학급 구성원 전원이 의원이 되어 회의를 하는 것, 각 모둠에서 한 명씩을 대표 의원으로 뽑아 7명의 의원이 회의를 하는 것. 전자는 다수의 학생들이 1시간 가까이 회의 진행 과정을 지켜보기만 하는 것이 지루하고 힘들 것이다, 의견 표현에 매우 적극적인 4학년 아이들인데 대표 7명만 회의에 참여하는 것은 다른 아이들이 소외감을 느낄 수 있다는 이유 때문이었다. 후자는 모의 의

모의 의회 시나리오와 주민 평가단 학습지

회라는 것은 실제 상황의 축소판이라 할 수 있는데, 현실에서도 모두가 회의에 참여하진 않기 때문에 대의민주주의의 특성을 살려 학급에서도 아이들이 직접 뽑은 대표들이 회의에 참여하자는 것이었다. 아이들의 더 많은 참여 기회 보장과 실제 상황과의 유사성을 가지고 고민했는데, 함께 회의에 참여하신 전담 선생님께서 좋은 방안을 제안해 주셨다. 대표를 뽑되 나머지 학생들에게도 적극적인 역할을 주자는 것이었다. 그 역할이 바로 주민 감시단이었다. 소극적으로 회의를 보고만 있는 것이 아니라 주민들이 적극적으로 의원들의 회의 진행을 평가하고, 회의 중간에도 주민들의 질의응답 시간을 만들었다. 주민과 의원의 역할을 나눠 회의하는 것은 처음이기에 의장은 교사가 맡기로 했다.

모의 의회 수업을 위해 4차시 수업에서는 모둠 대표 의원을 미리 뽑았고, 이 친구들은 수업 전에 모의 의회 시나리오를 받았다. 수업 직전 의원들이 자신의 모둠에서 정한 안건을 공식적인 말하기 방법에 맞게 발표할 수 있도록 준비시켰다. 주민들에게도 주민 평가단 학습지를 배부하여 주민들의 역할이 중요하다는 점을 강조하며 회의에 적극 참여할 수 있도록 격려했다. 회의의 진행 방법은 다음과 같다. 7명의 의원들은 준비한 안건을 말하고, 그 안건에 대한 찬반의견을 들어 본다. 논의가 어느 정도 진행되면 찬반투표를 하여 안건의 가결·부결 여부를

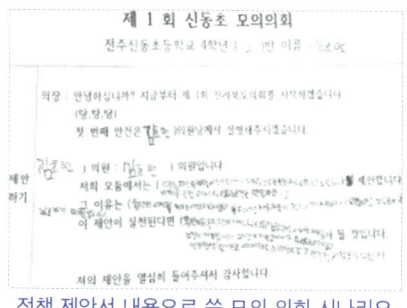

정책 제안서 내용으로 쓴 모의 의회 시나리오

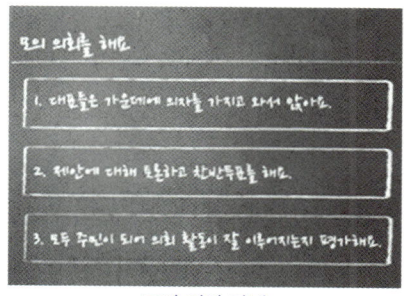

모의 의회 안내

결정한다. 책상 배치는 의원 7명이 교실 가운데에 'ㄷ'자로, 주민들도 의원들을 바라보고 'ㄷ'자 모양으로 했다. 아이들은 달라진 책상 배치, 그리고 회의 시나리오 및 평가표를 읽으며 시작 전부터 긴장한 모습을 보였다.

의원들은 모둠원들의 의견을 수렴한 안건들을 발표하고, 또 이에 관한 본인의 생각을 말하며 회의에 참여했다. 찬반 의견이 고루 나오는 의견도 있었지만, 찬성 또는 반대의 한쪽 입장이 다수인 의견도 있었다. 본인이 제안한 안건에 대해 반대 의견이 많이 나오자 눈물이 그렁그렁 맺히는 모습도 있었다. 의견에 대한 반대일 뿐인데 본인에 대한 공격이라고 느꼈나 싶어 다독거리며 잘 이야기해 주었다. 길어지는 논의 시간에 주민들이 지루해할 경우 주민들이 참여하는 질의응답 시간을 가졌다. 눈을 반짝이며 의원들에게 날카로운 질문을 하는 친구들의 모습이 돋보였다. 또 특정 반에서는 시간이 흐른 뒤 의원과 주민의 역할을 바꾸어서 더 많은 친구들이 의원에 참여해 보도록 기회를 주었다.

7가지 안건에 대해 하나하나 논의를 하고, 표결을 해야 하니 예상보다 오래 걸렸다. 학급 상황에 따라 2~3시간이 걸린 듯하다. 학급마다 다르지만 7개의 안건 중 평균 3~4개의 안건이 통과되었다. 아이들이

모의 의회 진행 모습

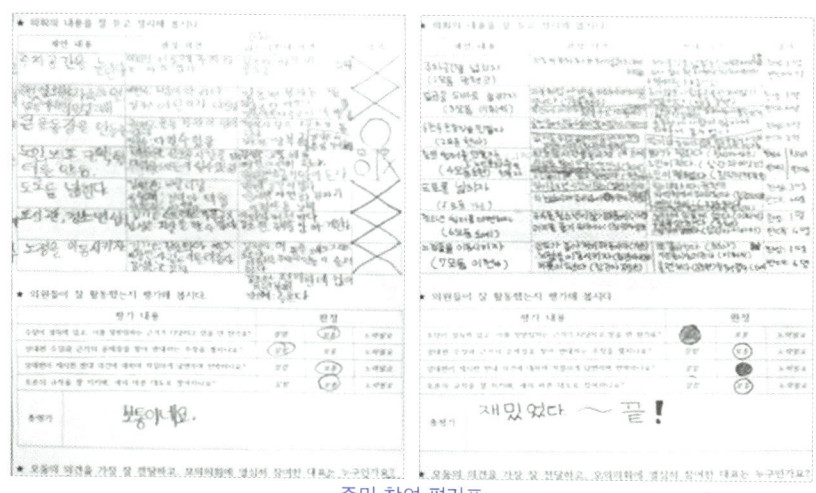

모의 의회 안건 내용

제안한 안건은 사진과 같다. 아이들의 생활과 관련된 내용이라 그런지 의견 교류가 많았다.

회의를 마무리한 뒤에 주민 참여 평가표를 걷었다. 주민들이 생각하는 모범 의원은 누구이며 그 이유가 무엇인지 알려 주었다. '모둠원들이 제안한 안건을 잘 전달했다', '논리적으로 자신의 의견을 표현했다', '바른 자세로 다른 의원들의 의견을 잘 들었다' 등의 이유가 나왔다. 많은 주민들의 지지로 모범 의원으로 뽑힌 친구도 있었지만 되도록 모

주민 참여 평가표

든 의원의 이름을 부르면서 모두 회의에 잘 참여했다고 격려해 주었다.

최대한 많은 학생들의 참여 기회를 보장하고자 고민했지만, 모든 주민들이 회의 진행 내내 집중하긴 어려웠을 것 같다. 그럼에도 불구하고 주민으로서의 참여가 즐거웠다는 친구들도 많았다. 의원 역할을 맡았던 친구는 회의 시간 내내 너무 긴장했지만 다음에 또 하고 싶다고 말했다. 마지막으로 간단한 그림을 보면서 주민, 지역의회, 지방단체가 서로 견제하며 지역을 발전시켜야 함을 정리하고 수업을 마쳤다.

모의 의회 수업을 마친 후에는 도청·도의회에 현장 체험학습을 다녀왔다. 실제 지역사회의 일꾼들이 어디서 어떤 일을 하는지 알아보기 위해서 도청·도의회를 찾았다. 해설사의 설명을 듣고 회의실에서 기념사

도청도의회 현장 체험을 다녀와서

2014년 5월 23일 금요일 날씨 맑음
김○○ 학생

오늘 전라북도 도청으로 현장 체험학습을 다녀왔다. 이번 현장 체험학습은 무척 기대가 됐는데 그 이유는 도청에 가면 체험, 영상 등을 볼 수 있기 때문이었다. 도청은 내가 생각했던 것보다 훨씬 크고 멋있었다. 나는 깜짝 놀랐다. 얼른 안으로 들어가고 싶었지만 먼저 선생님께서 밥을 먹으라고 해서, 모둠끼리 밥을 먹었다. 한참 밥을 맛있게 먹고 있었는데 밥에 개미가 들어가서 나머지 밥은 먹지 못했다. 배가 고프긴 했지만 괜찮았다.
우리는 도청 안으로 들어가서 도청에서 어떤 일을 하는지에 대해서 배웠다. 조금 복잡했지만 영상으로 보고 풀어서 쉽게 설명해 주니 머릿속에 잘 들어왔다.
그리고 도의회 진짜 회의실에 들어가서 의장님 자리에 앉아 보았다. 나는 정말 기분이 좋았다. 인증샷도 찰칵! 회의실에서는 의원님, 도지사님, 의장님 자리가 있었다. 이들은 조례를 제정하고 전라북도의 발전을 위해서 다양한 의견을 주고받는다. 나는 의장이 되고 싶다. 왜냐하면 의장이 되면 전라북도를 더욱 살기 좋은 전라북도로 만들 수 있기 때문이다. 이렇게 재미있는 현장 체험학습은 처음이었다. 다음에 또 왔으면 좋겠다.

진을 찍으며 교실을 벗어나 교실에서 배운 내용을 확인하는 기회가 되었다.

6. 지방자치단체

수업 과정 안내

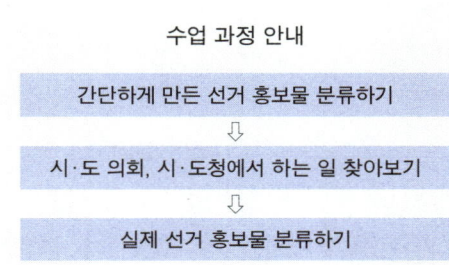

간단하게 만든 선거 홍보물 분류하기
⇩
시·도 의회, 시·도청에서 하는 일 찾아보기
⇩
실제 선거 홍보물 분류하기

가. 간단하게 만든 선거 홍보물 분류하기
- 도의원 / 도지사/ 시의원 / 시장 / 군의원 / 군수 2명씩
- 정당별로 색깔은 파랑, 빨강 두 개로
- 공약을 보면 지자체별로 하는 일을 대략적으로 찾을 수 있음

나. 시·도 의회, 시·도청에서 하는 일 찾아보기
- 선거 홍보물 분류한 후 8절지 1장에 표 그리기(PPT 참고)
- 선거 홍보물 보면서 시·도 의회, 시·도청에서 하는 일 찾아 써 보기

다. 실제 선거 홍보물 분류하기

'우리가 뽑은 그대' 수업을 마치며, 그동안 배웠던 내용을 정리하고 지방자치단체를 분류·구조화해 볼 수 있도록 수업을 계획했다. 그 과정에서 아이들이 활동을 통해 도청과 시청이 서로 동등하고 독립된 자치권을 가진 기관이라는 점을 배우게 할 것인가를 고민했다(일반적으로 도청은 시청의 상위 기관이라고 생각할 수도 있으므로).

그러나 4학년 수준에서는 활동을 통해 지방자치단체의 관계 개념까지 이해하는 것은 어렵다는 생각이 들었다. 그래서 지역 주민들이 뽑은 시장과 도지사는 시·도청에서 일하며, 시의원이나 도의원들은 시·도의회에 모여 일한다는 것을 아이들이 스스로 정리해 가는 데 초점을 맞추었다.

아이들이 지방자치단체를 구조화해 보는 자료로는 '6·4 전국 동시 지방선거 홍보물'을 사용하기로 했다. 그러나 실제 선거 홍보물을 아이들이 바로 분류하는 것은 어렵다는 생각이 들었다. 그래서 전라북도지사, 전주시장, 완주군수, 전라북도의원, 전주시의원, 완주군의원, 교육감별로 각각 2명씩을 후보로 간단하게 선거 홍보물을 만들었다(A4 용지 1/8 크기). 2명의 후보는 각각 서로 다른 정당이 되도록 했다(빨간색, 파란색). 아이들이 시·도청, 의회에서 어떤 일을 하는지 이미 배웠지만, 선거 홍보물을 보며 다시 한 번 기억을 상기시킬 수 있도록 공약의 내용은 각 지자체에서 하는 일과 연관시켜 작성했다.

교실에서 수업을 진행할 때에는, 먼저 곧 있을 지방선거에서는 누구를 뽑는 것인지 아이들에게 물어보았다. 아이들은 길을 오가며 선거운동 모습을 봐 왔던 터라, '도지사, 시장, 교육감'이라는 단어를 잘 말했다. 또한 실제로 이번 선거에 출마한 후보자 이름도 꽤 잘 알고 있었다. 그 후 아이들에게 간단하게 만든 선거 홍보물을 나누어 주고 모둠별로 기준을 세워 분류해 보도록 했다. 아이들은 색깔로 분류하고, 지역별로 분류해 보기도 했다. 아이들이 여러 가지 방법으로 분류해 본 뒤, 어떤 방법으로 분류하면 좋을지 구체적인 기준을 PPT를 통해 제시했다. 그리고 모둠별로 4절지 종이 2장을 합쳐 PPT에 나온 기준대로 분류해 보았다.

간단하게 만든 선거 홍보물을 분류한 후, 실제 선거 홍보물 역시 모둠별로 분류해 보았다. 실제 선거 홍보물은 맨 앞표지 부분만 A4 용지 1/4 크기로 축소 복사하여 아이들에게 나누어 주었다(도지사 3명, 도의원 3명, 시장 4명, 시의원 4명, 교육감 4명). 그리고 앞서 했던 것과 같은 방식으로 분류해 보도록 했다. 아이들은 단순히 선거 홍보물을 분류

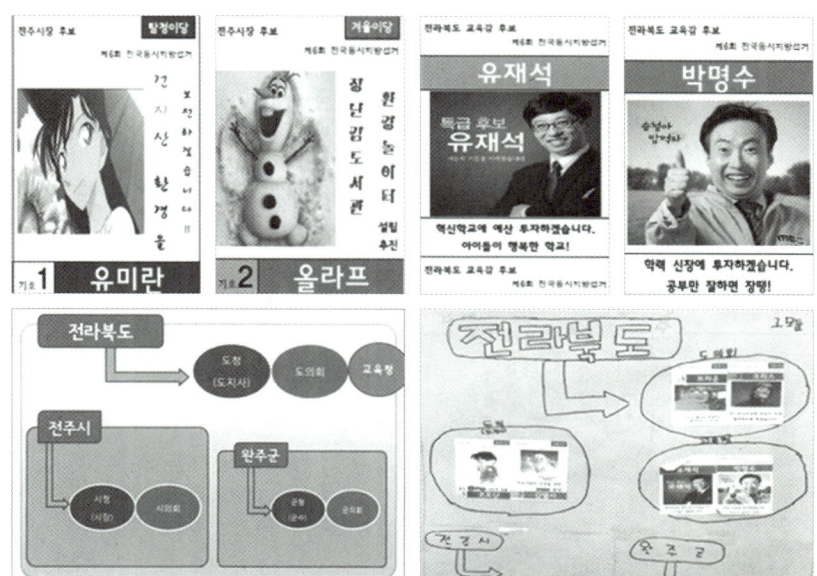

간단하게 만든 선거 홍보물과 아이들이 실제 분류한 결과

하는 데 그치지 않고, 홍보물을 통해 다양한 이야기를 나누었다. 공약 내용을 살펴보았을 뿐만 아니라 자신이 아는 선거 후보 이야기, 길 가면서 보았던 모 후보의 현수막 속 공약 이야기 등 본인의 다양한 경험을 주고받았다. 그 후 실제 선거 홍보물을 교실에 두고, 아이들이 살펴보도록 했다.

4학년이 배우는 지방자치단체는 중앙정부보다 더 세부적이고 아이들이 매체나 여타의 방법으로 접하지 않아 피부에 와 닿지 않는 느낌이었는데, 얼마 후 있을 지방선거와 연관시켜 학습했다는 점이 참 의미 있었다. 일상을 통해 학습과 배움이 자연스럽게 일어날 수 있는 수업이 되었다.

실제 선거 공보물을 이용하여 지방자치단체의 종류 알아보기

7. 선거의 실제

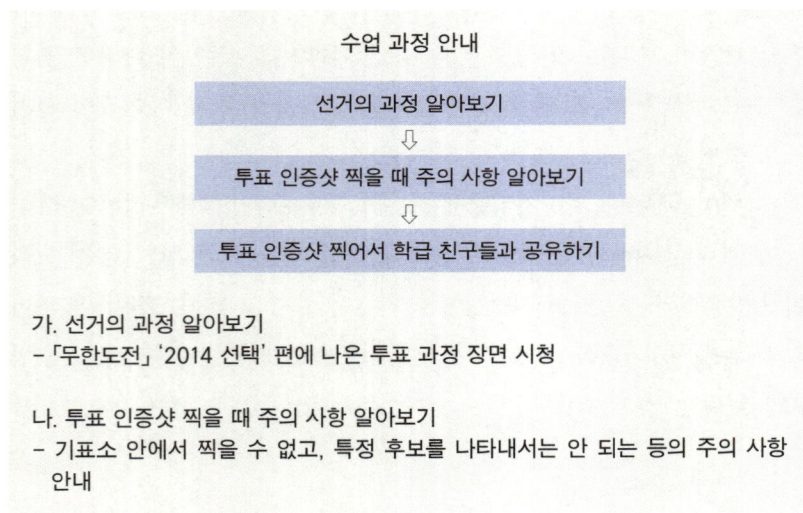

가. 선거의 과정 알아보기
– 「무한도전」 '2014 선택' 편에 나온 투표 과정 장면 시청

나. 투표 인증샷 찍을 때 주의 사항 알아보기
– 기표소 안에서 찍을 수 없고, 특정 후보를 나타내서는 안 되는 등의 주의 사항 안내

다. (과제) 투표 인증샷 공유하기
 – 클래스팅을 이용하여 학급 친구들과 공유하기

　6·4 전국 지방선거를 하루 앞두고 주민자치와 민주주의를 마음속에 새기며 대단원의 막을 내리는 수업을 진행했다. 선거 전날 부모님과 함께할 수 있는 과제를 내주며 투표의 절차와 인증샷을 찍을 때 주의해야 할 것들을 공부했다. 자칫 자기가 지지하는 후보를 나타내는 인증샷을 찍을 우려가 있어 주의 사항에 대한 이야기를 많이 나누었고 「무한도전」에 나온 투표 절차를 보면서 부모님 모습을 주의 깊게 살펴보라고 안내했다.
　선거 당일에 아이들은 부모님과 함께 투표소에 가서 인증샷을 찍었고 클래스팅이나 문자 메시지를 이용해 과제를 수행했다. 인증샷은 투표소에 가서 체험학습을 해 보라는 의미와 함께 학부모님의 투표를 독려하는 차원이었는데 생각보다 과제 수행률이 높았다.
　휴일이 지나고 교실에 선거 인증샷을 게시하여 클래스팅을 보지 못하는 친구들과 사진을 공유했다. 아이들은 한참이 지나도록 사진을 보며 투표소에 갔던 경험을 나누었고, 나중에 당선된 후보들을 보며 부모님과 나눈 이야기들을 전해 주었다.

교실에 게시된 선거 인증샷

클래스팅에 올라온 선거 인증샷

8. 마무리: 의회 역할 술래잡기

수업 과정 안내

가. 술래잡기 역할 배정
- 반 학생들을 세 개의 지역으로 나누고 각 지역에 대표 3인과 의회 1인을 뽑는다.
  나머지는 시민으로 참여한다. 색깔이 다른 시트지를 이용하여 지역과 역할을 구
  분하고 교사는 대표의 역할 미션지를 준비한다.

나. 술래잡기 규칙
- 시민들이 대표를 잡아서 의회 앞으로 데려온다. 대표는 미션지를 하나 뽑고 의회
  는 그 미션지에 적힌 내용을 보고 대표로서 잘한 일인지 잘못한 일인지 판단해
  준다. 잘한 일이라면 대표는 다시 도망을 가고 잘못한 일이라면 대표와 시민이
  역할을 바꾸어 다시 술래잡기를 한다.

마무리를 놀이로 하는 것은 아이들이 2주 동안 참여했던 수업을 끝
까지 즐겁게 하기를 바랐기 때문이다. 게임에는 우리가 꼭 기억해야 할
지역의 대표, 의회, 시민의 역할이 담겨 있었다.

시민이 대표를 잡는 것은 시민의 역할이 대표가 잘하는지 끊임없이
감시하는 것임을 뜻하고, 미션지에서 잘못한 일이 있을 때 시민과 역할
이 바뀌는 것은 잘못하는 대표는 시민들의 힘으로 바꿀 수 있음을 뜻
한다. 의회가 미션지를 관리하는 것은 의회 또한 지역의 대표를 감시하

의원들이 시민과 대표를 기다리는 모습

대표가 뽑은 미션지를 확인하는 모습

고 그들이 하는 일의 잘잘못을 판단해야 함을 뜻한다.

한 시간 동안 즐겁게 뛰어논 아이들은 정말 재미있다는 말을 연발했다. 의원을 맡은 아이들의 역할이 고정되어 있어 좀 힘들다는 의견도 나왔지만, 미션지를 통해 대표와 시민의 역할이 계속 바뀌면서 달리기를 못해서 술래잡기가 싫다는 아이들도 즐겁게 참여할 수 있었다.

수업을 마치며

2주간의 수업을 마친 후 아이들은 일상생활에서 "투표를 잘해야 한다.", "대표는 공약을 잘 지켜야 한다." 등의 이야기를 자연스럽게 꺼냈다. 교실에서 사전투표장에 다녀왔다며 자랑하는 아이들, 학교 담벼락에 붙은 선거 공보물을 유심히 봤다는 아이들, 선거 당일 아침부터 계속 SNS에 올라오던 투표 인증샷, 선거 다음 날, "선생님, 투표했어요?" 해맑게 묻던 아이들. 우리는 이 수업을 통해 아이들이 주민자치의 필요성을 느끼고, 참여의식이 자리 잡길 바랐다. 우리의 수업 의도가 잘 실현된 것 같아 만족스러웠다.

그러나 성취 기준 자체가 어려웠기에 몇몇 활동은 생각만큼 쉽지 않았다. 교과서를 벗어나 아이들의 발달 단계에 맞추려고 했으나, 우리들 역시 성취 기준에 얽매이다 보니 아이들의 눈높이로 접근하지 못한 활동도 있었다. 예산안, 조례 같은 단어를 쉬운 말로 바꾸기보다는 그대로 둔 채 쉽게 풀어서 설명하려고만 했던 것이 아쉬움으로 남는다. 또한 지방의회가 하는 일, 지방의회와 지방정부의 관계를 가르칠 때는 더 많은 고민을 하지 못하고, 학습지와 PPT를 중심으로 수업을 한 것이 아쉽다. 다음에 이 수업을 하게 된다면 보완해야 할 부분이다.

이 단원을 교과서로만 가르쳤다면 '산 넘어 산' 같은 수업이었을 것이다. 게다가 교과서의 내용을 암기하게 하여 선다형 평가를 했다면 아이들이 얼마나 힘들었을까? 우리 4학년 아이들은 "다음엔 어떤 수업 해요?", "이번엔 어떤 역할극 해요?" 질문을 하며 다음 수업을 기대했다. 시간과 노력이 많이 들었지만 아이들의 호기심 어린 눈망울에서 교육과정을 개발하는 보람을 느꼈다.

이렇게 평가했어요

평가는 학기 말에 서술형으로 치렀다. 이 수업에서 가장 핵심적인 개념인 주민자치의 필요성과 민주주의의 꽃인 선거에 대한 내용을 물었다. 문제는 모두 수업 시간에 활동했던 내용에서 출제했고, 적극적으로 참여한 아이들이 쉽게 쓸 수 있는 것으로 골랐다. 특히 선거 관련 질문에서는 선거 원칙과 지방자치단체의 종류, 선거에 참여해야 하는 이유를 서술하는 내용으로 고학년에서 심화되는 정치 내용의 기반이 되기를 바라는 마음으로 출제했다.

1. 아래 역할극 대본을 읽고 알게 된 주민자치의 필요성을 써 보세요.

춘향전

제1화 〈새로운 사또가 남원에 오다!〉
등장인물_8명(춘향이, 향단이, 변사또, 이방, 마을관리 1·2, 백성 1·2)

▶관아

[변사또] 에헴, 나는 남원의 새로운 사또 변학도라고 한다. 한양에 계신 임금님의 어명을 받고 왔느니라.

이방: 남원 고을에 오신 것을 환영하옵니다. 나리.

[변사또] 들자 하니, 이곳에는 서당이 다섯 군데밖에 없다지? 한양에는 서당이 백 군데도 넘게 있는데 말이야. 서당을 서른 곳 정도 더 지어야겠다.

[이방] (당황하며) 예? 예, 분부대로 하겠습니다.

[마을 관리 1] (다른 관리와 소곤소곤 이야기하며) 오메, 우리 마을엔 서당에 다닐 만한 아이들도 별로 없는데, 무슨 서당을 서른 곳이나 더 짓는다는 거여?

[마을 관리 2] 참말로 말이여, 우리 마을엔 노인들만 득실대는디, 경로당을 더 지으면 모를까. 한양에서 와서 새 사또 나으리가 아무것도 모르는구먼.

▶물가

[해설] 변사또와 이방은 관아에서 나와 저수지 근처로 왔어. 농사를 짓는 백성들이 옆에서 새로운 사또를 힐끔힐끔 쳐다봤어. 변사또와 이방은 경치 구경을 하며 이야기를 나누었어.

[변사또] 이런…… 저수지가 쓸데없이 넓구나! 안 그래도 쌀이 나올 땅도 부족하고 여러 가지 시설도 더 지어야 하니 저수지를 메워 땅으로 만들면 좋겠다.

이방: (놀라며) 예? 이곳을 다 메워 땅으로 만들라는 말씀이십니까?

[변사또] 뭘 그리 놀라느냐. 요즘 한양에서는 이렇게 땅을 넓히는 것이 유행이다. 남원 백성들을 동원하여 저수지를 메우면 되지 않느냐?

[이방] 예, 알겠습니다.

[백성 1] (잡초를 뽑다가 옆의 농부와 쑥덕대며) 참으로 이상하구먼, 이 저수지를 메우면 논에 어떻게 물을 대라는 거여? 우리 고을은 이번에 가뭄을 겪어 농사지을 물도 부족한디.

[백성 2] 새로 온 양반이 답답허구먼, 이 물을 길어다가 식수로도 쓰고, 여편네들이 여기서 빨래도 하고, 얼마나 쓸데가 많은디. 우리 사정을 너무 모르는 거 아니여?

주민자치가 필요한 이유:

_____

_____

_____

_____

2. 지난 6월 4일 신동 고을에서도 선거가 실시되었습니다. 아래 세 문항에 답하세요.

(1) 다음은 신동 고을에서 실시된 선거의 원칙입니다. 이상한 신동 고을의 선거 원칙을 바람직한 선거의 원칙으로 바꾸어 써 보세요.

신동 고을 선거 원칙

1. 선거권은 여자만 갖는다.
2. 흰색 옷을 입은 친구들이 대표로 투표한다.
3. 연필이 3자루 이상 있으면 2표 투표한다.
4. 모두가 보는 앞에서 투표한다.

⇩

바람직한 신동 고을 선거 원칙

1. _____
2. _____
3. _____
4. _____

(2) 지난 6월 4일 지방선거에서 우리 지역 주민이 뽑은 사람을 찾아 모두 적으세요.

| 도지사 | 전주신동초등학교 교장 | 대통령 | 시 장 | 교육감 | 현대모터스단장 |

(3) 다음은 역대 지방선거 투표율을 나타낸 신문 기사입니다. 기사를 참고하여 부모님께 선거에 참여해야 하는 이유를 설명해 보세요.

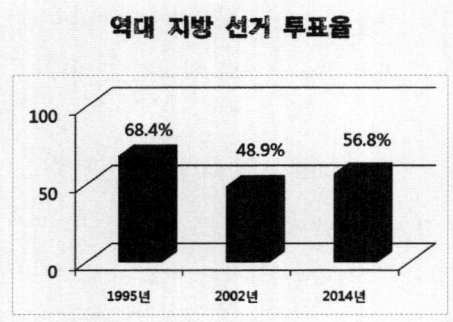

6·4 지방선거 전국 평균 투표율이 56.8%로 집계됐다. 중앙선거관리위원회(이하 선관위)는 지난 4일 "지방선거 투표 마감 결과 전체 유권자 4,129만 6,228명 중 2,346만 4,573명이 참여해 투표율이 56.8%로 집계됐다."고 밝혔다. 이번 선거 투표율은 68.4%를 기록했던 지난 1995년 제1회 지방선거 이후 최고이자 역대 두 번째로 높은 수치를 기록했으나 낮은 투표율이 사회적으로 문제가 되고 있다.

부모님께

_____

_____

_____

_____

_____

차시별 역할극 대본 및 수업 자료

1. 주민자치

〈새로운 사또가 남원에 오다!〉
*등장인물: 8명(춘향이, 향단이, 변사또, 이방, 마을 관리 1·2, 백성 1·2)

해설: 옛날 아주 먼 옛날 남원 고을에 춘향이가 살았대. 춘향이는 어머니, 그리고 집안일을 도와주는 몸종 향단이와 함께 행복하게 살고 있었어. 날씨 좋은 어느 날, 춘향이는 집 안마당에서 향단이와 이야기를 나누고 있었어.
춘향: 향단아, 새로운 원님이 오셨다며?
향단: 아이고, 빠르기도 하셔라. 아씨, 어떻게 아셨어요?
춘향: 시장에서 생선가게 김서방이 이야기하는 걸 들었단다. 새로운 원님이 부디 남원을 살기 좋은 고을로 만들어 주셨으면 좋겠구나.

▶ 관아
변사또: 에헴, 나는 남원의 새로운 사또 변학도라고 한다. 한양에 계신 임금님의 어명을 받고 왔느니라.
이방: 남원 고을에 오신 것을 환영하옵니다. 나리.
변사또: 듣자 하니, 이곳에는 서당이 다섯 군데밖에 없다지? 한양에는 서당이 백 군데도 넘게 있는데 말이야. 서당을 서른 곳 정도 더 지어야겠다.
이방: (당황하며) 예? 예, 분부대로 하겠습니다.
마을 관리 1: (다른 관리와 소곤소곤 이야기하며) 오메, 우리 마을엔 서당에 다닐 만한 아이들도 별로 없는데, 무슨 서당을 서른 곳이나 더 짓는다는 거여?
마을 관리 2: 참말로 말이여, 우리 마을엔 노인들만 득실대는디, 경로당을 더 지으면 모를까. 한양에서 와서 새 사또 나으리가 아무것도 모르는구먼.
변사또: 그럼 이제 고을을 둘러보러 나가야겠구나, 나갈 채비를 하거라.

▶ 물가
해설: 변사또와 이방은 관아에서 나와 저수지 근처로 왔어. 농사를 짓는 백성들이 옆에서 새로운 사또를 힐끔힐끔 쳐다봤어. 변사또와 이방은 경치 구경을 하며 이야기를 나누었어.
변사또: 이런…… 저수지가 쓸데없이 넓구나! 안 그래도 쌀이 나올 땅도 부족하고 여러 가지 시설도 더 지어야 하니 저수지를 메워 땅으로 만들면 좋겠다.
이방: (놀라며) 예? 이곳을 다 메워 땅으로 만들라는 말씀이십니까?
변사또: 뭘 그리 놀라느냐, 요즘 한양에서는 이렇게 땅을 넓히는 것이 유행이다. 남원 백성들을 동원하여 저수지를 메우면 되지 않느냐?
이방: 예, 알겠습니다.

백성 1: (잡초를 뽑다가 옆의 농부와 쑥덕대며) 참으로 이상하구먼, 이 저수지를 메우면 논에 어떻게 물을 대라는 거여? 우리 고을은 이번에 가뭄을 겪어 농사지을 물도 부족한디.

백성 2: 새로 온 양반이 답답허구먼, 이 물을 길어다가 식수로도 쓰고, 여편네들이 여기서 빨래도 하고, 얼마나 쓸데가 많은디. 우리 사정을 너무 모르는 거 아니여?

백성 1: 휴, 그러게 말이여.

2. 선거권

*등장인물: 홍길동, 허생, 혹부리 영감, 주민 1·2·3·4, 해설(총 8명)
(드디어 남원 고을에서도 자신들의 힘으로 대표를 선출할 수 있게 되었어. 중앙에서 내려온 지역 사정을 모르는 관리보다 지역의 실정을 잘 알 수 있는 대표를 뽑을 수 있다는 생각에 사람들은 몹시 들떠 있었단다.)

주민 1: 우리 힘으로 남원의 대표를 뽑는다는 거지? 거참 신기하네.

주민 2: 그러게 말여. 그래서 우리 마을 선거에 누가 나온대?

주민 3: 그 지리산 근처에서 맨날 도술 연습한다는 홍길동이 나온대.

주민 4: 뱀사골 계곡에 처박혀서 책만 읽었다던 허생도 나오잖아.

주민 1: 아, 맞네. 마을 노래자랑에서 1등 했던 혹부리 영감도 나온다고 들었어.

주민 3: 우리끼리 이러고만 있지 말고, 저기 마당에서 나온 사람들이 연설을 한대. 우리도 가서 들어 보자.

(마을회관에서 후보자들의 연설이 시작되었다.)

홍길동: 저 홍길동은 예전부터 우리 마을에 어린아이가 적은 것이 늘 안타까웠습니다. 제가 당선이 된다면 아이를 낳는 가정마다 쌀 1말씩 제공하겠습니다.

허생: 저는 독서를 통해 우리 남원에 무엇이 가장 필요한가 고민해 왔습니다. 예로부터 농사를 지어 온 우리 남원에는 물이 많이 필요합니다. 주민 여러분이 물을 편하게 활용할 수 있도록 우물을 만들겠습니다.

혹부리 영감: 주민 여러분~ 제 노래 실력의 비밀이 궁금하셨죠? 제가 당선이 된다면 여러분께 노래를 잘할 수 있는 혹을 선물해드리겠습니다요.

주민 2: 누굴 뽑아야 할지 행복한 고민이 생기네.

주민 4: 그런데 투표는 누가 한대? 우리 다 하는 거야?

3. 의회

<지방의회 도입 역할극>
*등장인물: 도민준, 천송이, 이재경, 주민 1, 2, 3

해설: 어느덧 100년의 시간이 흐른 후, 전주의 대표로 뽑힌 이재경에 대한 주민들의 불만이 많아지고 있다.

▶ 주공 아파트 광장
주민 1: 아니 왜 약속을 안 지키는 거야? 애 낳으면 50만 원씩 준다더니 왜 그 말은 쏙 들어갔지?
주민 2: 그러게 말이야. 그리고 이번엔 해외 출장에 가족들을 데려갔대.
주민 3: 아니 이런, 뽑아 달라고 할 때는 언제고 다 지 맘대로고만!
해설: 이 모든 이야기를 들은 도민준은 깊은 고민에 빠진다.

▶ 도민준 집
천송이: 아니, 매일 왜 그렇게 사라지는 거야? 어딜 가는 거지?
도민준: (미소를 지으며) 아기 운다. 분유 타 줘.
해설: 자꾸 사라지는 도민준은 아무도 모르게 이재경을 만나고 있었는데…….

▶ 이재경 사무실
도민준: (격분하며) 당신, 주민들은 이야기는 듣는 건가? 네가 말했던 공약들은 다 쓰레기가 된 건가?
이재경: (반지를 만지며) 후훗. 내가 뭘 안 해? 아기 낳으면 준다는 50만 원? 그렇게 많이 필요한가? 그 사람들이 날 뽑아 준 게 아니야. 내가 있기 때문에 전주시민들이 존재하는 거야!
도민준: (주먹을 불끈 쥐며) 뭐야!
이재경: (야비하게 웃는다) 흐흐흐.
도민준: (장풍을 쏜다) 얍!
이재경: (날아가 나뒹군다) 으…….
도민준: 제대로 하지 않으면 내가 널 가만두지 않겠어. 항상 지켜보고 있으니 네가 해야 할 일이 무엇인지 잘 생각해!
이재경: (입에 맺힌 피를 닦으며 일어선다.)

<지방의회에서 하는 일>

▶ 1
천송이: 도민준! 이 동네 아줌마들이 그러는데 여긴 보건소가 없대. 이재경 대표에

91

게 여러 번 얘기했는데도 안 들어준다는데?

도민준: 그래? 그건 내가 해결할 수 없는 문제야.

천송이: 그럼 누가 해? 경찰? 소방관?

도민준: (천송이를 째려보며) 우리가 뽑은 의원들에게 말해야지.

▶2

천송이: 도민준! 내가 롯데마트를 갔는데 문을 닫았더라. 서울은 첫째, 셋째 주에 쉬었는데. 여긴 둘째, 넷째 주래. 뭐 이런 경우가 다 있어?

도민준: 그건 말이야. 지역마다 정한 규칙이 다르기 때문이야.

천송이: (눈을 동그랗게 뜨며) 뭐? 지역마다 법이 다른 거야?

도민준: (꿀밤을 때리며) 그런 건 조례라고 하는 거야.

▶3

천송이: (신문을 보고 깜짝 놀라며) 도민준! 우리 애들이 다니는 신동초등학교가 혁신학교에서 제외됐대!

도민준: 뭐라고?

천송이: 혁신학교 예산이 줄었다던데, 애들이 이렇게 좋아하는데, 어떻게 그런 생각을 할 수 있는 거야?

도민준: 어제 의회에서 예산을 검토한다더니, 의원들이 예산을 줄였나 보군.

천송이: 그럼 그 돈은 다 어디로 가는 거야?

도민준: 음, 신문을 읽어 보니 새만금 사업을 하는 데 준다고 하는군.

천송이: 에이~ 새만금 사업에 그 많은 돈을 준 건지 어떻게 알아?

도민준: 그래. 그건 두고 보면 알겠지.

▶4

도민준 가족은 1년 후 새만금에 놀러 갔다.

천송이: 도민준. 저기 양복 입은 사람들은 누구야? 양복 입고 놀러 왔어?

도민준: (한참을 바라보다) 저 사람들은 의원들이야.

천송이: 그래? 왜 온 거지?
도민준: 새만금에 투자한 돈이 잘 사용되었는지 점검하러 온 거야.
천송이: 아~ 의원들은 맨날 노는 줄 알았는데, 하는 일이 많네.

의원 1: 여기 설치하고 있는 건 뭔가요?
새만금 관계자: 이건 철새 조망대입니다.
의원 2: 새만금 환경 보전을 위한 예산은 어디에 가장 많이 쓰였나요?
새만금 관계자: 관광객들이 늘어나고 있어 쓰레기가 많아져 쓰레기통을 구입했습니다.
의원 3: (언성을 높이며) 쓰레기통을 이렇게 비싼 것을 살 필요가 있나요? 이건 예산 낭비 아닙니까?

▶5
천송이: 도민준, 도민준! 35사단 자리에 쓰레기처리장이 생긴다는 거 들었어?
도민준: 응, 그래서 의원들과 주민 대표들이 모여 **토론회**를 한다더군.
천송이: 도민준 똑똑하잖아. 가서 말 좀 잘해 봐. 우리 아파트 앞에 쓰레기장이라니 정말 끔찍해.
도민준: 요즘은 시설이 좋아서 쓰레기장이 있어도 냄새도 안 나. 공원처럼 만든다고 하더라고.

• 보기
1. 주민들의 불만이나 희망사항을 알아본다.
2. 지역에 맞는 조례를 만들거나 고치고 필요 없는 조례는 없앤다.
3 지역의 예산을 검토하고 결정한다.
4. 공공시설을 설치하고 관리하는 일을 결정한다.
5. 시청, 도청, 교육청에서 예산을 계획에 맞게 사용했는지 확인하고 점검한다.
6. 지역의 중요한 일에 대한 토론회를 열어 의견을 듣고 반영한다.
7. 직접 현장에 나가서 지역을 위한 일들을 잘 처리하고 있는지 확인한다.

4. 정책 제안

〈지방의회 도입 역할극〉
*등장인물: 해설, 천송이 1·2 도민준 1·2 아들, 딸, 아기(8명)

해설: 외계인 도민준과 한국의 톱스타 천송이는 결혼 후 아이들을 낳고 송천동으로 이사를 왔어. 아이들이 신동초등학교에 다니면서 즐거운 수업을 받길 원했다고 해. 어느 날 저녁 무렵 도민준과 천송이는 아이들과 함께 산책을 나갔어.

▶ 주공 아파트 산책로
아들: (자전거를 타다 넘어진다) 으악~! 엄마 자전거 바퀴가 바닥에 걸려서 넘어졌어요. 엉엉…….
천송이 1: 어머, 아들~! (아들을 살펴보다가 화가 나서 씩씩거리며) 도민준! 이거 이거 도대체 이 동네에서는 자전거를 타고 다닐 수가 없어. 서울에서는 말이야 자전거를 타고도 씽씽 달릴 수 있었는데.
도민준 1: (아들을 안아 주며) 조심해서 잘 보고 타야지.
딸: (거미줄 놀이터에 올라가려다 말고) 엄마 이거 너무 흔들거려요.
도민준 1: (딸의 손을 잡고) 그렇구나. 다른 놀이기구를 타고 놀아라.
천송이 1: (딸을 보며 큰 소리로) 거기 올라가지 마. 너무 위험해 보여. (도민준을 보며) 그리고 놀이터가 너무 놀 게 없어. (거미줄 놀이터를 가리키며) 이거 이거 안전하긴 한 거야? 이거 흔들리는 거 보이지, 보이지?

▶ 동서로 마트 앞
해설: 도민준 가족은 놀이터를 지나 동서로 마트에 갔어. 그런데 길턱이 너무 높아 아기 유모차를 잘 끌 수가 없었어. 결국 유모차가 큰 충격을 받아 떨어졌어.
아기: 으앙~ 으앙~ 엄마 깜짝 놀랐어요.
천송이 2: (아기를 안아 주며) 아이고, 우리 아가 깜짝 놀랐어요? 미안해요. (도민준을 날카롭게 쏘아보며) 도민준, 이게 당신이 말하던 좋은 동네인가? 유모차 끌고 다니기가 이렇게 어려워서 아이 데리고 다닐 수 있겠어? (더욱 목소리를 높이며) 자전거 도로도 문제, 놀이터도 문제, 길도 문제, 이것뿐만이 아니야!
도민준 2: (손으로 천송이의 입을 막으며) 그만해. 그렇게 불평만 한다고 달라지는 건 아무것도 없어.
천송이 2: (더욱 화를 내며) 그럼 어떻게 하라고?
도민준 2: (차분하게) 우리가 뽑은 대표들이 있잖아. 그리고 의회도 구성했고. 그 사람들에게 우리들이 불편한 점이 무엇인지 말해야지. 그리고 그들이 정책에 반영하도록 해야 하는 거야.
천송이 2: 그게 쉽나? 그냥 찾아가서 말하면 돼? 뭐 편지라도 쓰라고?
도민준 2: (고개를 절레절레 흔들며) 자, 여기 보여? 이걸 쓰는 거야(정책 제안서를 보여 준다).

정책 제안! 더 좋은 우리 동네를 만들어 보자!
-주민자치-

전주 신동초등학교 4학년   반 이름 (   )

Step 1. 정책 제안
생활하며 불편함을 느꼈던 적이 있나요? 또는 이게 더 좋아지면 더 나은 생활이 될 텐데…… 하는 생각을 했던 적이 있나요? 여러분이 느꼈던 문제점을 써 봅시다.

문제점 및 현황	

문제점을 해결하기 위한 제안을 써 봅시다.

개선 방법	

그 제안이 실현되었을 때 어떤 점이 좋을지 구체적으로 써 봅시다.

기대 효과	

Step 2. 정책 토론
한 명씩 돌아가며 자신의 제안을 이야기하고, 그 제안에 대한 모둠원의 생각을 물어보세요. 찬성과 반대가 나뉘면 어떤 이유로 찬성하고 어떤 이유로 반대하는지 토론하세요.

기대 효과	입장 (내 제안에 찬성 또는 반대)	이유

Step 3. 제안 실현
모둠 내에서 토론 결과 찬성이 가장 많은 제안 한 가지를 고르세요.

우리 마을을 위한 정책 제안서

전주 신동초등학교 4학년   반 모둠 (   )

우리는 지방자치단체에서 하는 일을 알아보고 지역 주민의 바람이 어떻게 결실을 맺는지 그 과정을 공부하였습니다. 우리의 의견을 의회와 대표에 전달하기 위한 정책 제안서를 써 봅시다.

현황과 문제점	
제안하는 정책 내용	
기대 효과	

5. 모의 의회 활동

*모의 의회 대본

제안하기	의장: 안녕하십니까? 지금부터 제100회 전라북도의회를 시작하겠습니다. (탕, 탕, 탕) 첫 번째 안건은 ○○○ 의원님께서 설명해 주시겠습니다. ○○○ 의원: ○○○ 의원입니다. 저희 모둠에서는 ( )을 제안합니다. 그 이유는 ( ) 이 제안이 실천된다면 ( )될 것입니다. 저의 제안을 열심히 들어주셔서 감사합니다.
토론	의장: ○○○ 의원님 감사합니다. 이에 대한 다양한 의견을 들어 보도록 하겠습니다. 먼저 찬성하시는 의원님의 의견을 들어 보도록 하겠습니다. ○○○ 의원님 발언해 주십시오. ○○○ 의원: ○○○ 의원입니다. 저는 ○○○ 의원님의 제안에 동의합니다. 그 이유는 ( )
	의장: ○○○ 의원님 의견 감사합니다. 이 제안에 대해 반대하는 의원님 계십니까? ○○○ 의원님 발언해 주십시오. ○○○ 의원: ○○○ 의원입니다. 저는 ○○○ 의원님의 제안에 반대합니다. 그 이유는 ( )
찬반 투표	의장: ○○○ 의원님 의견 감사합니다. ( )에 대한 찬반투표를 진행하겠습니다. 찬성하는 의원님 손을 들어주십시오. 반대하는 의원님 손을 들어주십시오. 찬성 ○○명, 반대 ○○명으로 이 조례안은 (가결/부결)되었음을 선포합니다. (탕, 탕, 탕)

6. 마무리 놀이 미션 카드

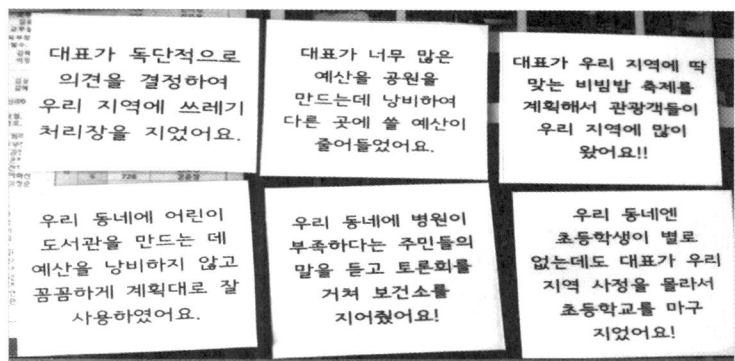

대표가 독단적으로 의견을 결정하여 우리 지역에 쓰레기 처리장을 지었어요.

대표가 너무 많은 예산을 공원을 만드는데 낭비하여 다른 곳에 쓸 예산이 줄어들었어요.

대표가 우리 지역에 딱 맞는 비빔밥 축제를 계획해서 관광객들이 우리 지역에 많이 왔어요!!

우리 동네에 어린이 도서관을 만드는 데 예산을 낭비하지 않고 꼼꼼하게 계획대로 잘 사용하였어요.

우리 동네에 병원이 부족하다는 주민들의 말을 듣고 토론회를 거쳐 보건소를 지어줬어요!

우리 동네엔 초등학생이 별로 없는데도 대표가 우리 지역 사정을 몰라서 초등학교를 마구 지었어요!

3 민주주의와 주민 자치 우리가 뽑은 그대

우리나라는 지방 자치를 실시하고 있어요.
지역의 대표도 우리 손으로 직접 뽑아요.
지방 자치란 과연 무엇일까요?
우리가 이야기 속의 주인공이 되어서 알아볼까요?

•'우리가 뽑은 그대' 수업은 2014년 1학기에 실시된 수업으로 2015년 사회과 지역 보완 도서 『전라북도 생활』에 수록되었다. 교과서에 수록하기 위해 정선하여 원래 수업과 다르게 변화된 부분도 있고, 새로 추가된 활동도 있다. 『전라북도 생활』에 수록된 '우리가 뽑은 그대' 단원을 소개해 본다.
•이 책에서 인용한 『전라북도 생활』 관련 내용은 전북교육연구정보원의 동의를 받았음.

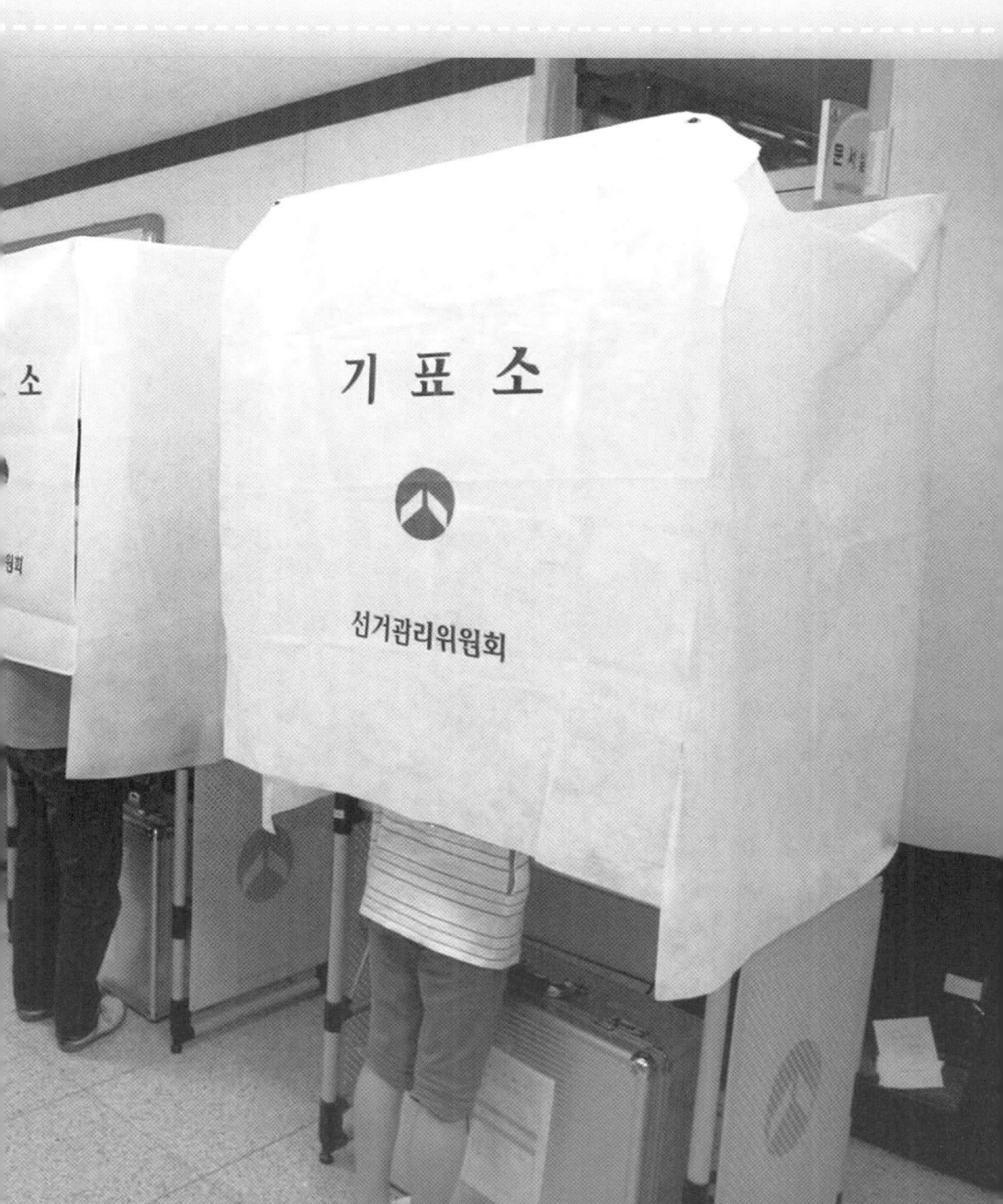

1 한양에서
변사또가 왔어요

2 우리가
사또를 뽑아요

3 오늘날의 사또는?

4 사또 마음대로 할 수 없어요

5 우리 함께 더 좋은 고장을 만들어요

1 한양에서 변사또가 왔어요

✏️ 주민 자치에 대해 알아봅시다.

> 남원 고을에 새로운 사또가 왔댜.

> 변사또라고 하던디?

> 이번 사또는 좀 잘해야 할틴디…… 걱정이네 그려.

📖 대본을 보고 역할극을 해 보아요.

◆ 등장인물 : 춘향, 향단, 변사또, 이방, 마을관리 1,2, 백성 1,2

▶ 해   설 : 옛날 아주 먼 옛날, 남원 고을에 춘향이가 살았어요. 춘향이는 어머니, 집안일을 도와주는 향단이와 함께 행복하게 살고 있었어요. 날씨 좋은 어느 날, 춘향이는 마당에서 향단이와 이야기를 나누고 있었어요.

▶ 춘   향 : 향단아, 새로운 사또가 오셨다메?
▶ 향   단 : 아이고, 빠르기도 하셔라. 아씨, 어떻게 아셨어라.
▶ 춘   향 : 시장에서 김서방이 이야기하는 걸 들었제. 새로운 사또가 우리 남원을 살기 좋은 고을로 만들어주면 좋겠는디.

관 아

▶ **변사또** : 에헴, 나는 남원의 새로운 사또 변학도라고 한다. 한양에 계신 임금님의 어명을 받고 왔느니라.

▶ **이 방** : 남원고을에 오신 것을 환영하옵니다요. 나리.

▶ **변사또** : 듣자하니, 이 곳에는 서당이 다섯 군데밖에 없다지? 한양에는 서당이 백 군데도 넘게 있는데 말이야. 서당을 서른 곳 정도 더 지어야겠다.

▶ **이 방** : 예? (당황하며) 예, 분부대로 하겠습니다요.

▶ **마을관리 1** : (다른 관리와 소곤소곤 이야기하며) 오메, 우리 고을엔 서당에 다닐 만한 아그들도 별로 없는디……. 무슨 서당을 서른 곳이나 더 짓는다는거여?

▶ **마을관리 2** : 참말로 말이여, 우리 고을엔 노인들만 득실대는디, 경로당을 더 지으면 모를까. 한양에서 와서 그런지 아무 것도 모르는구먼.

▶ **변사또** : 그럼 이제 고을을 둘러보러 나가야겠구나, 나갈 채비를 하거라.

저수지 옆

▶ **해 설** : 변사또와 이방은 관아에서 나와 저수지 근처로 왔어요. 농사를 짓는 백성들이 옆에서 새로운 사또를 힐끔힐끔 쳐다봤어요. 변사또와 이방은 경치 구경을 하며 이야기를 나누었어요.

▶ **변사또** : 이런……. 저수지가 쓸데없이 넓구나! 안그래도 농사지을 땅도 부족하고 여러 가지 시설도 더 지어야 하니 저수지를 메워 땅으로 만들어야겠다.

▶ **이 방** : (깜짝 놀라며) 예에? 이 곳을 다 메워 땅으로 만들라굽쇼?

▶ **변사또** : 뭘 그리 놀라느냐, 요즘 한양에서는 이렇게 땅을 넓히는 것이 유행이니라. 남원 백성들을 동원하여 저수지를 메우면 되지 않겠느냐?

▶ **이 방** : (머리를 조아리며) 예이, 분부대로 따르겠습니다요.

▶ **백성 1** : (잡초를 뽑다가 옆의 농부와 쑥덕대며) 참으로 이상하구먼. 이 저수지를 메우면 논에 어떻게 물을 대라는 거여? 올해는 가뭄까지 와 가지고 농사 지을 물도 부족한디.

▶ **백성 2** : 새로 온 사또가 겁나게 답답허구먼. 이 물을 길어다가 밥도 짓고, 여그서 빨래도 허고, 쓸디가 얼마나 많은디. 우리 사정을 너무 모르는 거 아니여?

▶ **백성 1** : 휴, 그러게 말이여.

남원 고을에 어떤 일이 일어났나요? 왜 그런 문제가 생겼을까요?
친구들과 함께 이야기해 보아요.

문제점

해결 방안

📖 모둠에서 나온 이야기들을 함께 나누어요.

너희 모둠에서는
어떤 의견이 나왔니?

우리 모둠에서 ＿＿＿＿＿＿＿
＿＿＿＿＿＿＿＿＿＿＿＿＿＿
＿＿＿＿＿＿＿ 의견이 나왔어.

그래, 좋은 생각이구나. 우리
지역을 잘 아는 사람을 대표로
뽑아 지역의 문제를 해결하는
것을 **지방 자치**라고 한단다.

반짝이 – 현명이 – 현실이의 3단계를 거쳐요.

〈반짝이〉 떠오르는 생각을 무엇이든지 말할 수 있어요.

〈현명이〉 현명한 의견들을 골라봐요.

〈현실이〉 현실에 맞게 해결방안을 만들어요.

전교생이 운동장을 어떻게 사용하면 좋을까요?

반짝이	현명이	현실이
• 4학년만 사용한다. • 한 달에 한 번씩 학년별로 사용한다. • 가위바위보로 이긴 학년이 사용한다. • 요일별로 해당 학년이 사용한다 • 두 개 학년씩 묶어서 사용한다. • 옆 학교의 운동장까지 사용한다. • 운동장을 새로 넓게 만든다.	• 한 달에 한 번씩 학년별로 사용한다. • 요일별로 해당 학년이 사용한다. • 두 개 학년씩 묶어서 사용한다.	• 두 개 학년씩 묶어서 요일별로 돌아가며 사용한다.

2 우리가 사또를 뽑아요

🖋 모의 선거를 통해 선거에 대해 알아 봅시다.

📖 대본을 보고 역할극을 해 보아요.

　우리 고을의 사또를 우리 손으로 뽑기로 했어요. 흥부, 논개, 홍길동이 사또 후보로 출마했어요.

◆ 등장인물 : 흥부, 논개, 홍길동, 주민1,2,3,4

▶ 해　설 : 남원 고을도 자신들의 손으로 대표를 뽑기로 했어요. 우리 지역을 잘 아는 사람을 사또로 뽑을 수 있다는 생각에 고을 사람들은 몹시 들떠 있었어요.

● 마을 공터

▶ 주민 1 : 아따, 우리 손으로 남원의 대표를 뽑는다는 거시여? 거참! 신기하구먼.
▶ 주민 2 : 그러게 말이여. 그래서 우리 고을 선거에 누가 나온디야?
▶ 주민 3 : 그 지리산 근처에서 맨날 도술 연습한다는 홍길동이 나온다던디?
▶ 주민 4 : 주씨 집안의 똑부러진 논개 몰러? 그 논개가 나온디야.
▶ 주민 1 : (손뼉을 치며 생각났다는 듯이) 아 맞다! 제비다리 고쳐주고 보물 가득 얻은 흥부도 나온디야.
▶ 주민 3 : 우리끼리 이러고들 있지 말고. (손가락으로 먼 곳을 가리키며) 저기 장터에 가보자고. 선거에 나온 사람들이 거그서 연설을 한다던디? 우리도 가서 들어 보자고.

🔵 마을 장터

▶ **해 설**: 마을 장터에서 각 후보의 유세가 열리고 있다.

▶ **흥 부**: 저 흥부는 예전에 가난해가꼬 너무너무 힘들었당게요. 그래서 지는 가난한 사람들의 심정을 잘 알고 있당게요. 지가 만약 사또가 되믄 쌀 없는 집에 쌀을 빌려주는 제도를 만들라고 혀요.

▶ **논 개**: 많은 세금 때문에 먹고 살기 힘들지라? 저 논개가 세금을 딱! 반절만 내게 하겠어라.

▶ **홍길동**: 저 홍길동은 늘 어려운 사람들을 도우며 살아왔다는 건 다들 잘 알죠잉? 저는 지금껏 우리 남원에 무엇이 가장 필요한가 고민해왔어라. 예로부터 농사를 지어온 우리 남원에는 물이 많이 필요헌게, 주민 여러분이 물을 편하게 이용할 수 있도록 저수지를 맹글겠습니다.

109

📖 이제 우리가 남원 고을의 주민이 되어 사또를 뽑아 보아요.

흥부	논개	홍길동

1. 선거권은 여학생만 갖는다.
2. 여학생 중 선생님이 선택한 색깔의 옷을 입은 사람만 투표한다.
3. 머리가 가장 긴 사람은 2표 투표한다.
4. 모든 친구들이 보는 앞에서 투표한다.

📖 위의 원칙에 맞게 투표를 해 보아요.

투표를 하면서 무엇을 느꼈나요?

🌱 남원 고을의 선거 원칙을 바르게 바꾸기

① 선거권은 여학생만 갖는다.

② 여학생 중 선생님이 선택한 색깔의 옷을 입은 사람만 투표한다.

③ 머리가 가장 긴 사람은 2표 투표한다.

④ 모든 친구들이 보는 앞에서 투표한다.

1.

2.

3.

4.

110

📖 우리가 만든 바른 선거원칙에 따라 투표해 보아요.

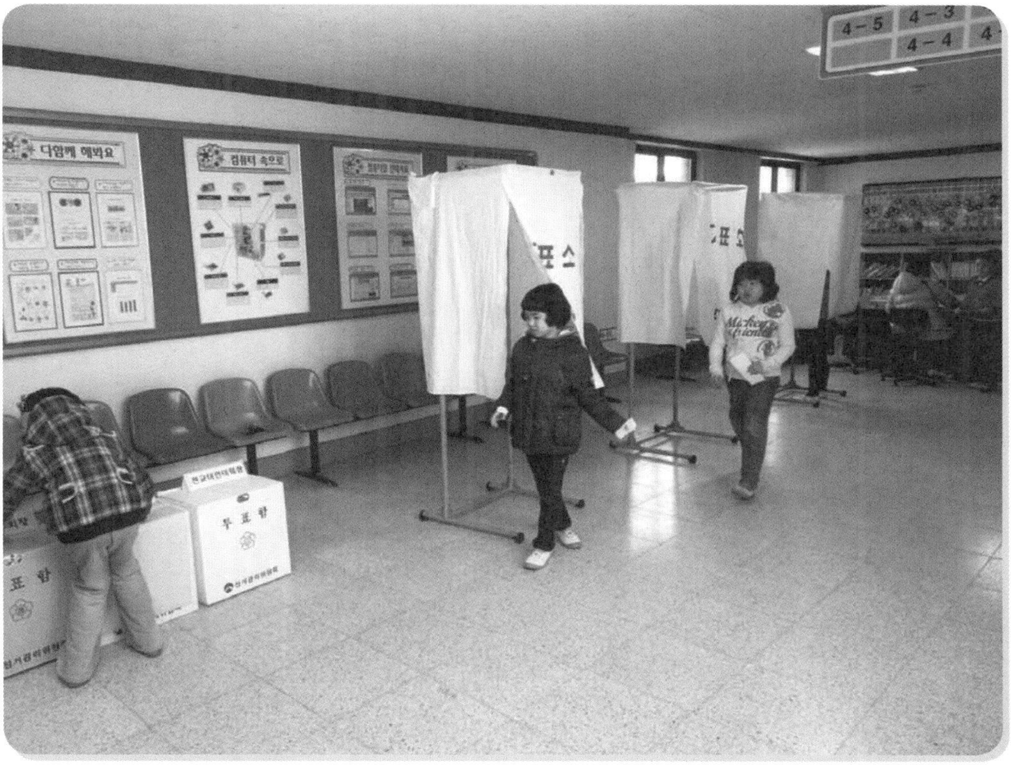

 우리나라는 만19세부터 투표할 수 있어요. 사회책 130~137쪽을 읽어 보아요.

모둠 문장 만들기 ●

선거란 _____ 이다.

왜냐하면 _____ 때문이다.

예) 우정이란 작은 씨앗이다. 왜냐하면 조심스럽게 심고 가꿔나가야 하기 때문이다.

---

③ 오늘날의 사또는?

✏️ **우리 지역의 대표와 지방 정부에 대해 알아봅시다.**

옛날에는 나라에서 정해준 사또가 우리 지역을 다스렸어요.
그러나 오늘날에는 우리가 직접 대표를 뽑아요.
뽑힌 대표는 주민들과 함께 지역의 문제를 해결해요.

> 지역 주민들을 위하여
> 대표들이 지역의 살림살이를
> 꾸려 나가는 곳을 **지방 정부**
> 라고 해요.

전라북도 – 도지사

전주시	익산시	군산시	김제시	남원시	정읍시
시장	시장	시장	시장	시장	시장

사회책 154~156쪽을 읽어보아요.

아하! 도를 대표하면 **도지사**, 시를 대표하면 **시장**, 군을 대표하면 **군수**라고 부르는구나!

각 지역의 지방 정부 누리집에 들어가서 자세히 살펴보아요.

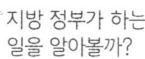 **지방 정부가 하는 일을 알아보아요.**

지방 정부가 하는 일을 알아볼까?

지방 정부란 시청, 도청같이 지역 주민을 위해 일하는 기관이야.

예를 들면?

문화행사나 지역 축제를 실시하기도 하지.

그뿐만 아니라 우리 지역의 도로를 건설해 주기도 해.

노인 복지회관과 같은 복지시설을 만들어 운영하기도 해.

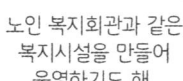

📖 땅따먹기 놀이를 하며 지방 정부가 하는 일을 확인해요.

놀이 방법(짝 놀이)
부록 132쪽

준비물 : 색이 다른 색연필 2개, 지우개나 바둑돌 2개

• 작은 지우개나 바둑돌을 출발 칸에 놓습니다.
• 번갈아 가며 손가락을 튕깁니다.
• 들어간 칸의 내용이 지방 정부가 하는 일이면 자신의 색연필로 칠합니다.
• 칸의 바깥 선에 걸리면 무효입니다.

4 사또 마음대로 할 수 없어요

✏️ **지방 의회에 대해 알아봅시다.**

```
◆ 등장인물 : 너잘난, 주민1, 2, 3
```

▶**해 설:** 20○○년, 우리 지역 대표로 '너잘난'이 뽑혔어요. 그러나 너잘난 대표에
　　　　　대한 주민들의 불만이 많아지고 있어요.

● **아파트 광장**

▶**주민 1 :** 아니 왜 약속을 안 지키는 거야? 자전거 도로를 만들어 준다더니 왜 그 말은
　　　　　쏙 들어갔지?
▶**주민 2 :** 그러게 말이야. 이번엔 해외출장에 가족들까지 데려갔대.
▶**주민 3 :** 아니 이런, 뽑아달라고 할 때는 언제고 다 자기 마음대로야!
▶**주민 1 :** 게다가 주민들의 의견은 묻지도 않고 골프장을 만든다던데?

　– 그때 너잘난 대표가 주민들 옆을 지나간다.

▶ **주민들 :** 어! 저기 너잘난 대표가 지나가고 있네?
▶ **주민 1 :** 대표님! 우리 지역에 자전거 도로를 만들어 준다면서요? 왜 소식이 없나요?
▶ **너잘난 :** 그건 예산이 없어 어렵습니다.
▶ **주민 2 :** 그러면 학교 앞 인도에 안전장치를 설치하기로 한 것은요?
▶ **너잘난 :** 그것도 예산이 없습니다.
▶ **주민 3 :** 아니 그럼 해 줄 수 있는 게 뭐예요? 그리고 이번 해외출장 때 가족들을
　　　　　데려갔다면서요?
▶ **너잘난 :** 내가 가족들과 함께 간게 문제가 됩니까?
▶ **주민 1 :** 공약은 예산이 없어서 안 된다면서, 출장에 가족을 동행하는건 나랏돈을
　　　　　함부로 쓰는 거 아닌가요?
▶ **너잘난 :** 마음대로 생각하세요. 저는 바빠서 이만……
▶ **주민 2 :** 저렇게 공약을 지키지 않고 마음대로 하고 있는데, 어떻게 해야하는 거야?

대표가 마음대로 일을 하면 어떻게 해야 할까요?

116

📖 다음 단계를 거쳐 이야기를 나눠 보아요.

1단계
◈ 4~8명으로 모둠을 구성한다.
◈ 각자 주제에 맞는 생각을 쪽지에 적는다.

2단계
◈ 생각을 모아 중복된 의견이나 비슷한 의견은
   하나로 모은다.
◈ 모아진 생각들 중 2~3개만 고른다.

3단계
◈ 모둠별 결과를 학급 전체에 발표한다.
◈ 투표를 통해 학급 전체의 최종 생각을
   2~3개 뽑는다.

최종
생각

너희들이 말한 것처럼 주민들의
의견을 전달하고 감시하는 기관을
지방 의회라고 해. 지방 의회도
우리가 뽑은 대표로 구성
된단다.

사회책 150~153 쪽을 읽어 보아요.

✏️ **짝과 함께 읽어보고 지방 의회에서 하는 일을 <보기>에서 골라 적어 봅시다.**

> **민수 :** 이 마을에는 어린이 도서관이 없대.
> **지영 :** 너잘난 대표에게 여러 번 얘기 했는데도 안 들어 준대.
> **민수 :** 그래? 그럼 어떻게 하지?
> **지영 :** 우리가 뽑은 의원들에게 말해야지.

> **현혜 :** 내가 OO마트를 갔는데 문을 닫았더라. 다른 지역은 첫째, 셋째 주에 쉬었는데, 우리지역은 둘째, 넷째 주가 쉬는 날이래.
> **우철 :** 그건 말이야. 지역마다 정한 규칙이 다르기 때문이야.
> **현혜 :** 뭐? 지역마다 법이 다른 거야?
> **우철 :** 그래. 지역에서 만든 법을 조례라고 해.

> **진혁 :** 우리 마을 입구에 쓰레기 처리장이 생긴다는 거 들었어?
> **혜진 :** 응, 그래서 의원들과 주민 대표들이 모여 토론회를 한다더군.
> **진혁 :** 우리 아파트 앞에 쓰레기장이라니 정말 싫어.
> **혜진 :** 아니야! 요즘은 시설이 좋아서 쓰레기장이 있어도 냄새도 안 난대. 공원처럼 만든다고 하더라고.

> **수민 :** 우리 마을에 놀이터가 한 곳만 생긴대.
> **승주 :** 왜? 마을이 넓고 아이들이 많아 두 곳을 만든다고 했었잖아.
> **수민 :** 그러게나 말야. 아이들이 놀 곳이 정말 부족한데…….
> **승주 :** 음……. 신문을 보니 예산이 없어서 올해에는 하나만 짓기로 했대.

의원 : 지난번 도에서 지은 체육 공원은 지역 주민들이 많이 이용하고 있나요?

대표 : 아직까지는 이용하는 주민들이 많지 않습니다.

의원 : 처음에는 사람들이 많이 이용할 것 같다고 하지 않았나요? 무슨 문제가 있습니까?

대표 : 확인해 보니, 교통이 불편하다는 의견이 많았습니다.
　　　　도로와 주차장을 정비하여 사람들이 더 쉽게 이용할 수 있도록 하겠습니다.

 보기
1. 주민들의 불만이나 희망사항을 알아본다.
2. 지역에 맞는 조례를 만들거나 고치고 필요 없는 조례는 없앤다.
3. 지역의 예산을 검토하고 결정한다.
4. 공공시설을 설치하고 관리하는 일을 결정한다.
5. 지역을 위한 일이 잘 진행되고 있는지 점검한다.

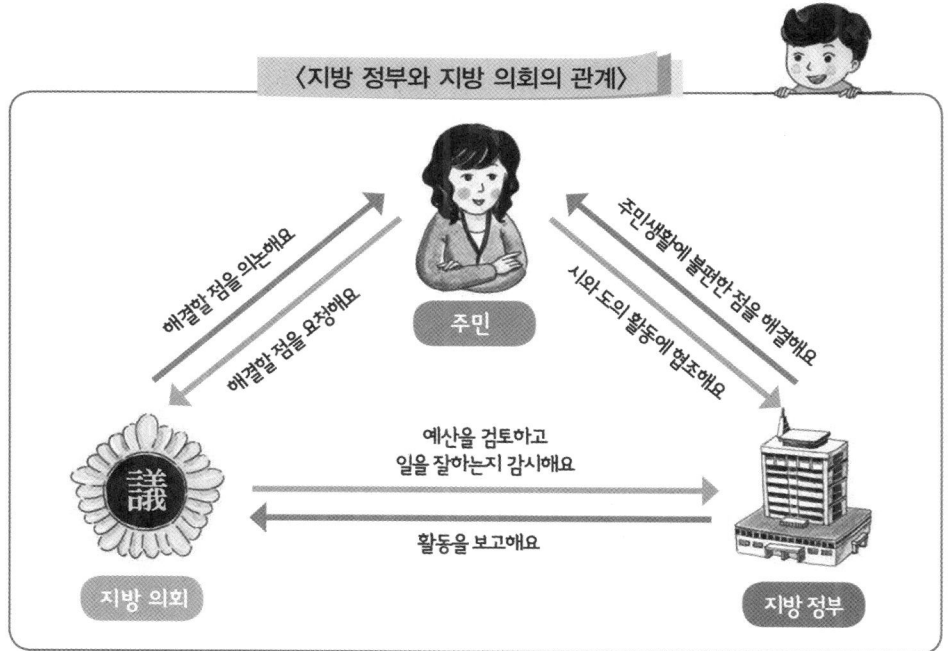

〈지방 정부와 지방 의회의 관계〉

해결할 점을 의논해요

해결할 점을 요청해요

주민생활에 불편한 점을 해결해요

시와 도의 활동에 협조해요

주민

예산을 검토하고
일을 잘하는지 감시해요

활동을 보고해요

議

지방 의회

지방 정부

5 우리 함께 더 좋은 고장을 만들어요

✏️ **지방 자치단체에 우리가 바라는 일을 제안해 봅시다.**

> 우리 마을이 더 살기 좋아 지려면 어떻게 해야 할까?

> 주변의 문제점을 찾아 보고 개선해 나가도록 노력해야 해.

📖 **대본을 보고 역할극을 해 보아요.**

◆ **등장인물: 해설, 나민주, 한정의, 아들, 딸, 아기**

해설   어느 날 저녁 무렵 한정의와 나민주는 아이들과 함께 산책을 나갔어요.

아들   (자전거를 타다 넘어지며) 으악! 엄마, 차를 피하려다 넘어졌어요. 엉엉엉…….
나민주   (화가 나서 씩씩거리며) 도대체 이 동네에서는 자전거를 타고 다닐 수가 없어.
          전에 살던 동네에는 자전거 도로가 따로 있었는데…….
한정의   (아들을 안아주며) 자전거 도로가 없으니 조심해서 타야겠다.
딸   (미끄럼틀을 올라가려다 말고) 엄마, 미끄럼틀이 흔들려요.
한정의   (딸의 손을 잡고) 그렇구나. 그럼 다른 놀이기구를 타고 놀아라.
나민주   (딸을 보며) 놀이기구들이 무척 위험해 보여. 안전 검사를 받은 건가?

해설   한정의 가족은 놀이터를 지나 ○○마트에 갔어요. 그런데 길턱이 너무 높아
          아기 유모차를 끌 수가 없었지요. 들고 올라가려다가 기우뚱했어요.

아기   으앙! 으아앙…….
나민주   (아기를 안으며)여보, 유모차 끌고 다니기가 이렇게 어려워서 외출할 수 있겠어?
          자전거 도로도 문제, 놀이터도 문제, 길도 문제, 문제 투성이야!
한정의   그렇게 화만 낼 게 아니라…….
나민주   (화를 내며 큰소리로) 그럼 어떻게 하라고?
한정의   의회가 있잖아. 의원들에게 문제점을 이야기해서 정책에 반영되도록 해보자.
나민주   그냥 찾아가서 말하면 돼? 편지라도 쓰라고?
한정의   우리가 제안서를 써서 누리집에 올리는 건 어떨까?

📖 우리 고장을 위해 바라는 일을 제안해 보아요.

1단계-제안하기

생활하며 불편함을 느꼈던 적이 있나요? 또는 '이게 더 좋아지면 더 나은 생활이 될 텐데…….' 하는 생각을 했던 적이 있나요? 내가 느꼈던 문제점을 써 보아요.

✏️

문제점을 해결하기 위한 제안을 써 보아요.

✏️

2단계-토론하기

한 명씩 돌아가며 자신의 제안을 이야기하고, 그 제안에 대한 친구들의 생각을 물어보세요. 찬성과 반대가 나누어지면 어떤 이유로 찬성하고 반대하는지 토론하세요.

모둠원 이름	입장 (내 제안에 찬성 또는 반대)	이유

3단계-제안서 쓰기

모둠 내에서 토론 결과 찬성이 가장 많은 제안 한 가지를 고르세요.

모의 의회 활동을 해 봅시다.

제 안 하 기	**의장 :** 안녕하십니까? 지금부터 제 ○○회 전라북도의회를 시작하겠습니다. (탕,탕,탕) 첫 번째 안건은 ( )의원님께서 설명해 주시겠습니다. **( ) 의원 :** ( ) 의원입니다. 　　　저희 모둠에서는 ＿＿＿＿＿＿＿＿＿＿＿＿＿＿ 을 제안합니다. 　　　그 이유는 ＿＿＿＿＿＿＿＿＿＿＿＿＿＿＿＿＿＿ 　　　이 제안이 실천된다면 ＿＿＿＿＿＿＿＿＿＿＿＿＿ 　　　＿＿＿＿＿＿＿＿＿＿＿＿＿ 될 것입니다. 　　　저의 제안을 열심히 들어주셔서 감사합니다.
토 론	**의장 :** ( ) 의원님 감사합니다. 이에 대한 다양한 의견을 들어보도록 하겠습니다. 　　　먼저 찬성하시는 의원님의 의견을 들어보도록 하겠습니다. 　　　( ) 의원님 발언해주십시오. **( ) 의원 :** ( ) 의원입니다. 저는 ( )의원님의 제안에 동의합니다. 　　　그 이유는 ＿＿＿＿＿＿＿＿＿＿＿＿＿＿＿＿＿＿ **의장 :** ( ) 의원님 의견 감사합니다. 이 제안에 대해 반대하는 의원님 계십니까? 　　　( ) 의원님 발언해주십시오. **( ) 의원 :** ( ) 의원입니다. 저는 ( )의원님의 제안에 반대합니다. 　　　그 이유는 ＿＿＿＿＿＿＿＿＿＿＿＿＿＿＿＿＿＿
찬 반 투 표	**의장 :** ( )의원님 의견 감사합니다. 　　　'＿＿＿＿＿＿＿＿＿＿＿＿＿＿＿'에 대한 찬반투표를 진행하겠습니다. 　　　찬성하는 의원님 손을 들어주십시오. 　　　반대하는 의원님 손을 들어주십시오. 　　　찬성 ( )명, 반대 ( )명으로 이 조례안은 (가결/부결)되었음을 선포합니다. 　　　(탕,탕,탕)

📖 의회의 내용을 잘 듣고 정리해 보아요.

제안 내용	결과

📖 의원들이 잘 활동했는지 평가해 보아요.

평가 내용	판정		
주장이 설득력 있고, 이를 뒷받침하는 근거가 타당한가요?	잘함	보통	노력필요
상대편 주장과 근거의 문제점을 찾아 말할 수 있나요?	잘함	보통	노력필요
상대편이 말한 반대 의견에 대하여 적절하게 답변할 수 있나요?	잘함	보통	노력필요
토론의 규칙을 잘 지키며, 예의 바른 태도로 참여하나요?	잘함	보통	노력필요
총평가			

모둠의 의견을 가장 잘 전달하고, 모의 의회에 열심히 참여한 대표는 누구인가요?

이름 : _____

이유 : _____

_____

_____

 지방 자치단체의 누리집에 제안 내용을 올려볼 수도 있어요.

우리가 살고 있는 지역의 지방 정부, 지방 의회, 교육청을 방문해 봅시다.

_____에 다녀와서

✏️ 술래잡기 놀이를 통해 주민의 역할에 대하여 알아봅시다.

이 놀이는 이런 의미가 있어요!

● 대표가 달리는 것은 열심히 일하는 것을 의미한다.
● 주민들이 대표를 잡는 것은 주민들이 대표가 잘 하는지 끊임없이 감시해야 함을 의미한다.
● 대표가 뽑은 쪽지에 잘못한 일이 나왔을 때 주민과 역할이 바뀐다. 이는 주민의 힘으로 대표를 바꿀 수 있음을 의미한다.
● 의회가 쪽지를 관리하는 것은 의회 또한 지역 대표를 감시하고 그들이 하는 일의 잘잘못을 판단해야 함을 의미한다.

의원 1명, 대표 1명을 선정하고 나머지 학생은 주민이 된다.
지역구가 여러 개 편성될 경우, 지역구별로 다른 색깔의 명찰(또는 모자)로 지역구를 구분하는 것이 좋다.

의원은 지정된 장소에서 기다리고 있고, 대표는 술래가 되어 주민들이 잡지 못하도록 달린다.
*이 놀이의 술래는 대표예요.

대표를 잡은 주민은 대표를 데리고 의원에게 온다.

대표는 의원 앞에서 쪽지를 하나 뽑고, 의원은 그 쪽지에 적힌 내용을 보고 대표로서 잘한 일인지 잘못한 일인지 판단해준다.
 – 잘한 일이라면 대표는 다시 달리고(의원 판정 후 10초 동안), 잘못한 일이라면 잡아온 주민이 대표가 되어 다시 술래잡기를 한다.

이런 놀이 방법도 있어요.

대표가 선정되면 바로 쪽지를 뽑아서, 잘한 일이면 천천히 달리고 잘못한 일이면 빠르게 달리도록 하는 방법도 있다.

대표가 독단적으로 우리 지역에 쓰레기 처리장을 지었어요.	대표가 우리 지역에 알맞은 축제를 계획해서 관광객이 많이 왔어요.
우리 동네에 어린이 도서관을 만드는 데 예산을 낭비하지 않고 꼼꼼하게 잘 사용하였어요.	우리 마을엔 아이들이 별로 없는데도 대표가 우리 지역 사정을 몰라서 놀이터를 마구 지었어요.
대표가 도로를 만드는데 예산을 너무 낭비하여 복지에 쓸 예산이 줄어 들었어요.	우리 동네에 병원이 부족하다는 주민들의 말을 듣고 토론회를 거쳐 보건소를 지었어요.

✏️ 바람직한 주민 자치에 해당하는 글자에 ○표 해 봅시다.

독

나만 잘 살면 돼!

민

주민이 함께 해결해요.

주

대화, 배려, 협력, 타협

상

'뭐, 난 관심없어.

주

모두에게 이익이 되는 게 뭘까?

재

내가 시키는대로만 하면 돼!

성

흥, 여자가 뭘 안다고!

의

적극적으로 참여해야지.

✏️ 아래 빈칸에 들어갈 말을 써 봅시다.

주민 자치는 주민이 지역의 주인으로서 지역의 일을
함께 해 나가는 것으로　　　　　　　　　와 깊은 관계가 있습니다.

부록

잘못을 저지른
사람을 재판한다.

주변의 산에
산책로와 등산로를
만든다.

문화재를 보존한다.

도로, 주택,
상하수도를 만든다.

복지시설을
만들어
운영한다.

백화점을 짓는다.

불법 주차를 단속한다.

자동차를 만들어
판매한다.

지역 축제를
실시한다.

주차장을
건설한다.

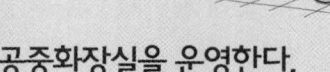

세금을 걷어 주민을
위해 쓴다.

공중화장실을 운영한다.

2 초록 친구

아파트촌, 아스팔트 길, 우레탄으로 바닥이 포장되어 있는 놀이터에서 하루를 보내는 요즘 아이들. 학교와 학원, 집을 쳇바퀴 돌듯 오가는 아이들에게 작은 생명, 푸른색, 나뭇잎의 싱그러움 등은 소설책에서나 볼 수 있는 표현이 되었다. 이런 아이들에게 어떻게 하면 생명, 식물, 새싹의 위대함을 느끼게 해 줄 것인지 교사들은 고민한다. 일반적인 해결 방안은 교실에 화분을 들여놓는 것이다. 화분에서 식물의 한살이를 관찰하는 것도 신비롭고 즐거운 경험이다. 하지만 아이들에게 화분이라는 표본이 아닌 진짜 자연에서의 한살이를 보여 줄 방법은 없을까?

2014년 2월 말 교육과정협의회 때 4학년 1학기 과학과 통합수업을 계획하면서 우리가 내놓은 방법은 평화샘 프로젝트의 '나들이'와 '과학 수업'의 접목이었다. 지난해부터 아이들과 평화샘 프로젝트를 실행하면서 '나들이'를 했으면 좋겠다는 의견이 있었고 이를 과학의 식물 수업과 연계하자는 합의가 이루어졌다.

한 달에 한 번 180여 명을 데리고 30분을 걸어 나들이를 가는 것은 교사들에게도 큰 도전이었다. 아침 8시 30분에 출발해서 건지산에서 시간을 보내고 12시 30분까지 돌아오는 일정에 동학년 교사 모두가 처음부터 쉽게 동의한 것은 아니었다. 열띤 회의 끝에 교사가 고생한 만큼 아이들이 얻을 수 있는 것이 많을 거라는 합의를 이끌어 냈다. 초록 친구 통합수업은 이렇게 시작되었다.

이 수업은 단지 식물 수업을 밖에서 하는 것만이 아니다. 이 수업은 아이들 마음속에 다른 존재에 대한 관심이 자라나길 바라는 마음으로 계획된 것이다. 다른 존재에 대한 관심이 타인에 대한 감수성으로 발전하길 기대하며 수업을 진행했다.

이러한 바람은 생태교육을 열심히 하시는 평화샘 선생님들의 강의를 듣고 나서 교사들이 공유한 생각이었다. 아스팔트에서 피어난 민들레를 보고 아름다움을 느끼는 아이라면 괴롭힘과 따돌림을 당하는 친구를 보고 그냥 지나치지 않을 거라는 희망을 가지고 수업을 시작했다.

초록 친구 수업 목표

텃밭	나들이	과학
식물 가꾸기 한살이 관찰	식물 관찰 자연 느끼기	식물의 한살이 과정 알기

← 자연을 사랑하고 보호하는 어린이 →

나와 다른 존재에 대한 관심	⇨	다른 사람에 대한 감수성

수업 계획

수업명	초록 친구
수업 목표	식물의 한살이와 특성에 관해 알고, 생활 속에서 식물을 가꾸고 사랑하는 마음을 내면화한다.

성취 기준		교과서
• 식물의 한살이 관찰 계획을 세우고, 그에 따라 식물을 기르며 관찰한다. • 여러 가지 씨앗을 관찰하여 공통점과 차이점을 찾고, 싹이 트는 조건을 이해한다. • 씨앗이 싹 트고 자라서 꽃을 피우고 열매를 맺는 과정과 그에 따른 변화를 이해한다. • 여러 가지 식물의 한살이를 비교하여 식물에 따라 한살이의 유형이 다름을 안다. • 여러 가지 식물의 생김새와 특징을 안다. • 여러 가지 식물을 공통점과 차이점에 따라 나눌 수 있다. • 식물의 사는 곳에 따라 생김새와 생활 방식이 다름을 이해한다.	과학	4-1 2. 식물의 한살이 4-2 1. 식물의 생활
• 환경 보호와 녹색 성장의 중요성을 종합적으로 이해하고, 환경 보호 및 녹색 성장을 위한 활동을 실천할 수 있다.	도덕	6. 내가 가꾸는 아름다운 세상
• 자연과 주변에서 발견한 여러 가지 색과 모양의 차이점을 이해하고 활용하여 표현할 수 있다. • 다양한 방법으로 대상을 관찰하고 색다른 방법으로 표현한다.	미술	자연과 함께 새롭게 관찰하기
• 중심 문장과 뒷받침 문장을 갖추어 문단을 짜임새 있게 쓴다. • 알맞은 이유를 들어 자신의 의견이 드러나게 글을 쓴다.	국어	4-1 4. 짜임새 있는 문단 4-2 2. 제안하고 실천하고
• 다양한 전통 놀이의 규칙이나 방법을 변형하여 놀이를 할 수 있다.	체육	여가 활동

1학기 수업의 흐름

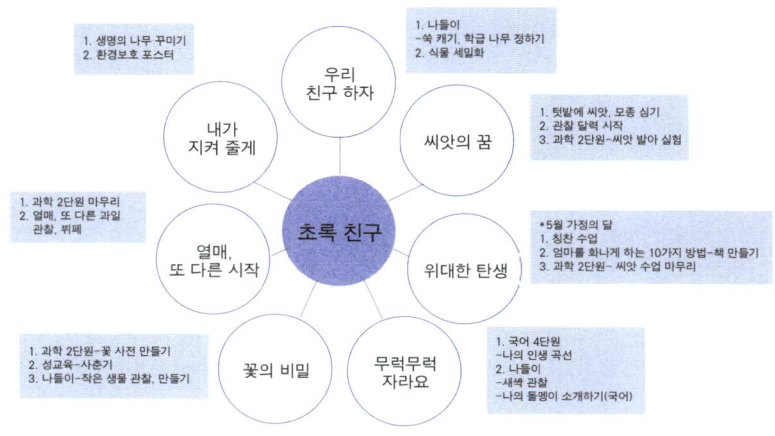

133

주제	수업일	수업 내용
우리 친구 하자	3월 24일	초록 친구 통합수업 안내, 마인드맵 그리기
	4월 9일 (나들이)	안전 교육, 환경보호 교육
		관계 맺기(우리 나무 정하기)
		쑥캐기, 숲에서 놀기
		미술: 식물 관찰하기(세밀화 그리기)
씨앗의 꿈	4월 25일	과학: 2. 식물의 한살이 / 씨앗 관찰
		관찰 달력 시작
		텃밭에 씨앗, 모종 심기
	4월 28일	과학: 2. 식물의 한살이 / 씨앗이 싹 트는 조건
		국어: 10. 감동을 표현해요 / 시 짓기(내가 씨앗이라면 어떤 꿈을 꿀까?)
	4월 29일	미술: 9. 상상의 세계 표현하기 / 씨앗의 꿈 그리기, 씨앗의 미래 모습 그리기(시화)
위대한 탄생	5월 1일	너는 위대한 새싹, 자존감, 칭찬 샤워, '나'로 모둠 문장 시 만들기
	5월 첫 주 (가정의 달 연계)	엄마 까투리 (애니메이션 감상)
		엄마를 화나게 하는 10가지 방법: 패러디 책 만들기
		과학: 씨앗이 싹 트는 조건 수업 마무리
무럭무럭 자라요	5월 둘째 주	국어: 4단원 짜임새 있는 문장(설명하는 글, 중심 문장과 뒷받침 문장)
	5월 13일	나의 인생 곡선 그리고 소개하기(중심 문장과 뒷받침 문장 사용)
	5월 14일 (나들이)	국어: 나의 돌멩이 소개하기 4월과 같은 장소에서 변화를 느끼며 관찰하기
꽃의 비밀	6월 9일	과학: 다큐멘터리「식물의 사생활」3부 '꽃의 수분' 편집 영상 감상
		꽃 사전 만들기, 미니 북
	6월 10일	2차 성징 및 사춘기
	6월 11일 (나들이)	작은 생물 관찰하기(루페 준비)
		자연 재료로 작은 생물 만들기
열매, 또 다른 시작	7월 7일	과학: 2단원 / 식물의 한살이 정리
	7월 8일	열매 관찰 수업, 과일 뷔페
내가 지켜 줄게	7월 10일	생명의 나무 만들기

수업 이야기

초록 친구 통합수업의 가장 큰 틀은 식물의 한살이와 우리 아이들의 삶을 연결하는 것이다. 식물이 씨앗에서 새싹으로 자라나고 여러 가지 시련과 아픔을 겪으며 성장해 꽃을 피우고 열매를 맺어 다시 씨앗이 되는 것을 관찰하면서, 우리 아이들이 자신의 성장과정을 되돌아보고 앞으로 어른이 되기 위해 어떤 과정을 거쳐야 하는지 알아보는 시간을 마련했다. 자신의 삶을 생각해 보는 시간을 통해 자존감을 키우고, 식물을 기르면서 나와 다른 존재에 대한 감수성을 키워 생명의 가치를 아는 아이로 자라나길 바랐다.

▶ 1학기

1. 우리 친구 하자

초록 친구 통합수업을 시작하며 나들이, 학교 텃밭 가꾸기, 식물의 한살이에 대해 소개하는 시간을 가졌다. '초록 친구 만나기'라는 통합수업 이름과 식물의 자라는 모습에 따라 정한 소주제 이름을 알려 주었다. 그 후 아이들이 하고 싶은 활동에 대해 이야기를 듣고 소주제에 연결시켰다. 자신들이 하고 싶은 활동을 반영했기 때문에 아이들은 이 수업을 다른 수업보다 더 기대하고 좋아했다.

'우리 친구 하자'에는 건지산 나들이를 포함시켰다. 첫 나들이를 가기 전 건지산에 어떤 식물들이 자라고 있는지 살피고 어떤 장소에서 아이들과 활동할 것인지 알아보기 위해 사전 답사를 다녀왔다. 학교가 있는 지역에 오래 살아 건지산에 대해 잘 알고 있는 선생님이 있어서 많은 도움을 받았다. 교사마다 식물에 대한 감수성과 지식의 정도가 다르기 때문에 서로 도움을 주고받으며 나들이를 준비했다. 매월 나들

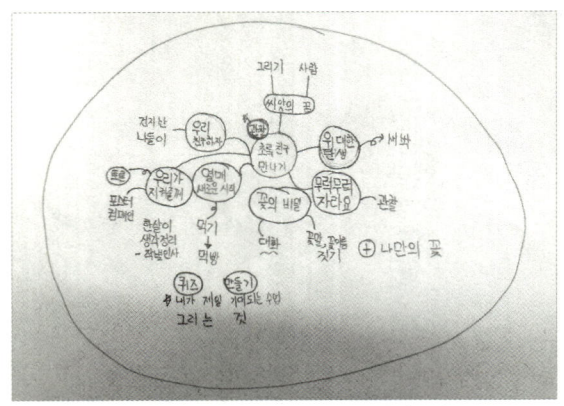

아이가 그린 초록 친구 만나기 마인드맵

이를 떠나기 전 사전 답사를 통해 자연이 어떻게 변화되었는지 살피고 어떤 것을 중점적으로 관찰할 것인지 미리 계획했다.

3월 나들이를 떠나는 날 안전 교육과 환경보호 교육을 먼저 실시했다. 아이들에게 익숙한 장소이긴 했지만 단체로 이동하면서, 그리고 숲에서 지켜야 할 사항들을 다시 한 번 상기시킨 후 건지산으로 출발했다.

아이들이 활동하게 될 편백나무 숲으로 가는 길에는 다양한 식물들이 자라고 있었다. 매화꽃이 활짝 피어 기분 좋은 향기가 가득했다. 우리는 탱자나무 가시도 만져 보고, 우리나라에서만 자라는 미선나무도 만났다. 커다란 버드나무 아래 정자에서 한숨 돌리고 편백나무 숲에 도착했다. 숲에서는 쉬면서 자연 속 놀이 시간을 가졌다. 그냥 쉬는 아이들은 별로 없었고 음악 시간에 배운 노래를 함께 부르고 마음껏 뛰어다니며 즐거운 시간을 보냈다.

첫 나들이에서는 각 반마다 1년 동안 관찰할 우리 반 나무를 선정했다. 건지산에서 만난 다양한 나무들을 후보로 삼았다. 그중 한 반은 우리나라에서만 자란다는 미선나무가 신기했는지 압도적인 지지로 미선나무를 학급 나무로 선정했다. 3월 첫 나들이에서 하얀 꽃이 핀 미선나무가 아이들의 마음을 사로잡았는데, 4월 나들이 때는 꽃이 지고 초록 잎이 돋아나 몇몇 아이들이 실망하기도 했다.

우리 반 나무를 선정한 후 본격적으로 쑥을 캤다. 쑥을 잘 모르는 아이들을 위해 쑥의 모양과 향을 관찰하고 나서 무리를 지어 활동하도록 했다. 산책을 하던 주민들은 아이들이 쑥 캐는 모습이 신기했는지 말을 걸기도 하고, 쑥 캐는 것을 도와주었다. 덕분에 쑥을 잘 몰랐던 아이들도 금세 익숙해졌고, 달래를 캔 아이들도 있었다. 쑥은 집으로 가져가거나 선생님에게 제출하도록 했다. 예쁜 쑥을 골라 하나씩 두꺼운 책 속에 넣어 말리고, 남은 쑥은 방앗간에 맡겨 쑥떡으로 만들어 먹었다(아이들이 캔 쑥은 얼마 되지 않아 다른 쑥을 더 많이 넣었다). 평소 집에서는 잘 먹지 않던 쑥떡이지만 자신들이 캐서 학교에서 함께 먹으니 너도나도 하나씩 더 먹겠다며 아우성이었다.

한 달 뒤 책 속에 넣어 말린 쑥을 책갈피로 만들었다. 앞쪽에는 쑥을 붙이고 뒤쪽에는 건지산과 나들이 경험과 자연에 관한 시를 썼다. 그림을 그리려고 했는데, 마침 시를 배우는 시기라 아이들이 시를 쓰고 싶어 해서 그림을 그려도 되고 시를 써도 된다고 했다. 숲 속에서 놀면서 자연과 함께한 시간이 많아서인지 감성이 풍부한 시가 많이 나

우리 반 미선나무 앞에서

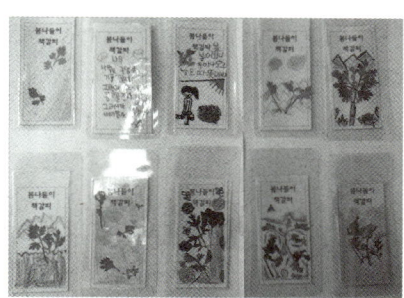

쑥 책갈피 작품

세밀화 그리기 활동

민들레 세밀화

왔다. '식물은 말라 죽는 걸까, 배고파서 죽는 걸까?'라는 호기심 가득한 시도 나왔다.

날이 더욱 따뜻해진 4월 나들이 때는 식물을 관찰하여 세밀화를 그리고 숲에서 놀기 활동을 했다. 몇 주 만에 다시 간 건지산에는 많은 변화가 있었다. 미선나무의 하얀 꽃은 사라지고 초록 잎이 돋아났으며 분홍빛 벚꽃 잎이 휘날리고 숲 전체에 초록 잎이 무성해지기 시작했다. 지난달과는 또 다른 건지산을 느끼기 위해 식물을 자세히 관찰하여 세밀화를 그리게 했다. 학교 텃밭 식물을 관찰하고 기록할 때 사진으로 남길 수도 있겠지만 좀 더 자세히 관찰할 수 있도록 세밀화 그리는 시간을 마련한 것이다. 식물의 잎, 줄기, 꽃을 세밀하게 그리니 아이들은 풀, 꽃, 나무를 더 자세히 살피게 되어 관찰력, 집중력이 좋아지고 자연에 애정을 가졌다. 세밀화를 그리는 것이 4학년 아이들에게 조금 어렵지는 않을까 걱정했는데 기우였다. 오히려 더 꼼꼼하고 자세하게 그리려고 노력하는 아이들이 많았다. 또 식물의 그림자를 스케치북에 비춰 세밀화를 그리는 아이도 있었다. 세밀화 그리기 활동을 마무리한 후에는 숲에서 신나게 놀았다. 3월 나들이 때보다 더 활동적인 놀이를 했고, 끼리끼리 무리 짓는 행동도 전보다 많이 줄어들었다.

초록 친구 통합수업은 이렇게 시작되었다. 처음엔 걱정했지만 건지산 나들이는 무탈하게 잘 진행되었고 아이들은 생각보다 더 즐거워했다. 자연 속에서 뛰어놀며 웃음 가득한 아이들을 보며 교사들은 힘든 것은 금세 잊고 뿌듯해했다. 자연에 대한 지식과 경험이 부족하여 가까운 학교 나들이도 시도하지 못했던 교사들도 있었지만, 풍부한 지식과 경험을 지닌 선생님들의 도움으로 건지산 나들이를 준비했고 아이들과 많은 이야기를 나누었다. 교사들 간의 소통과 협력이 우리 아이들의 수업을 얼마나 풍부하게 만드는지 다시 한 번 깨닫는 시간이었다.

2. 씨앗의 꿈

두 번의 나들이 후, 드디어 식물을 심을 수 있는 따뜻한 날씨가 되었다. 식물의 한살이 관찰 시작 직전까지 관찰 방법에 관한 의견이 분분했다. 단순히 관찰만 해서는 아이들이 무엇을 보았는지 알 수 없고 시간이 흐른 후 식물의 한살이를 정리하는 것이 어렵기 때문에 지속적인 관찰 기록이 필요하다는 의견도 있었다. 하지만 꾸준한 관찰은 필요하나, 의무적인 관찰 기록이 아이들에게 스트레스를 줘 '자연 사랑'이라는 가치가 오히려 내재화하지 못할 것이라는 반대 의견도 있었다. 실험 관찰 부록에 있는 것처럼 특정 시기(씨앗, 새싹, 성장, 꽃, 열매)에만 하나씩 기록하자는 의견도 있었다. 하지만 식물마다 성장 속도가 다르기 때문에 모든 아이들이 같은 시간에 관찰 기록을 할 수 없고, 결국 기존처럼 동영상을 보고 정답이 정해진 관찰 기록을 하는 수업이 될 것이라는 우려도 있었다. 좀처럼 이견이 좁혀지지 않던 가운데 한 선생님이 좋은 아이디어를 냈다. 관찰 기록을 커다란 기록장에 하지 않고 달력으로 만들어 아주 간단하게 정리하면서도 지속적으로 기록하도록 하자는 것이었다. 개인별로 맡아 기르는 식물은 개인 스케치북에 관찰 달력을 만들어 기록하고, 학급에서 함께 기르는 옥수수는 전지에 관

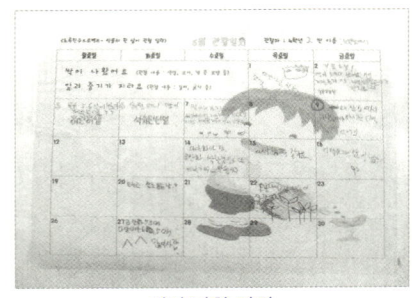

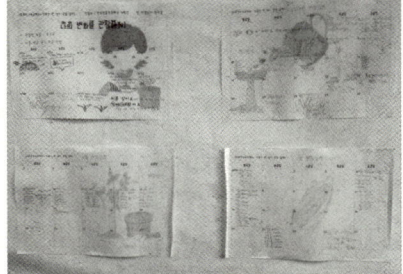

개인 관찰 달력   학급 관찰 달력

찰 달력을 만들어 반 친구들이 돌아가면서 함께 기록하는 것이다.

씨앗 관찰을 시작으로 식물의 한살이 관찰이 시작되었다. 학교 텃밭에서 기르게 될 식물들의 씨앗(강낭콩, 옥수수, 땅콩, 금잔화, 상추, 달리아)과 독특한 특성의 씨앗(도깨비바늘, 민들레 씨앗, 단풍나무 씨앗)을 준비해 관찰을 했다. 눈으로 보고 손으로 만져도 보면서 자신이 기르고 싶은 씨앗을 선택하게 했다. 씨앗 관찰 후 텃밭과 화단에 씨앗을 심고 물을 주고 나서 관찰 달력에 심은 날짜를 기록했다.

씨앗이 싹트기를 기다리면서 과학 시간에는 씨앗이 싹트는 조건을 탐구했고 국어 시간에는 씨앗을 관찰한 뒤, 씨앗과 새싹에 관한 다양한 시를 감상하고 시를 짓는 수업을 했다. 시 수업의 주제는 '씨앗의 꿈'이었다. 텃밭 식물 기르기 활동이 과학 수업과 밀접하게 연계되었기 때문에 아이들의 식물에 대한 관심이 지속되었고, 식물을 꾸준히 보살피는 모습을 볼 수 있었다. 이전에도 학교 텃밭에 식물을 기른 적은 있었지만 아이들의 관심이 크지 않았고 방치되기도 했었다. 그때는 원인이 무엇인지 알지 못했지만 이 수업을 하면서 그 원인을 찾아냈다. 바로 수업과의 연계성이다. 수업과 연계되지 않는 맥락없는 작물 기르기 활동의 경우 아이들은 크게 관심을 두지 않았지만, 수업과 연계하여 식물을 기르니 아이들의 관심은 배가되었고 수업도 더 즐거워했다.

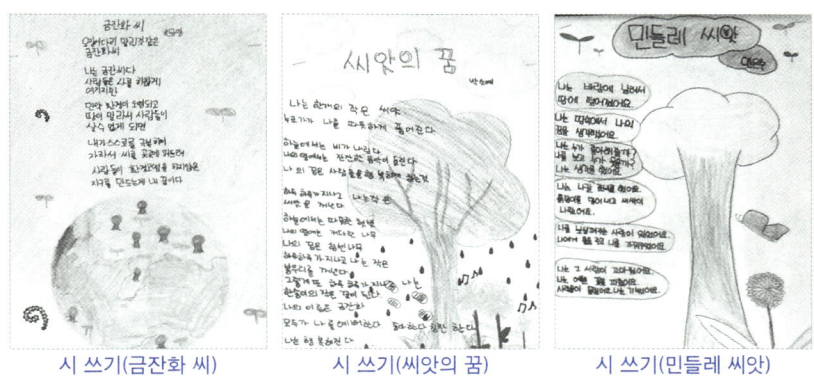

시 쓰기(금잔화 씨)　　시 쓰기(씨앗의 꿈)　　시 쓰기(민들레 씨앗)

　국어 시간 '씨앗의 꿈'을 주제로 한 시 짓기 활동은 자신이 심은 씨앗을 생각해서인지 풍부한 감성을 담은 시가 많이 나왔다. 국어 시간에 이루어진 시 수업에서 교과서의 시(어른이 지은 동시)뿐만 아니라 아이들이 지은 어린이 시도 활용했다. 어른이 지은 동시를 읽을 때보다 어린이 시를 읽을 때 아이들은 더 재밌어하고 좋아했다. 아이들은 시를 참 좋아한다. 시를 쓰는 것은 더 좋아한다. 하지만 시의 형식에 얽매이게 하고 억지 감상을 요구하는 순간 아이들은 시를 싫어하게 된다. 아이들이 시를 즐기게 할 것인지 아니면 시를 학습하게 할 것인지는 우리 교사들의 몫이다. 시를 지은 후에는 미술과 통합하여 시에 어울리는 그림도 그렸다.

3. 위대한 탄생(새싹)

　씨앗을 심은 지 일주일이 지나자 하나둘 새싹이 돋아나기 시작했다. 씨앗마다 성장 속도의 차이가 있었다. 강낭콩은 많은 새싹이 튼튼하게 자라났고 옥수수도 작은 새싹이 자라났지만 금잔화는 감감무소식이었다. 땅을 살짝 파 보니 여전히 씨앗 그대로여서, 씨앗이 싹트는 조건을 실험하는 것과 동일한 방법으로 교실 한쪽에서 금잔화 씨앗을 발아시킨 후 땅에 심었다. 이런 과정을 겪으면서 아이들은 씨앗이 새싹으로 탄생하는 것이 쉬운 일이 아님을 알게 되었고 새싹을 더 소중히 여겼다. 새싹을 소중히 하는 마음을 자신을 소중히 여기는 마음으로 발전시키기 위한 '위대한 탄생' 수업을 시작하기 좋은 때였다. 이 수업은 김태현의 『교사, 수업에서 나를 만나다』에서 제안하고 있는 학습 과정(마음 열기-생각 쌓기-생각에 날개 달기-삶에 접속하기)을 기본 틀로 정하고 아이들이 좋아하는 시 수업과 연계하여 모둠 활동을 중심으로 수업을 구성했다.

자존감 수업 교수·학습 과정안

학습 과정	수업의 흐름
마음 열기	■ 동기 유발 국어(가) 교과서 148쪽 '가끔씩 비 오는 날' 읽기
생각할 문제	자신을 존중하고 사랑하는 마음을 가져 봅시다.
생각 쌓기	■ '나'에 관한 모둠 문장 시 만들기 •개인 문장 만들기 　-A4 용지 반절에 "나는 ○○이다."라고 표현하고 그 이유를 함께 적기 　-충분하게 생각할 수 있는 시간 주기 •생각 내놓기 　-모둠원들이 돌아가면서 자신의 생각을 하나씩 내놓는 활동하기 •모둠 문장 시 완성하기 　-각자 쓴 종이를 모아서 4절지에 붙이기
생각에 날개 달기	■ 생각 나누기 •모둠원 4명이 모두 나와서 자신이 만든 문장은 자신이 발표하기 　-큰 소리로 자신 있게 발표할 수 있도록 지도 -4절지를 칠판에 일렬로 배치 •부정적인 표현을 긍정적인 표현으로 바꿔 주기 　-학급 친구들이 협동하여 부정적인 표현을 긍정적인 표현으로 바꿔 주기 　-자신과 타인의 단점보다는 장점을 보려는 긍정적인 시각을 갖도록 격려 　　하기 •자긍심, 자존감의 의미와 중요성 이야기 나누기 　-자긍심: 자신을 중요하고 가치 있는 존재로 느끼는 것 　-자존감: 있는 그대로의 자신을 존중하는 마음가짐 　-자신을 사랑하는 만큼 다른 사람도 존중해 주는 삶의 태도
삶에 접속하기	■ 시인 백창우 선생님의 「강아지똥」 듣기 •작가가 우리에게 말하고 싶은 것이 무엇인지 헤아리기 •자신의 삶의 태도 고민하기 　-홈페이지에 자신의 장점 및 단점, 단점을 개선하기 위한 방안 적어 보기

모둠 문장을 모아 만든 시 작품

국어 교과서에 나오는 지문 '가끔씩 비 오는 날'이 자존감과 관련된 내용을 담고 있어 함께 읽으며 마음을 열었다(자신을 쓸모없는 못으로 생각했던 주인공이 비 오는 날 식물을 걸어 두는 못으로 사용되면서 자신 감을 되찾는 내용이다). 그 후 문장 만들기 활동을 소개했다. '나는 OO 입니다. 왜냐하면 ~때문입니다.'라는 개인 문장을 만든 후 모둠 친구 들의 문장을 모아 시로 만들었다. 문장 만들기 활동은 아이들의 감정 과 생각을 손쉽게 알아낼 수 있는 방법이기 때문에 학기 초뿐만 아니 라 수업 시간에도 자주 사용한다. 모둠 시를 완성한 후 서로 공유하는 시간을 가졌다. 대부분의 아이들이 자신을 긍정적으로 표현했지만 부 정적으로 표현한 친구도 있었다. 자신에 대한 부정적인 인식을 표현한 아이들을 중심으로 이 수업에서 가장 핵심적인 활동을 시작한다. 자 신을 부정적으로 표현한 친구들의 문장을 다른 친구들이 긍정적으로 바꾸어 주도록 했다. 한 가지 의견만 듣는 것이 아니라 여러 가지 긍정적인 문장과 칭찬을 들은 후 아이가 스스로 긍정적인 문장을 만들도록 했다. 친구의 장점을 찾은 친구를 칭찬해 줌으로써 자신과 타인의 단점보다는 장점을 보려는 긍정적인 태도를 갖도록 격려했다.

어른이 된 우리도 이따금씩 타인에 비해 부족한 자신의 모습을 보면서 자책한다. 자신과 타인의 장점보다는 단점을 바라보며 자신의 모습을 비관하거나 타인을 비난하기도 한다. 하지만 우리의 탄생이 얼마나 위대했는지를 생각하고 단점보다는 장점을 바라보려는 자세를 갖는다면 분명 우리의 삶은 지금보다 더 행복해질 것이다.

우리 아이들에게 지식채널e 「18cm의 긴 여행」을 보여 주었다. 반응은 가히 폭발적이었다. 자신들이 정말 저런 과정을 거쳐서 태어난 것이냐며 또 보여 달라고 아우성이었다. 이 수업을 하면서 힘겹게 돋아난 새싹을 소중히 여기는 마음이 자신들의 탄생과 존재를 소중히 여기는 마음으로 발전했기를 바라며 수업을 마무리했다.

'위대한 탄생' 수업이 5월에 진행된 만큼 자신의 소중함을 넘어서 가족의 소중함에 대해 생각해 보는 시간을 마련했다. 5월 가정의 달 행사를 하면 부모님에 대한 감사 편지를 적는 등 부모님에만 국한하여 생각하도록 하는데, 이번에는 형제를 포함한 모든 가족들을 생각하는 시간으로 확장해 보았다. 생각을 여는 활동으로 조건 없는 엄마의 사

위대한 탄생(새싹)

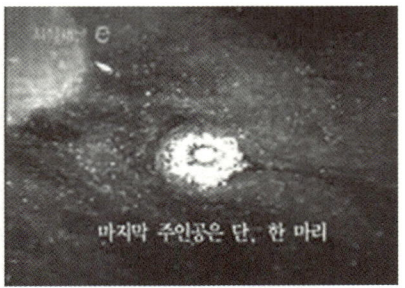
18cm의 긴 여행(지식채널e)

랑을 보여 주는 「엄마 까투리」(애니)를 시청하고, 「우리는 한편이야」(국어 교과서 지문)와 『내 동생 싸게 팔아요』(동화책)를 함께 읽었다.

각각의 작품을 읽은 느낌을 정리하고 나서 책 만들기 활동을 시작했다. 『엄마를 화나게 하는 10가지 방법』(동화책)을 보여 준 후 이를 패러디하여 '가족을 화나게 하는 10가지 방법'을 만들었다. 가족을 화나게 하는 방법을 깔깔깔 웃으며 만들고 나서 마지막 장은 "이 모든 것을 하지 않을 거야."라는 다짐과 편지로 채운 뒤 가족에게 선물했다. 가족들은 아이들이 기발한 아이디어로 만든 책을 받고 평소 나누지 못했던 이야기들을 많이 나누었다고 한다. 가족에게 했던 자신의 잘못된 행동은 웃음과 함께 사라지고 가족에 대한 애정으로 온 마음이 가득 찼기를 바라 본다.

4. 무럭무럭 자라요

4월에 심은 씨앗은 새싹을 틔우고 무럭무럭 자라났다. 아이들에게 스트레스를 주지 않고 꾸준히 관찰하도록 계획한 관찰 달력은 교사의 기대를 백 퍼센트 충족시키지는 못했다. 매일 열심히 관찰을 하는 아이가 있는 반면 그렇지 않은 아이도 있어 어떤 반에서는 일주일에 2번 관찰 시간을 정해 함께 관찰했다. 다른 반에서는 관찰 달력이 모자라다고 해서 관찰 기록장을 나눠 주고 자유롭게 관찰할 수 있도록 했다. 관찰을 하면서 가장 아쉬운 점은 아이들이 길이, 모양, 변화 등을 구체적으로 기록하지 않고 "많이 자랐다", "옥수수가 잘 자라서 기분이 좋았다" 등 모호한 표현을 사용하는 것, 관찰 사실을 세밀화로 그리는 것이 아니라 자신의 머릿속에 있는 모양으로 그림을 그리는 것이었다 (예를 들어 옥수수 싹을 쌍떡잎식물의 새싹처럼 그려 놓음). 그래서 과학 교과서 수업을 통해 자세히 관찰을 하는 방법과 세밀화 그리는 방법을 다시 한 번 연습하기로 했다. 몇 가지가 아쉬웠지만 기록을 힘들어하

선생님의 인생 이야기

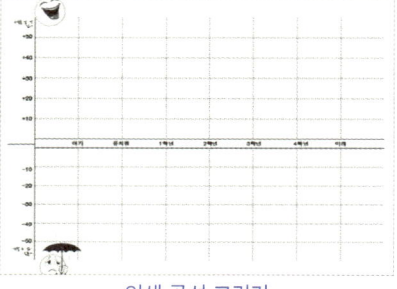
인생 곡선 그리기

지 않고 재밌어하는 아이들, 매일 등하교 시 식물을 들여다보는 아이들, 서로의 식물에 대해 이야기꽃을 피우는 아이들 모습을 보면서 멋지게 기록하는 것보다 관심을 갖고 꾸준히 관찰하는 게 중요하다는 결론을 내렸다.

자신과 동일시된 식물의 성장을 관찰하며 자기 자신의 성장을 되돌아보는 것이 네 번째 주제의 핵심 활동이었다. 『재미와 감동이 있는 협력 놀이』(박광철 지음)에 나오는 '내 삶의 그래프' 활동과 국어과 성취기준 "중심 문장과 뒷받침 문장을 갖추어 문단을 짜임게 있게 쓴다."를 바탕으로 나의 인생에 대해 되돌아보는 시간을 가졌다.

선생님의 인생 이야기로 수업을 시작했다. 아기였을 때, 초등학교를 다닐 때, 대학생일 때, 그리고 현재까지 내 삶 속 즐거운 기억과 슬픈 기억을 들려주었다. 아이들이 자신의 삶을 돌아보는 것에 좀 더 집중하고, 슬픈 기억도 꺼내어 서로의 상처를 위로해 주는 시간을 가지기 위해서였다. 교사의 인생 이야기를 들은 아이들은 자신들의 슬픈 기억도 숨기지 않고 꺼내 놓았다. 자신의 삶에 대한 그래프를 그리고 나서 중심 문장과 뒷받침 문장을 사용하여 자신의 삶에 대해 설명하는 글을 쓰도록 했다. 친구에게 말하고 싶지 않은 비밀은 쓰지 않아도 된다고 했지만 아이들은 솔직하게 써 내려갔다.

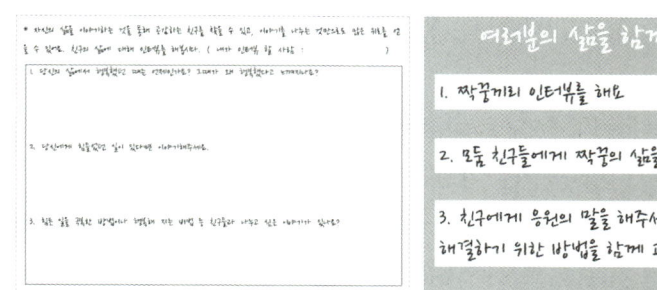

짝꿍 인터뷰   아이들의 삶 공유하기

먼저 자신의 이야기를 짝꿍끼리 공유했다. 가장 행복했을 때는 언제인지, 가장 힘들었을 때는 언제인지 이야기했다. 그리고 힘든 순간을 어떻게 이겨 낼 수 있었는지, 아직 이겨 내지 못했다면 어떻게 하면 이겨 낼 수 있을지 함께 고민해 보았다. 그 후 이어진 모둠 활동은 자신이 인터뷰한 짝꿍의 삶에 대해 이야기하도록 했다. 많은 친구들 앞에서 자기 이야기를 꺼내는 것이 어려울 수 있다는 생각에서였다. 모둠 활동에서도 해결하지 못한 고민들은 학급 친구들 모두와 함께 고민해 보았다. 많은 아이들이 가장 힘든 기억으로 든 것은 따돌림을 당했을 때였다. 고민을 나눔으로써 더 좋은 해결 방법을 찾을 수 있었고, 자신만이 가지고 있는 슬픔이 아님을 알게 되면서 서로가 서로에게 위로가 되었다.

식물이 무럭무럭 자라나는 것을 관찰하는 것은 학교 텃밭에서만 끝나지 않았다. 5월 건지산 나들이는 식물의 변화 관찰을 목표로 했다. 그리고 자연에 대한 감수성을 기르고자 '나의 돌멩이 소개하기' 활동을 했다. 사실 이 활동하기에 앞서 많은 고민을 했다. 4학년 아이들이 돌멩이를 소개하는 것을 유치해하지 않고 흥미를 느낄 수 있을까 걱정이 앞섰던 것이다. 하지만 나태주 시인이 "자세히 보아야 아름답다. 오래 보아야 사랑스럽다."고 했듯이, 관심을 가지고 무엇인가를 바라보는 게 소중한 경험이 되리라는 데는 이의가 없었기에 활동을 하기로 결정했다.

한 달 만에 다시 찾은 숲은 푸름이 가득했고 아카시아 향이 맴돌았다. 4월과는 또 다른 모습에 감탄하며 잠시 걸음을 멈추고 눈을 감아 자연을 느껴 보았다. 눈을 감으니 향기는 더 짙게 느껴지고 새소리, 바람소리가 더 잘 들렸다. 아이들과 함께 자연을 느끼는 것만으로도 행복해지는 순간이었다.

자연의 변화를 만끽하면서 '나의 돌멩이 소개하기' 활동을 안내했다. 걱정과 달리 아이들은 열심히 자신만의 특별한 돌을 찾아 나섰다. 아이들이 찾은 돌에는 이름을 붙였는데 '노랭이', '쪼꼬미', '공룡', '매끈이' 등 돌멩이의 특징이 잘 드러났다. 서로의 돌멩이를 소개하는 시간을 가진 후 돌멩이는 원래 있던 자리에 두고 오도록 했다. 아이들 숫자가 많다 보니(총 여섯 반, 180명 가까이 되었다) 활동을 할 때마다 자연을 훼손하지 않으려고 노력했다.

식물들이 햇볕을 받고 비를 맞으며 무럭무럭 자라나는 것처럼 우리 아이들도 사랑을 받고 시련에 부딪히며 무럭무럭 자란다. 항상 즐거운 일, 행복한 일만 가득할 수는 없다. 슬픈 일, 괴로운 일을 견뎌 내면서 더 많이 성장하기도 한다. 그렇기에 아이들에게 즐거운 경험을 주는

나의 돌멩이 소개하기

것만큼이나 슬픈 일, 괴로운 일을 견뎌 내는 힘을 기르도록 돕는 것이 필요하므로 이번 소주제에서는 그 힘을 길러 주고자 했다.

5. 꽃의 비밀

아이들이 사춘기를 겪는 시기가 점점 빨라졌다. 빨라진 2차 성징에 대해 부모님들의 걱정은 높아지고, 아이들은 불안해했다. 누구나 겪어야 하는 2차 성징, 사춘기를 아이들이 두려워하지 않고 잘 이겨 내기를 바라는 마음을 담아 '꽃의 비밀' 수업을 계획하였다. 아이들이 꽃에 대해 알고 있는 사실은 아름답다는 것뿐이지만 사실 꽃은 식물의 한살이에서 매우 중요한 역할을 하는 곳이다. 곤충이나 동물을 유혹하여 수분이 이루어지고 이를 통해 씨앗을 생성하는 생식기관이다. 우리 아이들이 겪는 사춘기를 아름다운 꽃이 되는 과정으로 대입하여 사춘기를 거부감 없이 준비하는 마음을 키워 주고자 했다.

먼저 꽃의 수분 관련 다큐멘터리를 시청하는 것으로 수업을 시작했다. BBC 자연 다큐「식물의 사생활」중 3부 '아름다운 유혹'을 함께 시청했다. 근접촬영 기법을 활용하여 세밀하고 선명하게 식물의 모습을 보여 주어 아이들이 흥미롭게 다큐멘터리를 시청했다. 꽃이 생식기관이라는 사실을 알게 된 아이들은 꽃을 신비롭게 생각하기 시작했다. 꽃에 대한 배움을 넓혀 가고자 '꽃 사전 만들기'를 한다는 이야기를 듣고 아이들 눈이 반짝였다. 6월이 되니 학교에는 다양한 꽃이 가득했다. 스케치북과 연필, 색연필을 들고 학교 주변을 돌며 꽃을 관찰하고 세밀화로 나타냈다. 어느새 아이들의 세밀화 실력이 많이 늘었다. 가만히 앉아 꽃을 관찰하여 몇 번씩 지웠다 그렸다 반복하며 세밀화를 그리는 아이들의 모습이 인상적이었다.

세밀화를 그리고 나서, 이름이 적혀 있지 않은 꽃들을 찾으려고 도서관에서 식물도감을 빌려 왔다. 마가렛, 팬지, 매리골드 등 잘 알지 못

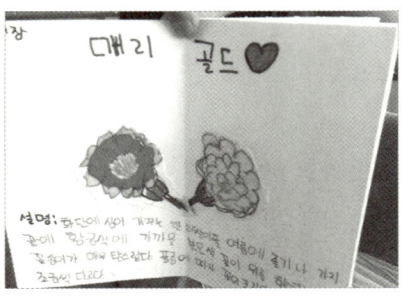

꽃 사전 만들기　　　　　　　꽃 사전의 매리골드 페이지

했던 꽃들의 이름을 어렵게 찾아냈다. 이름을 알고 있었던 토마토 꽃, 가지 꽃, 장미 등도 식물도감에서 찾아 특징을 간단하게 적도록 했다. 꽃 사전의 마지막 페이지는 나만의 꽃을 그리고 특징을 적도록 했다. 이것은 초록 친구 통합수업 마인드맵을 그릴 때 아이들이 하고 싶다고 했던 활동이었다. 태양보다 더 밝은 소크로데브로스아베타데 꽃, 독이 있고 세계에서 3개밖에 자라지 않는 가르나르 에토 꽃, 알록달록한 카멜레온 꽃 등 다양한 꽃들이 탄생했고, 평소 수업에 흥미가 적었던 아이도 열심히 활동에 참여했다.

　아름다운 꽃이 되는 과정을 여러분이 곧 겪게 될 것이라는 말로 두 번째 수업을 시작했다. 케이블 방송에서 방영되었던 남녀탐구생활 '사춘기 변화' 편을 통해 사춘기에는 어떤 변화가 있는지 살펴보았다. 4학년 아이들 수준에 맞지 않거나 과장된 부분은 편집하여 시청하고 나서, 사춘기에 겪는 몸의 변화와 마음의 변화에 대해 정리했다. 그리고 사춘기에 겪는 어려움을 이겨 내기 위한 방법을 함께 고민해 보았다. 4학년이라 아직 사춘기 변화가 시작되지 않은 아이들도 있겠지만, 훗날 사춘기를 겪을 때 조금이나마 도움이 되길 바랐다.

　마지막으로 아이들이 사춘기를 불안해하는 마음을 덜어 주고자 『우리 형 보리스는 사춘기래요』 동화책을 읽어 주었다. 남과 다른 모습을

번데기가 껍질을 벗어야
성충이 되듯 어른이 되기
위해선 사춘기를 거쳐야 합니다.

이것은 너무도 **자연스런 일** 이고
변화를 <u>인정하고 받아들여야 합니다.</u>

사춘기 알아보기   우리 형 보리스는 사춘기래요

추구하며 장신구를 달고 불같이 화를 내는 우리 형 보리스를 이상하
게만 바라보던 동생이 할머니를 통해 부모님도 예전에 똑같았다는 사
실을 알게 된다는 내용이다. 이처럼 사춘기는 이상한 일이 아니라 모두
가 겪는 일이니 불안해하지 말고, 자연스럽게 받아들이면 된다는 사실
을 아이들과 이야기했다.

　6월 나들이에서는 작은 생물을 관찰하고 자연 재료로 작은 생물을
만들기로 했다. 언제나처럼 나들이 활동은 한 시간 내외로 계획하고
남은 시간은 자연을 느끼며 숲에서 신나게 놀 수 있도록 했다. 작은 생
물 관찰은 루페를 활용했다. 루페는 움직이는 생물을 관찰하도록 만들
어진 돋보기이다. 루페라는 작은 도구를 손에 쥐어 줬을 뿐인데 평소

루페로 작은 생물 관찰하기   자연 재료로 작은 생물 만들기

보다 더 열정적으로 관찰했다. 작은 생물을 관찰한 다음에는 자연 재료로 작은 생물을 만들어 보았다. 아이들의 작품을 사진으로 남기고 자연 재료는 원래 있던 곳에 가져다 놓았다.

꽃의 비밀을 알아보면서 어떤 반에서는 종이접기와 그리기로 꽃밭을 만들었다. 아이들이 원하는 활동을 수업에 반영했기 때문에 수업이 반마다 다르게 진행된 것이다. 또한 한 반에서는 아이들의 의견에 따라 이번 소주제의 이름을 '궁금한 이야기, 꽃'으로 바꿔 진행하기도 했다. 교사가 계획한 대로만 수업할 때보다 아이들의 의견을 반영하면 수업이 더 즐거워진다. 아이들뿐만 아니라 교사도 그렇다. 아이들이 열심히 하고 즐거워하니 교사의 수업 만족도도 올라간다. 수업을 교사가 혼자 만들 때보다 아이들과 함께 만들어 나갈 때, 아이들은 수업의 주인공이 되고 의미 있는 배움에 한걸음 다가간다.

6. 열매, 또 다른 시작

학교 텃밭과 상자에 심은 식물들은 작은 씨앗에서 싹을 틔우고, 잎과 줄기가 자라 꽃을 피우고, 드디어 열매를 맺었다. 열매는 다시 씨앗을 품고 있어 이번 수업의 이름을 '열매, 또 다른 시작'으로 붙여 보았다.

아이들이 가장 좋아하는 수업 활동은 역시나 먹는 것이다. 열매를 관찰하기 위해 아이들이 좋아하는 과일을 하나씩 가져오도록 하여 과일 뷔페를 열었다. 과일을 손질하지 않고 가져온다면 열매 관찰에 더 적합하겠지만, 먹기에 불편하지 않게 과일을 손질해서 가져오도록 했다. 열매의 겉모양을 관찰하는 것은 어렵겠지만 손질해 가져온 과일의 겉모양을 알고 있기 때문에 열매를 공부하는 데는 큰 무리가 없었다. 열매의 색깔, 모양, 크기, 냄새, 맛의 순서로 관찰했다. 간단히 열매 관찰을 마무리하고 과일 뷔페를 시작했다. 자신이 가져온 과일을 다른 친구들과 나누어 먹으니 집에서 먹을 때보다 더 꿀맛이라는 아이들 모

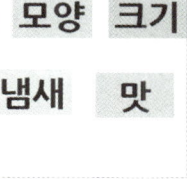
오늘은 열매를 관찰해 봐요

무엇을 관찰할 수 있을까요?

색깔 모양 크기

냄새 맛

열매 관찰하기   과일 뷔페

습이 보기 좋았다. 처음 만난 3월보다 서로를 배려하고 아끼는 마음이 훨씬 커진 것이 느껴졌다.

열매 관찰과 과일 뷔페로만 열매 수업을 마무리하는 것이 아쉬워 '열매로 만드는 얼굴' 미술 활동을 추가했다. 아르침볼도의 그림을 모티브로 하여 인디스쿨에 있는 자료를 찾아 활용했다. 그림을 보여 주니 우스꽝스럽다며 깔깔거렸다. 그림의 주인공이 왕이라고 말했을 때 깜짝 놀라는 아이들이 많았다. 왕의 얼굴을 꽃, 열매 등의 자연물로 표현한 까닭은 자연의 풍요로움이 사람들에게 그만큼 중요한 일이었기 때문이라고 설명해 주니 고개를 끄덕였다. 아이들도 아르침볼도가 되어 과일 콜라주를 시작했다. 과일을 예쁘게 색칠하고서 배치 방법을 달리하여

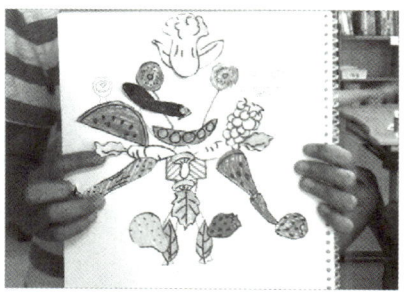

열매로 만드는 얼굴 활동   열매로 만드는 얼굴 작품(출처: 인디스쿨)

다양한 작품을 만들어 냈다. 작품의 한 쪽에 이름과 특징을 적도록 하고서 서로의 작품을 감상하는 시간을 가졌다.

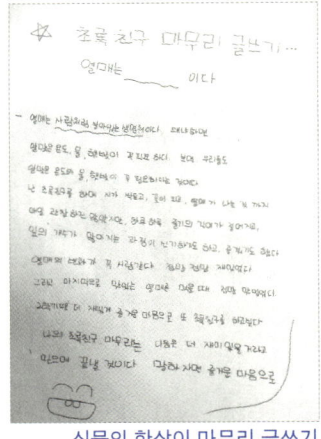

식물의 한살이 공부를 마무리하며 아이들이 한 학기 동안 기록한 관찰 달력을 함께 보고 정리했다. 그리고 통합수업을 마무리하는 글쓰기 시간을 가졌다. 정말 작았던 새싹이 무럭무럭 자라 열매를 맺은 것을 보며 아이들이 느낀 생명의 신비함이 글 속에서 느껴졌다. 초록 친구 수업을 하면서 식물들의 성

식물의 한살이 마무리 글쓰기

장과 자신들의 성장이 비슷하다는 것을 느꼈다는 아이도 있었다. 또한 많은 아이들이 자연을 아끼고 사랑하겠다고 다짐했다.

7. 내가 지켜 줄게

한 학기에 걸친 초록 친구 통합수업이 끝이 났다. 마무리로 무엇을 할까 고민하다 4학년 아이들 모두가 함께 크게 하나의 작품을 만들어 보자는 의견이 나왔다. 이 수업에서 아이들이 내면화하기를 바랐던 '자연 사랑'의 가치를 담아 한 작품을 만들기로 결정했다.

아이들이 자신의 손바닥을 본떠 스케치북에 그린 후 그 안에 초록 친구 통합수업을 한 소감 및 자연에 대한 다짐을 간단하게 적고 꾸미도록 했다. 손바닥을 오려서 중앙 복도에 있는 커다란 학년 게시판에 하나씩 붙였다. 손바닥이 하나둘 모여 어느새 커다란 나무가 만들어졌다. 우리는 이 나무의 이름을 '생명의 나무'로 붙였다.

초록 친구 통합수업은 처음에 1학기만 하는 것으로 계획되었지만, 아이들과 교사들은 2학기에도 계속 나들이를 나가고 식물을 키우는

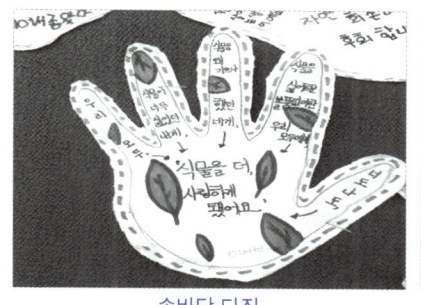

손바닥 다짐 · 생명의 나무

것이 좋겠다고 마음을 모았다. 자연을 가까이하면서 우리에게 많은 변화가 있었다는 걸 모두 느꼈기 때문이다. 아이들에게는 다른 존재를 가꾼다는 경험이 정말 소중했고, 아이들이 자연과 함께하면서 서로를 배려하는 따뜻한 마음을 키워 나간다는 사실이 교사들에게 소중한 경험이었다.

▶ 2학기

2학기 수업의 흐름

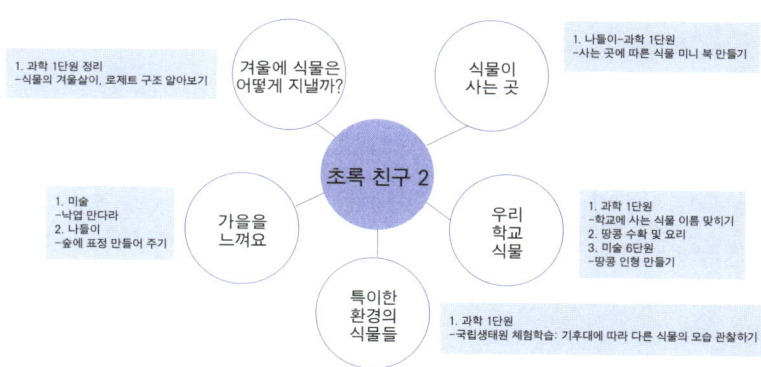

겨울에 식물은 어떻게 지낼까?
1. 과학 1단원 정리
-식물의 겨울살이, 로제트 구조 알아보기

식물이 사는 곳
1. 나들이-과학 1단원
-사는 곳에 따른 식물 미니 북 만들기

초록 친구 2

가을을 느껴요
1. 미술
-낙엽 만다라
2. 나들이
-숲에 표정 만들어 주기

우리 학교 식물
1. 과학 1단원
-학교에 사는 식물 이름 맞히기
2. 땅콩 수확 및 요리
3. 미술 6단원
-땅콩 인형 만들기

특이한 환경의 식물들
1. 과학 1단원
-국립생태원 체험학습: 기후대에 따라 다른 식물의 모습 관찰하기

155

1. 식물이 사는 곳

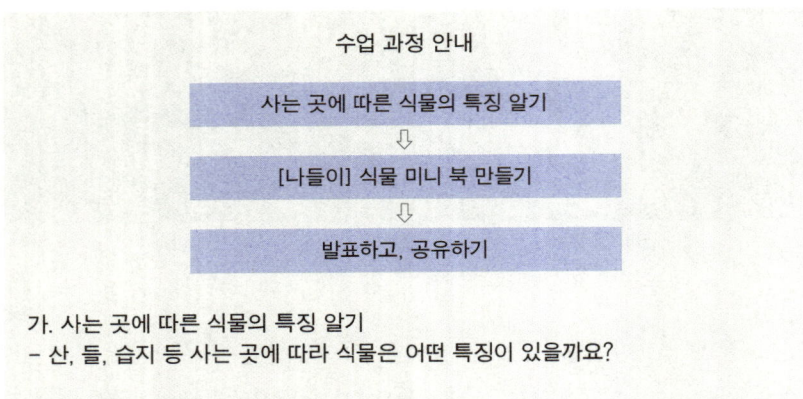

가. 사는 곳에 따른 식물의 특징 알기
- 산, 들, 습지 등 사는 곳에 따라 식물은 어떤 특징이 있을까요?

나. [나들이] 식물 미니 북 만들기
- 산, 들, 습지 등 식물의 특징이 드러나게 세밀화 그리고 특징 기록하기
- 내가 발견한 식물 관찰하고 사는 곳과 특징 연결 지어 보기

다. 발표하고 공유하기
- 교실에서 자신의 미니 북 발표하고 의견 나누기

2학기의 첫 식물 수업은 식물이 사는 곳에 따라 어떤 특징을 가지는지 알아보는 수업이다. 먼저 과학 교과서를 중심으로 서식지에 따른 식물의 특징을 살펴보았다.

이후 건지산 나들이에서 아이들은 직접 수업 시간에 배운 내용을 확인했다. 나들이를 가기 전 교실에서 색지로 미니 북을 만들고 어떤 식물을 관찰해야 하는지 사전 안내를 해 주었다. 들, 산, 습지 등 사는 곳에 따라 한 종류씩 식물을 관찰하여 세밀화를 그리고 특징을 기록하게 했다. 잎의 모양이나 색깔, 줄기 등의 특징을 중점적으로 관찰하도록 안내했다. 그리고 이끼는 반드시 기록하도록 했는데 사는 곳과 특징, 생김새를 주의 깊게 관찰하도록 안내했다. 마지막에는 자신이 가장 흥미 있게 본 식물을 기록하도록 했다. 이름은 모르지만 특이한 점

| 습지 식물 관찰하기 | 흥미로운 식물 관찰하기 |

이 있거나 앞으로 더 알고 싶은 점이 있는 식물을 찾아보도록 했다.

건지산은 이 수업에 최적의 장소였다. 습지와 작은 호수가 있고 산과 들, 이끼들이 서식하는 어둡고 눅눅한 곳이 골고루 분포해 있다. 우산 이끼를 찾지 못해 안타까워했지만 매번 보던 식물이 사는 곳에 따라 다른 특징을 보인다는 것을 발견하면서 즐거워했다.

다음 날 교실에서 아이들은 자신이 관찰 기록한 것을 발표하고 공유 하는 시간을 가졌다. 사는 곳에 따라 찾아본 식물들은 대부분 공통된 것들이 많았으나, 자신이 가장 흥미 있게 본 식물들은 다양한 종류가 나왔다. 어떤 아이들은 그 식물을 도감에서 찾아 클래스팅에 올려 실 제 이름을 조사하기도 했다.

2. 우리 학교 식물

수업 과정 안내

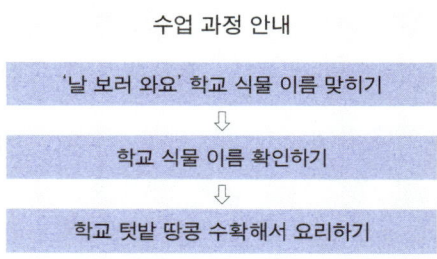

'날 보러 와요' 학교 식물 이름 맞히기
⇩
학교 식물 이름 확인하기
⇩
학교 텃밭 땅콩 수확해서 요리하기

⇩

가. '날 보러 와요' 학교 식물 이름 맞히기
– 학교 식물에 이름표 붙이기(힌트가 들어 있는 이름표)
– 모둠별로 식물 사진이 인쇄된 활동지를 가지고 돌면서 식물의 생김새를 보며 이름을 유추해서 적기

나. 학교 식물 이름 확인하기
– 교실에서 모둠별로 이름 확인하기
– 식물의 생김새와 사는 곳, 특징과 이름 연결 지어 보기

다. 학교 텃밭 땅콩 수확해서 요리하기
– 학교 텃밭에서 재배한 땅콩 수확하기
– 땅콩 핫케이크 요리 실습하기

라. 땅콩 인형 만들기
– 피땅콩으로 가족 인형 만들기
– 집에서 가족들과 땅콩 재배와 수확에 대해 이야기 나누기

  교과서에 나오는 우리 학교 식물을 알아보는 수업이 아이들의 흥미를 끌기에는 부족하다는 의견이 있었다. 매일 다니면서 봤던 식물이지만 평소 큰 관심을 갖지 않았기 때문이다. 고심 끝에 아이들이 식물의 생김새를 관찰해서 학교 식물 이름을 유추해서 맞히는 활동을 만들었다. 활동의 제목은 '날 보러 와요.'

  교사들은 아침 일찍 한 글자씩 가려진 이름이 쓰인 식물 이름표를 16종의 식물에 붙였다. 그리고 각각 식물의 사진으로 활동지를 만들어 모둠별로 보물찾기를 하듯 해당 식물을 찾고 정확한 이름을 맞히도록 했다.

  아이들은 한 시간 동안 뛰어다니며 학교 식물을 관찰하고 서로 의견을 나누며 활동지를 메워 나갔다. 생김새에 힌트가 있다고 했는데도, '*백나무'라는 이름표가 붙은 동백나무 앞에서 편백나무라고 하는 모

학교 식물에 붙어 있는 이름표를 찾아다니는 아이들

둠도 있었다. 하지만 대부분의 모둠들이 괭이밥, 토끼풀, 민들레 등 익숙한 식물들의 이름을 쉽게 찾아냈다. 매달 건지산 나들이의 휴식 장소인 편백 숲에서 한 시간 이상 머무르며 놀다 오면서도 그 생김새를 헷갈렸다는 것이 당황스럽기도 했다.

교실에 들어와서 아이들은 PPT로 사진을 보면서 식물 이름을 확인했다. 우리 학교 작은 화단에 생각보다 다양한 식물이 있는 것에 아이들도 놀라고 교사들도 놀랐다.

우리 학교 식물을 관찰한 뒤에는 우리 학교 텃밭 작물로 활동을 했다. 아이들이 5개월 이상 키우고 돌본 땅콩을 수확하여 요리를 했다.

수확을 하면서 아이들은 손가락만 한 굼벵이를 만나고 굼벵이가 파

땅콩 수확하기   땅콩 핫케이크 만들기

먹은 땅콩도 보았다. 징그럽기도 하련만 즐겁게 웃으며 굼벵이를 만지며 놀았다. 첫 땅콩 농사여서 그런지 아쉽게도 수확한 땅콩의 양은 많지 않았다. 정성스럽게 수확한 땅콩은 교실에서 삶아 맛보았다. 평소에도 쉽게 먹을 수 있는 땅콩이지만 직접 길렀기에 아이들의 감회가 남달랐을 것 같다. 적은 양의 땅콩만 맛보기는 아쉬운 마음이 들어 전주시에서 운영하는 스쿨팜 지원 예산으로 요리 재료를 구입하여 땅콩 핫케이크를 만들어 먹었다. 땅콩과 함께 다양한 견과류를 넣어 만들어서 더 맛있었다.

땅콩 요리 실습 후 미술 시간에는 피땅콩을 이용하여 '우리 가족 만들기'를 했다. 피땅콩에 가족 모습을 그리고 종이컵에 땅콩을 세워 우리 가족을 표현해 보도록 했다. 아이들은 가족의 수가 가장 많은 친구와 가장 적은 친구에 대해 이야기를 나눴다. 반려동물까지 가족으로 함께 표현한 친구들도 있었다. 완성된 작품은 집으로 가지고 가서 가족들과 땅콩에 대한 이야기를 나누었다.

두 번째 수업은 학교에 어떤 식물이 있는지 알아보며 우리 학교를 다르게 본 기회가 되었고 텃밭에서 본인들이 키운 식물로 다양한 활동을 하여 즐거운 수업이었다.

3. 특이한 환경의 식물들

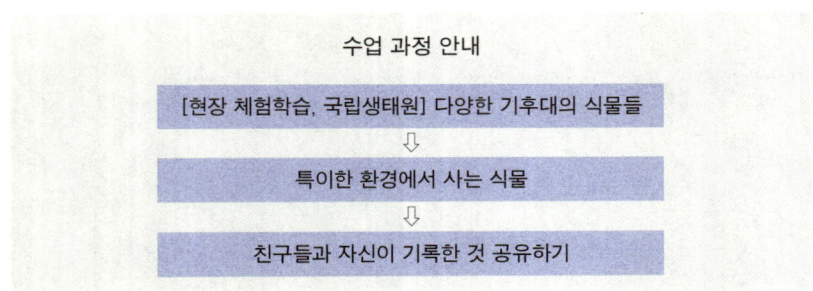

수업 과정 안내

[현장 체험학습, 국립생태원] 다양한 기후대의 식물들
⬇
특이한 환경에서 사는 식물
⬇
친구들과 자신이 기록한 것 공유하기

가. [현장 체험학습, 국립생태원] 다양한 기후대의 식물들
– 국립생태원 열대기후, 온대기후, 지중해기후, 냉대기후 등 다양한 기후대의 식물
들을 직접 관찰해 보기

나. 특이한 환경에서 사는 식물
– 모둠별 미션 수행
– 극한의 환경에서 살고 있는 식물 관찰하고 특징 기록하기

다. 관찰 내용 공유하기
– 모둠 미션 결과 공유하기

　　교과서에서 배운 특이한 환경에 사는 식물들의 실제 모습과 특징을
확인하기 위해 서천 국립생태원으로 현장 체험학습을 떠났다. 국립생
태원은 기후대별로 전시관이 구성되어 있고 각 기후에 따라 어떤 식물
이 사는지 직접 보고 관찰할 수 있어서 특이한 환경에 사는 식물들을
관찰하기에 최적의 장소였다.
　　식물들을 관찰하기 전 아이들은 반별로 생태원에서 진행하는 생태
교육에 참여했다. 생태원에 살고 있는 다양한 식물과 동물에 대해 알
아보고, 우리가 생태계를 보호하기 위해 구체적으로 무엇을 할 수 있
는지 알아보는 시간이었다.
　　생태교육이 끝난 후 아이들은 모둠별 미션을 수행하면서 각 전시관

생태교육

커다란 선인장을 찾은 아이들의 인증샷

에 있는 특이한 환경의 식물을 찾아다녔다. 모둠별로 돌아다니면서 아이들은 자신의 키보다 큰 선인장, 거꾸로 자라는 바오밥 나무, 추운 환경에서 사는 식물들을 다양하게 관찰했다. 아이들은 사전 교육을 통해 알게 된 사막에 사는 독특한 생김새의 식물인 '리톱스'도 발견했다.

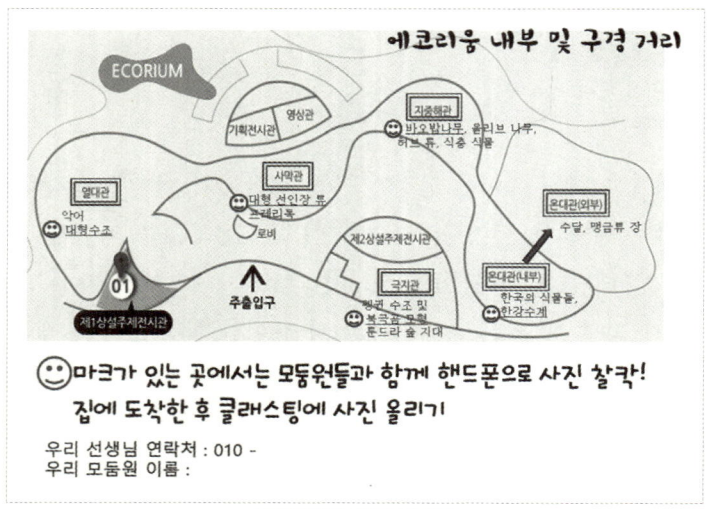

국립생태원 활동 미션지

체험학습 후 교실에서는 미션을 수행한 내용을 모둠별로 공유하며 특이한 환경에 적응한 식물들의 특징에 대해 정리했다.

4. 가을을 느껴요

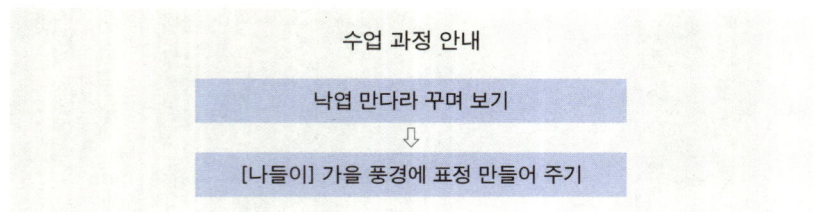

수업 과정 안내

낙엽 만다라 꾸며 보기
⇩
[나들이] 가을 풍경에 표정 만들어 주기

가. 낙엽 만다라 꾸미기
– 다양한 낙엽 관찰하기
– 낙엽, 열매 등 모으기
– 모둠에서 구성하여 만다라 만들기

나. [나들이] 가을 풍경에 표정 만들어 주기
– OHP 필름에 네임펜으로 표정 그리기
– 나무나 돌멩이 등 표정을 만들어 주고 싶은 사물 찾기
– 찾은 사물에 OHP 필름을 대고 원근법을 생각하여 거리를 맞춘 후 사진 찍기
– 교실에서 함께 보며 이야기 나누기

　가을이 완연한 풍경 속에서 아이들이 즐겁게 참여할 수 있는 활동을 고민했다. 그래서 가을에 많이 볼 수 있는 낙엽으로 '낙엽 만다라' 활동을 떠올렸다. 밖으로 나가 낙엽을 관찰하고 만다라에 사용할 낙엽이나 열매 등을 모아서 모둠원들과 함께 만다라를 꾸며 보는 활동이었다.

　운동장에는 낙엽의 종류가 다양하지 않아 아이들과 함께 학교 바로 앞에 있는 아파트 단지로 갔다. 아파트에 있는 넓은 놀이터에서 낙엽을 관찰하고 모으고 만다라를 꾸몄다. 학급에 따라서 다르게 진행되었는데 도화지를 동그랗게 잘라서 아이들에게 주기도 하고, 분필로 동그라미를 그려 만다라를 꾸민 후 사진을 찍고 낙엽을 화단에 되돌려 놓는

도화지에 낙엽 만다라 꾸미기

땅바닥에 낙엽 만다라 꾸미기

학급도 있었다. 어떤 것이든 낙엽이 멋진 작품으로 거듭나는 것을 보며 즐거워했다.

　다음 수업에서는 가을이 깊어진 건지산으로 나들이를 갔다. 나무들이 예쁘게 단풍이 들고 바닥에는 낙엽이 수북하게 쌓여 있기도 했다. 아이들은 산과 나무, 낙엽을 관찰했고 미리 배부한 투명 OHP 필름에 재미있는 표정을 그렸다. 표정을 완성한 다음에는 원근감을 생각하며 OHP 필름을 옮기면서 가을 풍경에 표정을 만들어 주고 사진을 찍었다. 바람이 많이 불어 추웠지만 색다른 활동을 하면서 가을을 만끽한 시간이었다.

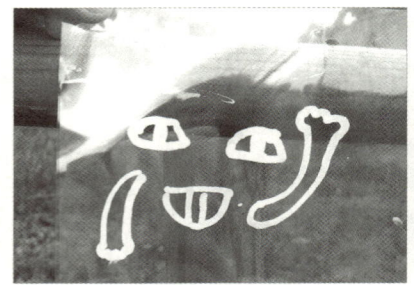
나무 난간에 표정 만들어 주기

편백 숲 표지판에 표정 만들어 주기

　다음 날 교실에서는 아이들이 찍은 사진을 보며 가을 표정에 대한 이야기를 나누었다. 장난기 가득한 아이들의 사진을 보며 함께 웃을 수 있었다.

5. 겨울에 식물은 어떻게 지낼까?

수업 과정 안내

로제트 구조 찾아 그리기

⇩

식물이 겨울에 살아남는 방법

가. 학교 화단에서 로제트 구조 찾기
– 로제트 구조 알기
– 학교 화단에서 로제트 구조 찾아 투명 OHP 필름에 대고 그려 보기
– 로제트 구조의 공통점 찾아보기

② 식물이 겨울에 살아남는 방법
– 여러해살이 식물이 겨울을 나는 방법 알아보기

겨울에 식물이 살아남는 방법으로 '로제트' 구조에 대해 공부하고자 했다. 하지만 갑자기 눈이 많이 내리고 날씨가 추워져서 계획을 실행하지 못해 아쉬운 수업이었다.

이 수업은 '평화샘 프로젝트' 연수에서 들은 사례에서 아이디어를 얻었다. 로제트 구조를 함께 찾아서 그려 보고 나서, 아이들이 운동장에서 서 있는 것과 겹쳐서 누워 있는 것 중 어떤 경우가 더 따뜻한지 알아보는 것이다. 식물 역시 추위를 이겨 내기 위해 바닥에 바짝 붙어 겨울을 난다는 것을 알 수 있는 좋은 아이디어였다.

다음에 기회가 된다면 로제트를 찾으면서 추운 겨울에 살아남는 여러 가지 식물에 대한 수업을 꼭 해 보고 싶다.

초록 친구 주요 활동

1. 나들이

초록 친구 수업에서 빼놓을 수 없는 게 나들이이다. 애초에 과학 식물 단원을 계절의 변화에 맞춰 진행해 보자는 발상에서 시작했기에 자연을 직접 관찰할 수 있는 나들이가 필연적이었을지도 모른다. '나들이'를 '자연에서 하는 공부'가 아닌 '자연과의 즐거운 공감을 만들어 내는 활동'으로 인식을 전환할 수 있었던 것은 평화샘 프로젝트 덕분이었다.

2년 전 우리는 평화를 지키는 한 방법으로 평화샘 프로젝트를 교실에 도입했다. 처음에는 '멈춰 제도'와 평화회의 위주로 진행하면서 '학교 폭력 예방 교육' 정도로 생각했던 것이 사실이다. 그러다 평화샘 프로젝트 연수에서 '나들이'에 대한 이해가 생긴 다음 아이들의 '생태적 감수성'과 '타인에 대한 공감 능력'을 키우기 위한 방법으로 나들이를 꼭 해 보고 싶다는 생각을 하게 되었다.

처음엔 여섯 반 180명이나 되는 아이들을 데리고 30분을 걸어서 인근 산으로 가는 것에 걱정이 많았다. 교통안전, 산에서의 안전 문제 등 '나들이'를 쉽게 접근할 수 없는 요인들이 너무 많았기 때문이다. 하지만 교사들이 더 주의를 기울이고 아이들에게 사전 교육을 철저히 하면 충분히 예방할 수 있다는 생각으로 추진하게 되었다.

첫 나들이를 가기 전 교실에서 사전 안전 교육을 실시했다. 물론 교통안전이나 산행안전 수칙, 자연보호 등에 대한 내용은 평소에도 다루는 이야기이지만, 가기 직전에 더 확실히 하자는 의미로 다시 한 번 안전 교육을 했다. 그리고 여기서는 안전뿐만이 아니라 나들이 가고 오는 과정에 생길 수 있는 소외받는 아이를 방지하고자 혼자 있는 친구를 위한 규칙도 만들어 제시했다.

나들이 사전 교육

긴장 속에 첫 나들이를 시작했다. 그 당시의 긴장이 아직도 생생하다. 하지만 우리들의 걱정은 돌아오고 나서 '정말 해 볼 만하다'는 긍정 마인드로 바뀌었다. 건지산은 익숙한 공간이기 때문에 위험한 곳이 어디인지 오히려 아이들이 교사보다 더 잘 알았다. 잘 걷지 못하는 친구를 기다려 주고 서로 짐을 들어주었으며 교통질서를 잘 지키며 나들이에 참여했다.

아이들과 나들이를 나간 것은 교실을 벗어나 익숙한 것의 새로운 모습을 보기 위해서였다. 걸어가면서 아이들은 동네에 대한 이야기를 나누었고 산에 도착해서는 자연에 심취했다. 나들이는 한 달에 한 번, 셋째 주 수요일에 진행되었다. 아침 9시에 출발해서 9시 30분에 산에 도착하면 1시간 정도 교사들이 준비한 활동을 하고 나머지 시간에는 자유 놀이를 했다.

처음 나들이를 시작했을 때 각 반에서는 '학급 나무'를 지정하여 갈 때마다 관찰하고 매달 변화하는 모습을 아이들과 함께 사진에 담았다. 자연의 변화만큼이나 아이들의 성장도 눈에 띄었다. 갈 때마다

학급 나무

새로운 모습을 보여 주는 자연에서 아이들은 즐겁게 뛰어놀면서 예쁘게 자랐다.

나들이를 다니며 다양한 수업을 진행했다. 자연이라는 테두리 안에서 거의 모든 수업이 가능했다. 나들이를 다녀오면 교실에서 대화가 더 풍성해지는 효과도 있었다. 1년 동안 진행된 나들이는 4학년 교육과정을 운영하면서 아이들과 즐거운 기억을 가장 많이 만든 즐거운 시간이었다.

2. 학교 텃밭 가꾸기

학교 텃밭은 전주시 농업기술센터 '스쿨팜 사업'에 공모해 지원을 받아 운영했다. 학교 안에 공간이 너무 부족해 첫해에는 씨름장을 텃밭으로 바꾸어 5, 6학년이 벼와 감자를 재배했고, 두 번째 해에는 사용하지 않는 길을 텃밭으로 개간해 4학년도 경작을 할 수 있었다.

초록 친구 수업을 진행하면서 과학 '식물의 한살이'를 관찰하려고 텃밭과 박스 화분에 다양한 식물을 심었다. 텃밭에는 땅콩과 방울토마토를 심었고 박스 화분에 화초와 채소를 더 심었다. 아이들 수에 비해 작물이 너무 적어서 학교 정문 화단 남는 공간에는 옥수수를 심었다. 다양한 식물을 곳곳에 심은 후 초록 친구에서 과학 식물 관련 수업을

배추 심기   아이들이 만든 배추 비닐하우스

하면서 이용했다.

토마토와 땅콩을 수확하고 난 후, 늦가을에는 배추를 심었다. 땅콩 수확 시기가 늦어져서, 배추를 심었지만 수확은 하지 못하고 겨울까지 관찰을 하도록 했다. 그런데 본인들이 심은 배추에 대한 아이들의 애정은 우리의 예상을 뛰어넘었다. 텃밭에 대한 교사들의 관심이 추위와 함께 움츠러든 초겨울, 배추 밭에는 수제 비닐하우스가 생겨났다. 배추에 서리가 내리고 기온이 급격히 낮아지자, 배추가 너무 추워서 얼어 죽을까 봐 걱정된 한 여학생이 친구와 함께 만든 것이다. 겨울방학 전에 일부 학급에서는 배추를 뽑아 집으로 가져가도록 했고 나머지 학급은 배추를 뽑아 밭을 정리했다.

배추 비닐하우스는 아이들이 흙을 만지고 서로 의논하여 생명을 기르는 과정이 아이들의 감수성을 기르는 데 일조했다는 증거가 아닐까 싶다. 텃밭이 있어 초록 친구 수업이 훨씬 더 풍성해졌다.

수업을 마치며

초록 친구 수업은 오랜 시간 동안 아이들의 생활 속에서 진행되었

169

다. 아이들이 자신의 자람과 식물의 자람을 동시에 느끼며 '변화'를 체감하는 수업이었다. 작은 것에 감동하고 변화에 민감한 아이라면 타인의 감정을 어루만질 줄 아는 사람으로 자랄 것이다. 옥수수의 새싹을 관찰하고 방울토마토 잎이 몇 개나 나왔는지 세어 보고 땅콩을 먹어치운 굼벵이를 귀여워하는 친구들 모습을 보면서 즐겁게 웃는 우리 아이들은 그렇게 자라날 것이다.

1년 동안 '초록 친구' 통합수업을 하며 즐겁고 의미 있는 시간을 보냈다. 자연과 식물, 생명에 대해 이렇게 오랫동안 생각해 본 것은 교사들에게도 처음이었다. 교사와 아이들의 생태 감수성이 함께 성장한 수업이었다.

이렇게 평가했어요

1. 늘빛이는 봄이 되어 텃밭에 여러 가지 씨를 심었습니다. 하지만 날씨가 춥고 비가 오지 않아 씨가 싹이 트지 못했습니다. 씨가 싹 트게 하려면 어떻게 할 것인지 그림이나 글로 나타내어 봅시다.

2. 미영이는 강낭콩을 집 안에서 키우며 관찰하려고 합니다. 하지만 어머니께서는 햇빛이 좋은 야외 텃밭에서 키워야 한다고 하십니다.

(1) 강낭콩이 자라는 데 햇빛이 필요한지 알아보기 위한 실험을 하고자 합니다. 실험에서 다르게 할 조건과 같게 할 조건을 올바르게 동그라미표를 해 보세요.

다르게 할 조건	햇빛, 물, 양분, 온도
같게 할 조건	햇빛, 물, 양분, 온도

(2) 위 실험의 결과를 그림이나 글로 나타내 보세요.

햇빛을 받은 강낭콩	햇빛을 받지 못한 강낭콩

3. 우리는 1학기 동안 강낭콩, 옥수수, 땅콩, 금잔화, 고추 등 여러 가지 식물의 한살이를 관찰해 보았습니다. 여러분이 관찰한 식물의 변화 모습을 쓰고, 관찰하면서 든 생각이나 느낀 점을 써 봅시다.

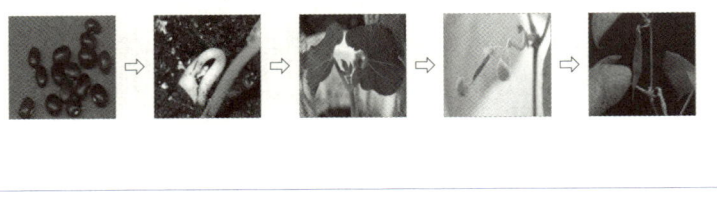

_____

_____

4. 우리 주변에는 다양한 종류의 흙이 있습니다. 그중 운동장 흙과 화단 흙을 가져와 여러 가지를 관찰해 보았습니다.

(1) 운동장 흙과 화단 흙의 특징을 2가지 이상 적어 봅시다.

예	색깔, 만져 본 느낌, 알갱이의 종류, 알갱이의 크기 등		
운동장 흙	특징 ① ②	화단 흙	특징 ① ②

(2) 운동장 흙과 화단 흙 중 식물을 심고 싶은 곳은 어느 곳인가요? 그 까닭은 무엇인가요?

_____

_____

_____

5. 남주는 국립생태원으로 현장 체험학습을 가 다양한 식물을 만나 보았습니다. 남주가 만난 식물들이 사는 곳과 그곳 환경에 적응하기 위한 식물의 특징을 써 봅시다.

식물 이름	사는 곳	특징
선인장		
부레옥잠		

6. 혜진이는 학교 주변에서 볼 수 있는 다양한 식물의 잎을 수집했습니다. 혜진이가 수집한 잎을 관찰한 후 기준을 세워 분류하여 주세요.

국화   등나무   강아지풀   토끼풀   감나무   단풍나무

분류 기준:

그렇다.	그렇지 않다.

7. 다음은 우리가 2학기 동안 초록 친구 수업을 통해 했던 활동들입니다. 초록 친구 수업을 통해 느낀 자연 사랑의 마음을 담아 건지산에 오는 사람들에게 제안하는 글을 써 봅시다.

주제	자연 보호, 자연 사랑
제안하는 대상	건지산에 오는 사람들
제목	
문제 상황	
제안	
까닭	

3 전라북도 어디까지 가 봤니?

-4학년 1학기 사회 1·2단원 도시와 촌락 수업

새 학년이 시작되기 일주일 전, 4학년 연구실에 모인 우리는 사회 교과서를 보고 적잖이 놀랐다. 한 학기 동안 배워야 할 내용이 이렇게나 많다니! 게다가 지역 보완 도서인 『전라북도 생활』의 몫도 고려해야 했다.

올해 4학년 아이들은 통합수업을 접해 본 적이 없었다. 우선 주제가 익숙하고 쉬워야 한다. 첫 회의에서 우리가 처음 시작하게 될 통합수업이 이후의 인상을 결정할 수 있다는 점에서 가벼운 주제를 선택하자고 의견을 모았다. 그렇게 회의가 몇 차례 엎어지고(?) 나서 고민에 고민을 거듭한 끝에, 도시와 촌락의 개념을 모두 담을 수 있는 큰 주제인 전라북도를 중심으로 통합수업을 만들기로 했다.

우리들이 처음 논의했던 것과 달리, 결코 가벼울 수 없는 긴 시간 이어지는 통합수업이 될 터였다. 그 내용도 방대할 뿐만 아이라 전라북도라는 주제는 눈여겨볼 만한 매력이 많았다.

첫째, 현장 학습과 연계하여 배우기 쉽다. 현장 학습과 연계한다면 직접 눈으로 보고 배우는, 살아 있는 수업이 될 수 있다. 그래서 통합수업은 매월 셋째 주 월요일에 시작하되 수업이 끝나는 금요일에 현장 체험학습을 통해 마무리하기로 했다.

두 번째로 전라북도는 아이들의 생활에 가장 가까운 주제다. 전라

175

북도는 3학년 때 배웠던 우리 고장 전주시가 속한 행정구역이다. 가족 나들이나 이전에 다녀온 현장 체험학습 장소, 친척 집을 방문했던 경험 등을 떠올릴 수 있도록 적절한 활동을 배치한다면 아이들이 더 쉽게 흥미를 느끼며 수업에 몰입할 것이다. 전라북도란 아이들의 일상적인 공간 자체이기 때문이다.

셋째, 주변의 많은 자원을 활용할 수 있다. 각 지역의 신문, 특산품, 시설 등 자원의 활용도가 무궁무진하다. 또한 이러한 자료들을 참고해 아이들이 수업 중 새로운 산출물을 만들어 낼 수 있는 좋은 기회가 될 것이다. 우리는 전라북도라는 주제의 장점들을 생각하며 수업의 기본 방향을 잡았다.

이번 통합수업을 계획하며 무엇보다 '재미있게 공부하고 익히기'라는 원칙을 가장 우선시했다는 점을 밝힌다. 또한 4학년 아이들의 발달 단계에 적절하도록 놀이(시뮬레이션), 만들기, 그리기 등 다양한 활동이 주가 되는 수업이 이루어질 수 있도록 노력했다.

*수업은 하루 3차시, 한 주 동안 집중 운영되었다.

수업 계획

수업명	전라북도 어디까지 가 봤니?	시수	30차시
수업 목표	우리 지역(전라북도) 촌락, 도시의 자연환경, 생활 모습 등을 알아보고 이를 통해 도시, 촌락의 특성을 안다.		

성취 기준		교과서
• 지도나 인터넷 등을 통해 우리 지역 촌락의 위치를 찾고, 그 분포 특성을 지형과 관련지어 설명할 수 있다. • 우리 지역 촌락의 형성 과정과 발달 과정을 조사하여 그 특징을 설명할 수 있다. • 촌락 지역의 주요 산업 활동을 조사하고, 이를 촌락 지역의 생활 모습과 관련지어 설명할 수 있다. • 촌락 문제(예, 인구의 과소화, 인구의 고령화, 산업적 기능의 축소, 문화시설의 부족 등)의 특징을 설명하고, 그 해결 방법을 제시할 수 있다.	사회	1. 촌락의 형성과 주민 생활
• 지도나 인터넷 등을 통해 우리 지역 도시의 위치를 찾고, 그 위치를 지형적 특성과 관련지어 설명할 수 있다. • 다양한 자료(지도나 인터넷)를 활용하여 우리 지역의 도시 분포를 살펴보고, 도시의 발달 과정과 그 특징을 설명할 수 있다. • 신도시 개발의 사례를 소개하고, 신도시가 개발된 이유와 문제점을 설명할 수 있다. • 도시문제(예, 주택문제, 환경문제, 교통문제 등)의 특징을 설명하고, 그 해결 방법을 제시할 수 있다.	사회	2. 도시의 발달과 주민 생활
• 내용을 이해하기 쉽게 발표하고, 다른 사람의 발표를 평가하며 듣는다.	국어	9. 생각을 나누어요
• 중심 문장과 뒷받침 문장을 갖추어 문단을 짜임새 있게 쓴다.	국어	4. 짜임새 있는 문단
• 다양한 주제를 탐색하여 자유롭게 표현한다.	미술	
• 지식 정보 사회에서 컴퓨터와 인터넷 등의 활용이 개인과 사회에 미치는 영향을 종합적으로 이해하고, 컴퓨터와 인터넷 등을 바람직하게 활용할 수 있다.	도덕	2. 함께하는 인터넷 세상

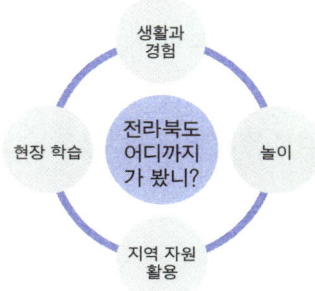

수업의 흐름

주제	내용	활동	시량
도시			
전라북도 여행 시작	모둠 전라북도 지도 만들기 -도시와 촌락	1. 조각 맞춰서 전라북도 지도 만들기 2. 여행해 본 곳, 고향-본인과 관련 있는 장소 조사해서 표시하기	3
도시와 촌락의 생활	도시와 촌락 문제 (시골 쥐와 서울 쥐)	1. 도시와 촌락 시뮬레이션	3
도시의 특징과 위치	도시에 있는 시설 알아보기 도시가 위치하는 곳의 특징	1. 지도를 통해 다양한 시설 찾아보기 2. 도시의 특징 알기 3. 도시 찾기 게임	2
도시의 과거와 현재	도시의 형성 및 발달	1. 송천동, 전주역, 한옥마을, 전동성당, 전주시청의 과거와 현재 모습 비교하기	1
도시의 문제	도시문제 알아보고 해결 방법 찾아보기	1. 도시문제 알아보기 2. 도시문제 해결 뉴스 만들기	1
신도시 개발	내가 살고 싶은 신도시 만들기	1. 신도시 만들기	3
신도시 견학	세종특별자치시 견학	1. 밀마루 전망대에서 신도시의 전체적인 구조 확인하기	
촌락			
컴퓨터 기능 익히기	신문 만들기에 필요한 사진 인터넷에서 수집하는 방법 알기	1. 알캡처를 이용하여 스크린샷으로 사진 다운받기	사전 수업
지도 알아보기	등고선, 범례 알기	1. 교과서 16쪽 지도 보고 그림 그리기 2. 교과서 부록 등고선 만들기	2
촌락의 자연환경	촌락의 다양한 자연환경을 보고 분류하기	1. 사진 보며 경험 나누기 2. 자연환경으로 분류하기 3. 교과서 17쪽 지도에서 촌락 찾기+구글어스로 확인	2
촌락의 생활 모습	촌락의 생활 모습을 보고 대표 산업 알기	1. 농촌(22~23쪽), 어촌(26~27쪽), 산지촌(30~31쪽) 그림 보면서 모둠 칠판에 각 지역의 특징 5개 찾기 2. 촌락의 대표 산업(교과서 34~36쪽: 붙임 딱지 활용)	2
촌락의 문제	다양한 자료를 보고 촌락의 문제점을 알고 해결 방법 찾아보기	1. 그래프 읽는 방법(교과서 41쪽) 2. 군수가 되어 촌락의 문제점을 해결하는 공약 만들어 발표하기	1
변화하는 촌락	촌락의 현재와 과거를 비교하기	1. 촌락의 과거와 현재가 담긴 영상 보기 2. 『전라북도 생활』(지역 보완 도서) 32쪽 활용 3. 스피드 퀴즈	1
촌락의 가치	촌락이 소중한 이유를 알아보기	1. 아름다운 우리 지역의 촌락 모습 보면서 생각하기 2. 촌락의 가치: 식량 자급, 로컬푸드, 전원생활	1
촌락 알리기	전북의 촌락을 홍보하는 신문 만들기	1. 신문 만들기 - 촌락의 변화과정, 특징, 축제 등 - 조사 → 제작 → 발표	2
무주 자연환경 연수원 체험학습	촌락의 모습 확인하기	1. 사진 보며 경험 나누기 2. 자연환경으로 분류하기 3. 교과서 17쪽 지도에서 촌락 찾기+구글어스로 확인	7

178

수업 이야기

▶ 도시

*주제별로 차이가 있었지만 하루에 3차시씩 일주일 동안 수업했다. 가능하면 하루에 한 주제를 마무리하도록 계획했다.

1. 전라북도 여행 시작

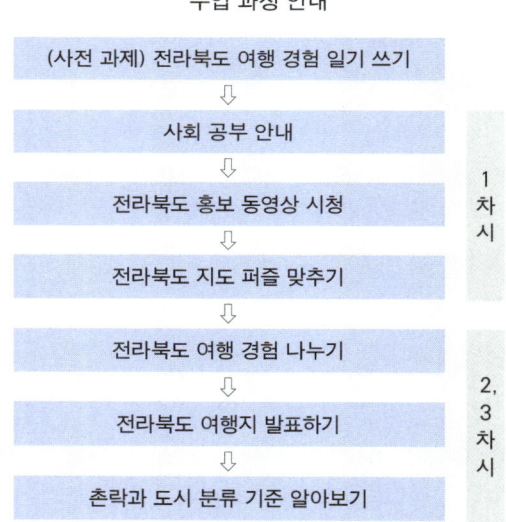

수업 과정 안내

(사전 과제) 전라북도 여행 경험 일기 쓰기	
⇩	
사회 공부 안내	1차시
⇩	
전라북도 홍보 동영상 시청	
⇩	
전라북도 지도 퍼즐 맞추기	
⇩	
전라북도 여행 경험 나누기	2, 3차시
⇩	
전라북도 여행지 발표하기	
⇩	
촌락과 도시 분류 기준 알아보기	

가. 사회 공부 안내
- 매월 셋째 주 하루 3시간씩 집중 수업 기간 운영 안내
- 단원 순서 안내: 2단원, 1단원, 3단원으로 순서를 바꾸어 진행

나. 전라북도 홍보 동영상 시청
- 전라북도 관광 홍보 동영상을 시청하면서 여행해 본 곳이나 방문했던 곳에 대한 기억 떠올리기

다. 전라북도 지도 퍼즐 맞추기
– 퍼즐을 맞추면서 전라북도 각 지역의 지정학적 특징 알기(위치, 모양)
– 모둠원들과 협동하여 과제 수행하기

라. 전라북도 여행 경험 나누기
– 모둠원들과 지도를 보면서 가 본 곳에 대해 이야기 나누기
– 지도에 표시하면서 그 지역의 특징 적어 보기(본 것, 체험한 것, 먹은 것 등)
– 다른 모둠 친구들의 경험을 보면서 전북 각 지역의 특징 알기

마. 전라북도 여행지 발표하기
– 각 모둠에서 정리한 내용을 모둠원들이 함께 발표하기
– 다른 친구들의 경험 공유하기

바. 촌락과 도시 분류 기준 알아보기
– "어떤 기준으로 촌락과 도시를 나누었을까?"
– 교과서 69쪽 읽고 배운 내용 정리하기

'전라북도 어디까지 가 봤니?' 통합수업은 4학년 학생들에게 새로운 수업 방식을 설명하는 것으로 시작했다. 아이들에게 특히 중요하게 안내한 것은 사회 수업이 교과서의 순서대로, 그리고 시간표대로 이루어지지 않는다는 점이다.

사회 교과서는 촌락이 먼저 나오지만 우리는 도시부터 수업을 시작할 것이고 사회 수업을 하는 주간에는 매일 3시간씩 수업을 할 것이라

사회 공부 안내
사회 공부는
매 월 셋째 주에 합니다.
공부가 끝나면
배운 내용을 확인하러
현장 체험학습을
떠납니다. ^^

우리가 배울 순서는
1. 도시의 형성과 발달
2. 촌락의 형성과 발달
3. 지방자치

사회 공부 안내

는 점을 안내했다. 어리둥절해하는 아이들에게 학기 초 진행된 '친해지고 싶어' 수업을 설명하면서 '전라북도 어디까지 가 봤니?' 역시 통합 수업이라는 것을 설명했다.

그리고 수업 방식을 안내하면서 앞으로 배울 내용에 대한 동기 유발로 아이들이 수업에 기대감을 갖도록 했다. 수업에서는 아이들에게 익숙하지 않은 '전라북도'라는 단어를 생활 경험 속에서 찾아 친근감을 느끼도록 활동을 설계하는 데 주안점을 두었다.

먼저 전라북도에서 만든 관광 홍보 동영상을 시청했다. 이 영상에는 각 지역의 특산물과 관광지가 아름다운 영상으로 소개되기 때문에 아이들의 기억을 상기시키는 데 효과적이었다. 미리 가족들과 함께한 전라북도 여행 경험을 주제로 일기를 쓰게 한 것도 아이들의 연상작용을 더 풍부하게 해 주었다.

영상을 본 후에 아이들은 모둠 활동으로 전라북도 백지도 퍼즐 조각을 맞추었다. 퍼즐은 가능한 한 간단한 지도로 만들었고 지도 조각만으로 맞추기는 어려움이 있을 것 같아 지도 가운데에 '전북'이라는 글자를 넣어 퍼즐을 잘랐다. 그리고 교사가 계속 교실을 돌아다니면서 도움을 주었다.

퍼즐을 완성한 후에는 각 지역을 색칠하고 사회과부도를 보면서 지

전라북도 홍보 동영상

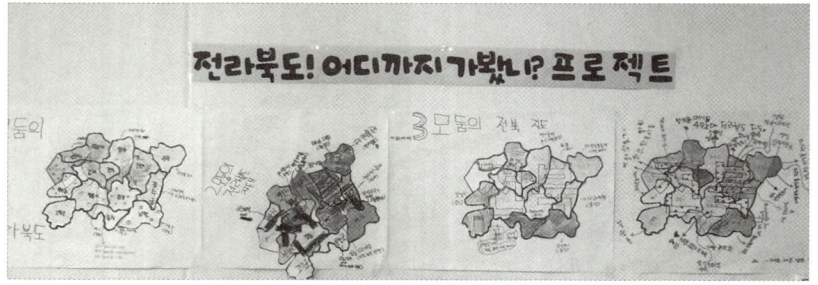

아이들의 모둠 활동(전북 지도 퍼즐 맞추기)

명을 썼다. 그 후에는 모둠 친구들과 함께 자신이 가 본 곳에 대하여 이야기를 나누고 지도에 표시하고서 그곳에서 경험한 것을 간단히 적었다.

아이들은 서로의 경험을 기록하여 모둠 지도를 함께 완성하면서 자기가 몰랐던 장소에 대해 알 수 있었다. 지도에 모둠원들의 경험을 모두 기록한 뒤에는 모둠별 발표를 통해 더 많은 정보를 아이들이 나눌 수 있도록 했다.

지도 퍼즐 활동이 끝난 후 교사는 아이들에게 전라북도 내에 있는 '군'과 '시'로 끝나는 두 가지 종류의 지명이 어떤 의미인지 질문했다. 아이들은 '군'으로 끝나는 지역은 '시골'이고 '시'로 끝나는 지역은 도시라고 대답했다. 이어 교사는 '시골'과 '도시'를 구분하는 기준이 무엇인지 질문했다. 아이들은 '인구수', '면적', '공장의 수', '도로의 넓이' 등 다양한 대답을 했다. 촌락과 도시의 기준을 더욱 명확히 하기 위해 전주보다 면적이 넓은 완주가 '군'인 까닭은 무엇인지 생각해 보았다. 아이들은 스스로 '인구수'가 그 기준일 것 같다는 결론을 내렸고, 마지막으로 교과서를 보면서 도시와 촌락의 분류 기준을 정리했다.

지도 퍼즐로 진행된 이 수업은 전라북도 전 지역의 지정학적 위치를 알게 됨과 동시에 각 지역의 특산물과 산업, 자연환경을 정리하는 기회가 되었다. 아이들이 만든 지도에는 우리가 그동안 생활 경험으로 알고 있었던 전라북도 각 지역에 대한 경험 지식이 총망라되어 있었다. 아이들은 수업이 끝난 후 교실에 게시된 지도 앞에 서서 서로의 경험을 이야기했다. 아이들의 삶의 경험이 수업에 녹아들어 수업을 더 풍부하게 만들어 주었다.

2. 도시와 촌락의 생활(도시와 촌락 놀이)

수업 과정 안내

시골 쥐와 서울 쥐 동화 영상 보기	1차시
⇩	
도시와 촌락 놀이 안내	
⇩	
도시와 촌락 놀이 시작	2, 3차시
⇩	
놀이 소감 나누기 / 촌락과 도시의 수입 비교	
⇩	
촌락과 도시 거주의 장단점(특징) 정리하기	

가. 시골 쥐와 서울 쥐 동화 영상 보기
- 시골 쥐와 서울 쥐 동화 영상을 보고 사회 공부에 대한 흥미 유발

나. 도시와 촌락 놀이 안내
- 도시와 촌락 놀이의 규칙과 역할(직업), 시설 등을 안내

- 미션지를 뽑아 각자의 역할을 배분하고 놀이 시간 동안 달성해야 할 미션에 대해 간단한 질의응답 하기

다. 도시와 촌락 놀이 시작
- 각자의 역할과 직업에 맞는 미션(예방주사 맞기, 결혼 상담받기 등) 수행
- 미션을 수행하면서 직업에 맞게 돈을 벌어 각자의 수입을 통장에 정리하기

라. 놀이 소감 나누기/촌락과 도시의 수입 비교
- 놀이가 끝난 후 촌락과 도시 거주민들의 수입 비교하기
- 도시와 촌락 생활에 대한 소감 나누기

마. 촌락과 도시의 장단점(특징) 정리하기
- 촌락과 도시에 살면 어떤 점이 편리하고 불편한지 자신의 역할에 빗대어 이야기 나누기
- 놀이 후 알게 된 촌락과 도시의 특징 정리하기

'전라북도 어디까지 가 봤니?' 수업의 가장 큰 고민은 아이들이 경험하는 첫 번째 통합수업으로서 '재미'와 '의미'를 동시에 담는 것, 그리고 방대한 분량을 지루하지 않게 이어 가는 방법을 찾는 것이었다. 특히 촌락과 도시와 관련된 본격적인 수업을 하기 전에 두 지역에 대해 아이들이 피상적으로 알고 있는 지식을 좀 더 구체적으로 만들어 줄 필요가 있었다. 그래서 강의식 수업이 아닌 아이들의 경험으로 촌락과 도시의 개념을 알아 갈 수 있는 방법을 고민했다.

여러 번의 회의 끝에 다른 통합수업에서 했던 것처럼 역할을 맡아 수업을 놀이로 진행하면 참 좋겠다는 결론을 얻었다. 여러 가지 놀이를 생각한 끝에 아이들이 직접 역할을 맡아 해 보는 시뮬레이션 형식으로 교실 안에서 행정구역을 나누어 생활해 보는 '도시와 촌락 놀이'가 만들어졌다.

'도시와 촌락 놀이'는 60분간 이루어진다. 도시의 주민인지, 촌락의 주민인지에 따라 농부, 트럭 운전사, 경찰, 공장장, 의사 등 아이들이

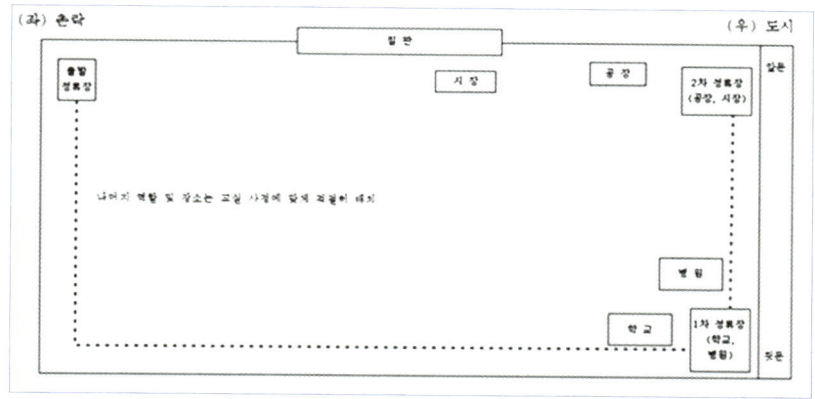

도시와 촌락 놀이 교실 배치도

맡는 직업이 달라진다. 그리고 자기의 역할에 따라 한 시간 동안 수행해야 할 임무가 정해졌다.

아이들은 역할과 임무, 그리고 통장이 적혀 있는 카드를 하나씩 뽑았다. 수업이 끝난 후에 도시의 수입을 비교하기 위해 개인별 통장에 각자 수입과 지출을 적어 나중에 잔액을 확인하기로 했다.

두 지역의 이동수단에 차이를 두려고 촌락 주민들은 버스 기사를 따라 20분에 한 번 있는 버스를 이용해야만 도시로 이동할 수 있게 했고, 도시 주민들은 자유롭게 이동할 수 있도록 했다.

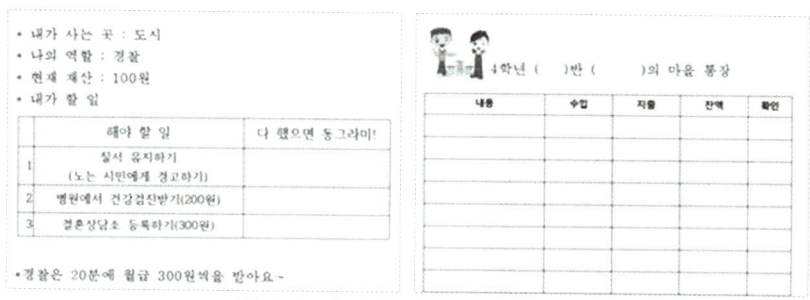

역할별 임무가 적혀 있는 카드와 개인별 통장

게임 방법을 숙지하고서, 아이들은 각자 맡은 역할을 성실하게 수행
했다. 도시의 공장에 다니는 친구들은 공업품인 발레리나 인형을 만들
고, 촌락의 노인 역할을 맡은 친구들은 당근, 배추와 같은 작물이 인쇄
된 종이를 세심하게 오려서 장에 내다 팔았다. 아이들은 경찰, 선생님,
학생, 의사, 결혼상담소 직원, 운전기사, 도시 노인 등 자기가 맡은 역
할에 열심히 참여했다.

게임방법
· 거래는 통장으로 합니다.
· 돈이 들어오면 수입란에 쓰고, 돈을 쓰면
  지출란에 써요.
· 인형공장주인, 농부, 인삼농장 주인은 물건
  을 선생님이 계신 시장에 팔아 돈을 법니
  다.
· 교사, 경찰 등의 공무원은 20분에 한번 월
  급을 받습니다.

게임방법
· 도시와 시골을 잇는 버스는 20분에 한번만
  운행합니다.
· 통장을 받으면 수입 란에 현재 재산을 가
  장 먼저 기록합니다.
· 할 일이 끝나더라도, 계속해서 돈을 저축
  합니다.
· 경찰은 시민들이 제대로 할 일을 하고 있
  는지 감독하고 경고를 내립니다.

도시와 촌락 놀이 방법 안내

다른 직업에 비해 도시 노인, 결혼상담소 직원, 의사 역할을 맡은 친
구들은 한가한 편이었다. 많은 친구들이 미션지에 쓰인 대로 예방주사
를 맞거나 건강검진을 받으러 찾아오긴 했지만, 계속해서 무언가를 만
들어 내고 파는 친구들에 비해서는 시간적인 여유가 많았다.

40분 놀이를 마치고 정리하는 시간을 가졌다. 아이들은 지역별로 모
여서 모둠 칠판에 자기가 살았던 지역의 장점과 단점을 정리해서 기록
했다.

촌락의 주민 역을 맡은 아이들은 고생해서 채소 농사(채소 오리기)
를 지었는데도 수입이 터무니없이 적어서 불만이었고, 버스가 20분마
다 다녀 교통이 불편하다는 의견이 나왔다. 게다가 지역을 건너가 도
시에 병원이나 결혼상담소 같은 시설이 있어 미션을 수행하기 힘들었

다고 했다.

도시의 주민들은 공장 주인, 의사가 부자가 되자 빈부 격차를 느꼈다. 도시의 노인 역을 맡은 친구들은 한 시간 내내 노인정에서 보드게임을 했는데, 지루하고 무언가 일을 하고 싶다는 의견을 말해 노인 일자리 문제가 떠오르게 했다. 그래도 시장이 가깝고 많은 시설이 몰려있어 생활하기에 편리하다고 했다. 발레리나 인형을 만드는 공장 주변에는 종이를 오린 조각들이 떨어져 있어 환경오염이 심하다고 지적하는 친구들이 있었다.

<도시와 촌락 놀이를 한 소감>
• 일을 해 보니까 너무 힘들었다. 힘들게 일하시는 아빠 생각이 났다.
• 이농 현상, 불편한 농촌을 떠나고 싶다. 도시로 가고 싶어요.
• 어렵사리 번 돈을 병원비로 쓰기가 아까웠다.
• 통장에 돈을 정리해서 계산하니까 진짜 내 돈을 저금한 것처럼 좋았다.
• 촌락에서 일한 친구: 생각보다 수입이 적어서 화가 났다.
• 농촌에서의 삶이 더 불리하지만 즐거웠다.
• 시골은 교통이 편리하지 않아서 불편했다.

아이들은 놀이를 하면서 우리가 생각하지 못한 돌발 행동들을 보이기도 하고, 새로운 현상을 발견하기도 했다. 인형 공장 주인을 맡은 친구는 일을 잘 하지 않는 직원을 해고하고, 빈둥빈둥 놀면서도 돈을 벌어 열심히 일하는 친구들의 원성을 사기도 했다. 미션을 다 해낸 친구들이 의외로 결혼상담소에 많이 등록하여 맞선을 보았고, 일자리가 없는 도시의 노인들이 시골로 귀향하는 등 적극적인 모습을 보이기도 했다.

전주라는 도시 생활만을 경험해 본 아이들은 '도시와 촌락' 놀이에 푹 빠져들어 직접 촌락과 도시의 생활을 체험할 수 있었다. 우리 사회의 모습을 그대로 놀이에 담아냈기 때문에 배움과 대화의 소재도 풍부했다. 다음은 아이들과 함께 나눈 대화의 주제들이다.

• 도시의 아이들은 무엇을 했니? 공부요. • 농촌의 아이들은 무엇을 했니? 일이요. 힘들어요. • 10년 후에 이 아이들은 어떻게 살고 있을까 생각해 보자. • 교육 문제 때문에 도시로 이동하는 사람들도 많이 있어요.	교육문제로 인한 이농 현상
• 촌락이 이렇게 살기 힘들어서 사람들이 도시로 가면 어떻게 될까? • 나중에 우리가 먹을 식량이 없어져요. • 먹거리의 안전을 위해서라도 촌락과 농업을 지키는 일이 필요해요.	촌락의 소중함과 농업 지키기
• 버스 운전기사: 대기 시간이 너무 길어요. 돈도 적어요. • 교사: 버스 운전기사님들이 실제로도 고생을 많이 하세요. 버스 노선이 길어서 버스 기사님들이 식사도 제 때에 못하고 화장실 갈 시간도 없다고 해요. 또 돈이 적어서 나라에서 주는 보조금이 기사님들의 처우 개선에 사용되지 않아 버스 파업도 한 거예요.	버스 파업 (지역의 시사문제)

'도시와 촌락 놀이'를 하면서 아쉬운 점도 눈에 띄었는데, 입을 모아 우려했던 지점은 '촌락의 가치'에 관한 것이었다. 놀이를 하고 나서 마지막에 총소득을 비교하는 부분에서 아이들이 촌락에 대해 '가난하고 할 일 없는 곳'이라는 부정적인 관념을 가질까 봐 걱정되었다. 촌락의 수입이 도시에 비해 현저히 낮은 것을 두고 촌락은 가난하고, 살기 불편하고, 촌락에서 일하는 것이 무가치하다는 편견을 가질 수도 있겠다는 생각이 들었다.

이런 편견을 없애려고 촌락 수업에서는 고부가가치 작물을 심어 경제적 가치 창출에 성공한 사례를 소개하고, 여타 다른 촌락의 가치를

도시와 촌락 놀이를 하는 아이들의 모습

188

강조하며 보완하는 수업을 추가하기로 했다.

또한 아쉬운 점은 한 번의 수업을 위해 준비할 것이 너무 많다는 것이었다. 하지만 마지막에 아이들이 발표한 소감을 듣고 나서 한 시간 동안 많은 것을 느꼈다는 생각에 뿌듯했다.

수업이 자칫 즐거움만을 위한 놀이로 변질되지 않을까, 고민을 많이 했는데 우려에 불과했다. 선생님이 촌락과 도시 생활을 배우기 위한 수업임을 강조하여 놀이의 목적을 분명히 한다면 더욱 좋은 수업이 될 것이다.

3. 도시의 특징과 위치

수업 과정 안내

도시의 시설 알아보기
⇩
도시 찾기 게임
⇩
도시 분류하기
⇩
도시 분포 정리하기
⇩
도시가 위치하는 곳의 특징 정리하기

가. 도시의 시설 알아보기
– '다음 로드뷰' 활용하여 학교 주변의 시설 알아보기
– 전주시청 주변의 시설 알아보기

나. 도시 찾기 게임
– 사회과부도 53쪽, 109쪽 활용
– 짝끼리 하는 게임으로 교사가 도시의 이름을 부르면 먼저 찾은 친구가 짝꿍의 얼굴에 스티커 붙이기

다. 도시 분류하기
- 도시를 분류할 수 있는 기준 이야기하기
- 모둠별로 기준을 선택하여 도시 분류하기
- 사회과부도 53쪽, 61~68쪽 지도 활용
  예) 서울 주변에 있는 시, 평야에 있는 시, 광역시, 도청소재지, 인구가 100만 명
  이상인 곳, 50만 명 이상인 곳, 바닷가에 있는 도시

라. 도시 분포 정리하기
- 수도권의 특징(사회 85쪽 읽기 자료)
- 평야에 위치한 까닭 생각하기
- 광역시는 어떤 곳일까(인구와 관련짓기)
- 바닷가에 위치한 까닭 생각하기

마. 도시가 위치하는 곳의 특징 정리하기
- 사회 79~80쪽(부록 5~8 사용) 읽고 주제 마무리하기

'전라북도 어디까지 가 봤니?' 3~4차시에서는 도시에 있는 다양한 시설을 찾아보는 것을 목표로 잡았다. 교과서에는 도시에 있는 보편적인 문화시설, 교통시설 등 사진 자료가 풍부하다. 지역 보완 도서인 『전락북도의 생활』에 우리 지역 '전주'는 잘 나와 있지만, 우리가 사는 '송천동'에 대한 사진 자료는 나와 있지 않다. 그렇기에 아이들이 교과서를 활용해 공부한다면 도시에 있는 다양한 시설을 지식으로서 배울 수는 있지만 흥미 있게 학습하진 못할 거라 생각했다. 그래서 아이들이 사는 송천동에서 직접 볼 수 있고 한 번쯤은 본 적이 있는 시설의 실제 사진을 활용하기로 했다.

> **우리 학교 전주 신동초를 기준으로**
> • 동쪽: 전주시립송천도서관, 솔내청소년문화관(문화&공공시설)
> • 서쪽: 농수산물도매시장, 수협중앙회 전주공판장, 메가박스(상점&문화시설)
> • 남쪽: 솔내파출소, 롯데마트, 책마루도서관(상점&공공시설)

먼저 송천동에 있는 시설을 크게 공공기관, 문화시설, 교통시설, 상

신동초에서 시립도서관을 찾아가는 PPT 장면

점으로 분류한 후 각각의 사진을 고르게 넣었다.

수업 자료를 만들기 위해 '다음 로드뷰'를 활용했다. 우리 학교 신동초를 기준으로 동, 서, 남쪽으로 가면 어떤 문화시설, 교통시설 또는 공공시설이 있는지 찾아보았다. 예를 들어 신동초에서 동쪽으로 가면 시립도서관이 있는데 다음 로드뷰로 학교에서 시립도서관을 찾아가는 장면 장면을 캡처한 뒤 쭉 연결해 사진 자료로 보여 주어, 아이들이 실제로 그 시설을 직접 찾아가는 느낌이 들게 했다. 아이들이 한두 번쯤 실제로 가 봤던 장소이고, 사진 자료가 실감 나기에 아이들이 조금 더 피부로 가깝게 느끼며 공부할 수 있었다.

그러나 사회과의 구성이 환경을 점차적으로 확장시켜가며 공부하는 형태이기에(나와 우리 고장에서 시작해서 세계로) 송천동에 있는 시설 모습을 보여 주는 데 그쳐서는 안 된다는 생각이 들었다. 그래서 아이들이 보는 시각을 확장하기 위해 전주시청 주변에 어떤 시설이 있는지 다음 로드뷰를 통해 확인했다. 전주시청 주변이 다양한 상권이나 공공 시설이 모여 있어서 그 주변의 모습을 보여 주는 게 좋겠다고 생각했기 때문이다. 그 후 수업 마무리 활동으로 지역 보완 도서『전라북도 생활』을 활용했다.

수업을 할 때 아이들은 우리 동네에 있는 익숙한 장소들을 보며 흥미 있게 참여했다. 자신이 가 봤던 장소에 대한 이야기가 다양하게 쏟아져 나왔기에 서로 경험을 공유할 수 있는 점이 좋았다.

다만 아이들이 직접 컴퓨터나 다른 자료를 활용해 전주나 전라북도에 있는 다양한 시설을 직접 찾아보거나 확인하는 과정이 빠져 아쉬움이 남았다. 그래서 다음 차시에서는 도시의 위치적 특징을 분석적으로 탐구하고 알아보기로 했다. 교육과정 핵심 성취 기준 중 "지도나 인터넷 등을 통해 우리 지역 도시의 위치를 찾고, 그 위치를 지형적 특성과 관련지어 설명할 수 있다."를 반영했다. 교과서는 지도나 인터넷을 이용하여 우리 지역의 도시를 찾아보고, 도시가 어떤 곳에 위치하는지를 주어진 자료를 통해 확인하는 내용으로 구성되어 있다.

먼저 도시가 어떤 곳에 위치하는지를 단순히 확인하는 데 머무는 것이 아니라, 기준을 세워 도시를 분류하고 도시 분포를 확인한 후 도시가 위치하는 곳의 특징을 도출해 내는 수업을 계획해 보았다.

도시 찾기 게임 후 아이들 모습

도시가 어느 곳에 있는지 알아볼 수 있는 '도시 찾기 게임'으로 이 수업을 시작했다. 사회과부도 53쪽 또는 우리나라 전도를 활용하여 교사가 도시의 이름을 부르면 먼저 찾은 친구가 짝꿍의 얼굴에 스티커를 붙이는 게임이다.

게임을 시작하기 전 사회과부도 53쪽에 나와 있는 지도 범례를 학습한다면 이후 사회과 학습에도 큰 도움이 될 뿐만 아니라 도시 분류의 기준을 세울 때도 활용할 수 있다. 지도 범례를 하나하나 확인하면서 몸풀기 게임을 하는 것도 좋은 방법이다.

'지도 찾기 게임'은 매우 단순하지만 아이들이 크게 즐거워하는 게임이다. 짝의 얼굴에 스티커를 붙이면서 환하게 웃는 아이들을 보니 게임을 짧게 할 수가 없어 한 시간 동안 하게 되었고, 이 후에도 지도 찾기 게임을 하자는 아이들의 요구가 몇 번이나 있었다.

게임이 끝난 후 '도시 분류하기'로 들어갔다. 아이들이 과학 시간에 분류하는 방법을 배우고 실제 분류 활동을 여러 번 해 보았기에 이를 활용하는 수업을 계획한 것이다. 도시를 분류하는 기준을 세우는 것이 어렵게 다가올 것 같아 사회과부도 53쪽, 61~67쪽을 교사와 아이들이 함께 살펴보며 기준을 정했다. 도시를 분류하는 기준으로 '광역시와 광역시가 아닌 시, 인구가 50만 이상인 시와 아닌 시, 인구가 100만 이상인 시와 아닌 시, 철도와 도로가 지나는 시와 아닌 시, 산맥에 있는 시와 아닌 시, 특별이란 말이 붙어 있는 시와 아닌 시, 각 도에 있는 시'가 정해졌다. 지도에 표시된 모든 도시를 분류하는 것은 어려움이 있기 때문에 분류 영역별로 5개의 도시만 적도록 안내했다. 산맥에 있는 시는 거의 찾을 수가 없어 이 기준을 선택한 모둠에서는 산맥에 있는 시로 태백시와 제천시 단 2곳만을 찾아냈다.

도시를 분류한 후, 도시가 특히 많이 있는 곳의 특징을 알아보도록 했지만 생각보다 많이 찾지 못했다. '인구가 50만 이상인 시와 아닌 시,

인구가 100만 이상인 시와 아닌 시'는 '도시는 인구가 많은 곳'이라는 특징과 연결했고, '철도와 도로가 지나는 시와 아닌 시'는 "도시는 교통이 발달한 곳"이라는 특징과 연결했다. '산맥에 있는 시와 아닌 시'는 산맥에 있는 도시가 얼마 없다는 점에서 "도시는 평야에 많이 발달한다."는 지형적 특징과 연결했다. '특별이란 말이 붙어 있는 시와 아닌 시'라는 기준에서는 서울특별시가 우리나라 수도임을 확인했으며, 세종특별자치시는 도시의 문제를 해결하기 위해 만들어진 곳으로, 우리가 며칠 뒤 현장 학습을 갈 곳이라고 안내하자 아이들의 눈은 기대감으로 반짝였다. '각 도에 있는 시'를 살펴보며 도시가 각 도에 골고루 분포되지 않았다는 것을 확인하고 '수도권'과 관련된 교과서 읽기 자료를 통해 도시 집중 현상을 정리했다.

도시가 위치하는 곳의 특징을 교과서 79~80쪽을 보면서 다시 한 번 확인하고, 81쪽 주제 마무리를 통해 오늘의 학습이 잘 이루어졌는지 평가하는 시간을 가졌다. 이미 도시가 위치하는 곳의 특징을 정리했기 때문에 아이들은 쉽게 문제를 해결할 수 있었다.

이번 수업이 어려웠음에도 도시 찾기 게임에 대한 만족도가 높아 아이들이 끝까지 집중할 수 있었다. 이 수업을 마무리한 후 교사 협의에서는 "도시 찾기 게임 전에 지도 학습이 이루어졌다면 아이들이 게임에서 도시를 찾는 것이 좀 더 쉬웠을 것이고, 도시를 분류하는 기준을 찾기에도 도움이 됐을 것"이라는 의견이 있었다.

도시의 분류 기준을 정해 분류해 보고 이를 통해 도시가 위치하는 곳의 특징을 도출해 내는 과정은 교사의 도움이 많이 필요했다. 교사가 직접 설명하는 것이 아니라 학생이 분류한 것을 토대로 특징을 이끌어 낼 수 있도록 유도하는 과정은 특히나 어려움이 많았다. 학생 입장에서도 아직은 형식적 조작기에 접어들지 못한 아이들이 많아 이와 같은 체계적인 사고를 하는 것이 꽤나 어려웠을 것이다. 그래서 수업을 계획할 때 예상한 시간보다 많은 시간이 소요됐지만, 단순히 도시가 위치하는 곳의 특징을 확인하는 것보다 아이들이 스스로 분류하고 힘들게 사고하여 특징을 정리해 본 것이 훨씬 오래도록 기억에 남을 것이다.

4. 도시의 과거와 현재

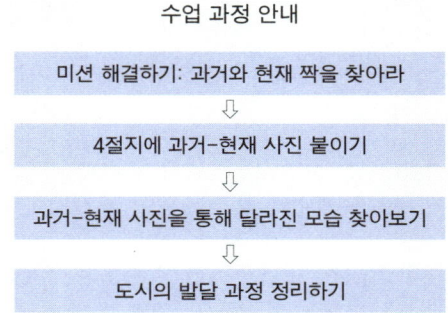

수업 과정 안내

미션 해결하기: 과거와 현재 짝을 찾아라
⇩
4절지에 과거-현재 사진 붙이기
⇩
과거-현재 사진을 통해 달라진 모습 찾아보기
⇩
도시의 발달 과정 정리하기

가. 미션 해결하기: 과거와 현재 짝을 찾아라
- 교사가 우리 지역의 과거-현재를 비교할 수 있는 사진 7쌍을 준비(총 14장)
- 2인 1조가 되어 사진을 한 장씩 뽑고 과거 사진을 받은 친구들은 해당 장소의 현재 사진을, 현재 사진을 받은 친구들은 해당 장소의 과거 사진을 찾아다니기
- 과거와 현재 짝을 찾은 친구들은 4명이 모여 교사에게 확인받기(사진의 종류는 1인당 한 장씩 가질 수 있으면 더 좋다. 다만, 우리 지역의 과거-현재를 비교할 수 있는 사진을 구하기가 어려워 부득이하게 7쌍=14장의 사진으로 수업을 했다.)

나. 4절지에 과거-현재 사진 붙이기
- 과거-현재를 비교할 수 있도록 4절지에 사진을 붙이기

다. 과거-현재 사진을 통해 달라진 모습 찾아보기
- 같은 장소의 과거와 현재를 비교하며 달라진 점 찾아서 쓰기

라. 도시의 발달 과정 정리하기
- 도시가 변화한 모습과 발달하게 된 이유 정리하기

'전라북도 어디까지 가 봤니?'의 다섯 번째 수업은 성취 기준 "다양

지역 홈페이지에 찾을 수 있는 우리 지역의 과거 사진

한 자료(지도나 인터넷)를 활용하여 우리 지역의 도시 분포를 살펴보
고, 도시의 발달 과정과 그 특징을 설명할 수 있다.”를 재구성한 것이
다. 수업을 고민하며 살펴본 교과서에는 강화도 지역의 과거와 현재 사
진을 통해 도시의 발달 과정을 알아보도록 제시되어 있다. 하지만 전
라북도의 도시와 촌락을 공부하는 아이들에게 강화도 지역의 사진은
멀게 느껴지기 때문에 최대한 우리 지역의 과거와 현재 사진을 활용하
기로 했다.

　아이들이 직접 우리 지역의 과거, 현재 사진을 찾아보고 비교할 수
있을까 생각해 봤으나 실제 지역의 과거 사진을 찾는 것은 성인에게도
어려웠다. 이에 교사가 자료를 제공하고 아이들은 그 자료를 통해 우리
지역의 과거와 현재 모습을 비교하며 도시의 발달 과정을 발견할 수
있도록 수업을 계획했다.

　과거 사진 자료는 전주시청 홈페이지에서 찾을 수 있었는데, 사진이
다양하지 않았다. 그래서 부득이하게 2인 1조로 사진을 나누어 활동
할 수밖에 없었던 점이 아쉬웠다.

　홈페이지에서 찾은 과거 사진을 바탕으로 아이들에게 제공한 7쌍의

과거와 현재를 비교하는 사진 자료 7쌍
(장소: 전주남부시장, 경기전, 전동성당, 풍남문, 초등학교, 전주역, 전라북도 도청)

과거, 현재 비교 사진은 아래와 같다.

수업의 첫 번째 활동은 총 14장의 사진을 아이들에게 2인 1조로 무작위로 나눠 주고 각자 해당 장소의 과거-현재 짝꿍을 만나는 미션을 해결하는 것이었다. 남부시장의 과거 사진을 뽑은 학생들은 남부시장의 현재 사진을 가진 친구를 찾아야 하고, 경기전의 현재 사진을 가지고 있는 친구들은 경기전의 과거 사진을 찾는 것이다. 교사는 사진이 어느 장소인지 간접적인 힌트를 주었다. 아이들은 교실을 돌아다니며 같은 장소의 짝을 찾는 미션에 즐겁게 참여했다.

우리가 한 번쯤은 가 보았던 장소이기 때문에 현재 사진을 받은 친

미션1. 과거와 현재! 짝꿍을 찾아라!

준비물: 사진14장, 색지4장, 풀, 매직

· 짝꿍과 함께 2인 1조가 되어 한 장의 사진을 받아요.
· 내 사진이 과거면 그 장소의 현재 모습을 가진 조를 만나요.
· 내 사진이 현재면 그 장소의 과거 모습을 가진 조를 만나요.
· 짝을 찾았으면 4명이 모여 종이에 과거·현재 사진을 붙이고 달라진 점을 찾아 씁니다.

미션1. 과거와 현재! 짝꿍을 찾아라!

과거 사진	현재 사진

달라진점 :

활동 안내

197

구들은 어디인지 쉽게 알 수 있었다. 풍남문, 전주역과 같이 과거와 형태가 비슷한 건물은 2~3분 내에 자신의 짝을 찾았다. 하지만 남부시장, 전동성당, 전주중앙초등학교, 도청 등과 같이 모습이 크게 변화한 장소들은 5~10분 사이로 짝을 찾는 데 시간이 걸렸다.

남부시장 사진을 받은 친구들은 "역시~ 사람이 많은 곳이라 시장일 것 같았어.", "와, 시장에 진짜 사람이 많네." 하며 자신들이 중요한 단서를 찾아낸 것을 뿌듯해했다. 또 초등학교 사진은 전동성당과 헷갈려했다. 10분 내로 아이들은 모두 과거와 현재 짝을 찾았다. 수업의 두 번째 활동으로 모둠이 모여 도시의 과거와 현재의 달라진 점을 정리했다. 첫 번째 활동에서 과거와 현재 사진을 찾은 친구들은 모둠 4명이 모여 교사에게 확인을 받고 4절지에 사진을 붙인 후 달라진 점을 정리해 보도록 했다.

아이들은 '도청 건물이 높아졌다', '건물 주변 도로가 넓어졌다', '경기전 근처에 매표소가 생겼다', '시장에 천장과 간판이 생겼다', '서양식 건물로 변화했다', '풍남문 주변에 입장을 통제하는 울타리가 생겼다' 등 도시의 발달 모습을 머리를 맞대며 찾아냈다. 이 내용들을 바탕으로 '도시는 왜 이런 모습으로 발달하게 되었을까?'에 대해 간단한 토의를 하였다. 아이들은 '기술이 발달해서', '산업이 발달해서', '사람이 많

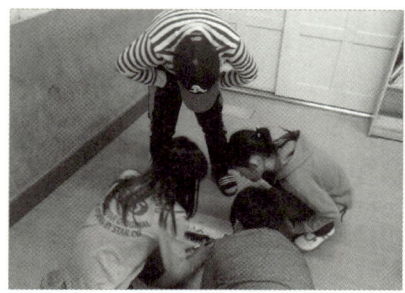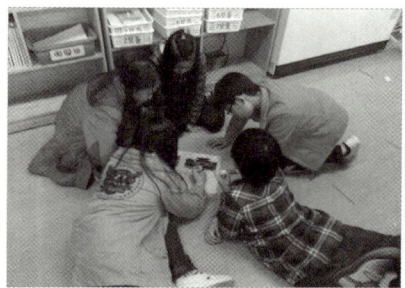

과거와 현재 사진을 찾아 붙이고 정리하는 모습

아져서' 등의 이유를 말했고 그 내용을 정리하며 수업을 마무리했다.

아이들은 우리 지역 유명한 장소들이 과거에는 다른 모습이었다는 것을 신기해했으며, 쉬는 시간에도 본인들이 다녀왔던 장소에 대해 이야기를 나누었다. 시간도 적게 걸리고 비교적 간단한 수업이었지만 교과서 외의 자료로 더 친근하고 흥미로운 수업을 할 수 있어 좋았다.

5. 도시의 문제

수업 과정 안내

교과서로 살펴본 도시문제
⇩
도시의 문제점 찾아보기
⇩
해결 방안 나누기
⇩
뉴스 만들어 발표하기

가. 교과서로 살펴본 도시문제
- 사회 92~93쪽 그림을 살펴보고 도시에서 발생할 수 있는 문제 알아보기

나. 도시의 문제점 찾아 발표하기
- 도시와 촌락 놀이를 통해 알게 된 도시의 문제점 발표하기

다. 도시의 문제점 해결 방안 나누기
- 모둠 토의로 도시의 문제점 해결 방안 찾아보기

라. 뉴스 만들어 발표하기
- 도시의 문제점과 해결 방안을 담은 뉴스 기사 발표하기

이 수업의 성취 기준은 주택문제, 환경문제, 교통문제 등의 성격을 이해하고 그 해결 방안을 제시하는 것이다. 우리 학교는 도시 아파트 촌에 위치하기 때문에 아이들은 다양한 도시문제를 피상적으로 알고

있었다. 그렇더라도 구체적인 해결 방법을 찾는 것은 쉽지 않다고 생각해서, 먼저 서로 이야기를 나누는 시간을 가졌다. '쓰레기가 많아요', '일하는 게 힘들어요', '복잡해요', '교통이 편리해요', '병원 등 다양한 시설이 있어요' '물건은 많은데 잘 안 팔려요' 등 많은 의견들이 나왔다. 그리고 생활 속에서 겪는 주변의 문제점들에 대해 함께 이야기했다. 교과서를 훑어보고 나서 교통, 환경, 주택, 쓰레기, 소음 문제 등 다양한 도시의 문제점들을 찾아내 발표했다.

도시의 문제에 따른 해결 방안을 찾아보기 위해 모둠별로 토의를 했다. 돌아가며 말하기로 다양한 해결 방안을 찾아보고 모둠 토의를 통해 의견을 정리했다.

도시문제의 해결 방안으로는 주택 건설 확대, 버스 전용차로제 실시, 물과 자원 재생 시설 만들기 등과 가정에서 할 수 있는 장바구니 사용하기, 에너지 절약하기, 대중교통 이용하기, 물 절약하기, 급식 남기지 않기, 분리수거 하기 등 다양한 의견들이 있었다.

해결 방안을 찾은 후 모둠별로 뉴스 만들기를 했다. 4학년이고 첫 통합수업이다 보니 뉴스 기사를 작성하기는 힘들 것 같았다. 그래서 기사문의 형식을 주고 빈곳을 채워가며 완성해 보도록 했다. 그리고 나서 역할을 나누어 연습하고 모둠별로 발표를 했다. 발표를 할 때는 뉴스

'시골 쥐와 서울 쥐' 활동 후 정리한
도시와 촌락의 문제

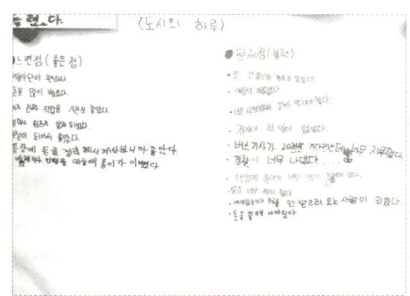

도시의 하루

뉴스 기사 발표

효과음을 사용하여 아이들이 좀 더 상황에 몰입할 수 있도록 하였다.

아이들에게 쉽게 와 닿기 어려운 내용이었지만, '도시와 촌락 놀이'를 했던 경험을 떠올리며 교과서를 통해 도시의 다양한 문제점들을 찾아냈다. 또한 제도적 차원에서 할 수 있는 다양한 해결 방안을 마련해 본 시간이었다. 처음에는 쑥스럽고 부끄러워했지만 진지한 마음으로 모두가 수업의 주인공이 되어 노력하는 모습이 보기 좋았다.

6. 신도시 개발

수업 과정 안내

새만금과 전북 혁신도시, 신도시 살펴보기	1, 2 차시
⇩	
내가 살고 싶은 신도시 만들기	
⇩	
우리들의 신도시 만들기	3 차시
⇩	
완성 작품 발표하기	

가. 새만금과 전북 혁신 도시 살펴보기
– 새만금과 전북 혁신 도시 홍보 영상을 보고 새만금과 전북 혁신 도시에 대해 알아보기

- 세종특별자치시를 살펴보고 신도시의 뜻 알아보기

나. 내가 살고 싶은 신도시 만들기
- 사회 교과서 108~109쪽, 붙임 딱지를 이용하여 내가 살고 싶은 신도시 만들어
  보기

다. 우리들의 신도시 만들기
- 신도시 개발 계획서를 모둠별로 작성하기
- 신도시 만드는 방법 안내: 건물 세우는 방법, 배치하는 방법 등
- 모둠별로 역할을 나눠 4절지 위에 신도시 만들기
  (건물 세우는 방법을 알아보고 여러 가지 건물을 그려 4절지 위에 입체적으로 붙
  이게 한다.)

라. 완성 작품 발표하기
- 모둠별로 만들어진 신도시의 이름과 특징 등을 발표하기

일곱 번째 수업의 성취 기준은 신도시 개발의 사례를 알아보고 신
도시가 개발된 이유와 문제점에 대해 이해하는 것이다.

먼저 전라북도의 새만금 홍보 동영상을 시청했다. 바다를 메워 만든
새로운 땅에 미래형 도시를 개발 중인 새만금에 대해 살펴보았다. 동
영상에는 모두가 행복한 녹색의 땅을 테마로 새만금의 개발 과정, 환
경, 에너지 사용, 개발 계획 등 과거부터 2030년 개발 계획까지 다양한
내용이 등장했다.

다음으로 전북 혁신도시 홍보 영상을 시청하였다. 전북 혁신도시의
조감도를 보고 도시의 특징 및 개발 계획 등에 대해 알아보았다.

세 번째로 세종특별자치시의 홍보 영상을 통해 대한민국 행정의 중
심, 인간중심 녹색도시라는 세종시의 특징을 알게 되었다.

세 가지의 동영상을 통해 아이들은 현재 개발이 진행 중인 신도시
의 필요성과 특징을 살펴보았다.

신도시에 대한 이야기를 나누고 나서 내가 살고 싶은 신도시의 모습

새만금

전북 혁신도시

교과서의 신도시 만들기 활동

모둠별로 신도시 만들기

을 상상해 보는 시간을 가졌다. 우선 교과서에 내가 만들고 싶은 도시를 적고 부록의 붙임 딱지를 활용하여 자기만의 신도시를 만들어 보았다.

그러나 교과서는 도로, 강, 산 등이 이미 그려져 있어서 자신만의 신도시를 만들기에는 한계가 있었다. 완전히 백지인 상태에서 도로부터 직접 만들면서 자기가 살고 싶은 도시를 만들기 위해 미술의 공간 꾸미기 수업을 도입하였다.

먼저 신도시를 만들기 전에 세계의 창의적인 건축물을 살펴보았다. 스페인 마드리드의 미라도르Mirador 빌딩, 일본 도쿄 후지텔레비전 빌딩, 중국의 피아노 빌딩 등 다양한 모양과 아름다움을 지닌 건축물들을 살펴보았다. 그리고 모둠별로 신도시 개발 계획서를 작성하여 신도시 만들기 계획을 구체화했다.

신도시 개발 계획서에는 도시의 이름, 위치, 특징, 도시에 필요한 시설, 역할 분담할 내용을 기록하고 도시의 간단한 모습을 적거나 그리도록 했다. 신도시 만드는 순서와 평면에 건축물을 만들어 세울 수 있는 방법을 알아본 후 신도시를 만들기 시작했다.

모둠별로 완성된 신도시의 이름과 특징을 발표하는 시간을 가졌다. 자유도시, 우주도시, 자연도시 등 다양한 모습과 특징을 가진 도시들이 탄생했다.

신도시 만들기로 '전라북도 어디까지 가 봤니?-도시'에 대한 수업을 마무리하면서 세종특별자치시로 현장 학습을 다녀왔다. 밀마루 전망대와 호수공원을 둘러보고, 신도시의 특징을 몸소 보고 듣고 느끼며 신도시의 의미를 깨닫는 시간이었다.

신도시 만들기 작품

* 매 수업은 2차시로 진행되었으며 사전에 준비 수업으로 인터넷에서 사진을 갈무리해서 문서에 삽입하는 컴퓨터 수업을 실시했다.

1. 지도 알아보기

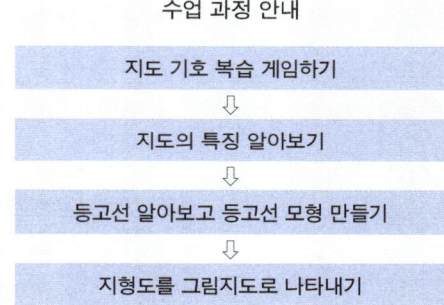

가. 지도 기호 복습 게임하기
– 다양한 지도 기호 복습 게임하기

나. 지도의 특징 알아보기
– 교과서 14쪽 참고
– 지도와 위성에서 찍은 실제 사진을 관찰하여 공통점과 차이점 알아보기

다. 등고선 알아보고 등고선 모형 만들기
– 교과서 15쪽 참고
– 교과서 부록을 이용하여 등고선이 나타난 모형 만들기

라. 지형도를 그림지도로 나타내기
– 교과서 16쪽
– 등고선이 나타난 지도와 실제 모습을 나타낸 그림을 비교하여 공통점과 차이점 알아보기
– 등고선이 나타난 지도를 보고 조감도(그림지도) 그려 보기

촌락은 자연환경이 인문환경에 끼치는 영향이 많은 지역이다. 따라서 촌락의 특징을 알려면 그 지역의 자연환경을 알아야만 한다. 아이

들이 촌락의 자연환경 특징을 알려면 지도를 볼 줄 알아야 한다. 지도를 잘 모르는 경우 일반적으로 사용하는 방법은 구글어스, 다음 지도 등 웹 지도를 통해 산과 강의 위치를 확인하는 것이다.

이 수업의 성취 기준은 "지도나 인터넷 등을 통해 우리 지역 촌락의 위치를 찾고, 그 분포 특성을 지형과 관련지어 설명할 수 있다."이다. 성취 기준에 따라 아이들이 특별히 지도와 관련된 지식을 많이 알 필요는 없다는 결론을 내렸다. 따라서 인터넷으로 확인하는 방법과 지도로 확인하는 방법이 있다는 것을 아는 정도로만 수업을 구성했다.

먼저 아이들이 3학년 때 배운 지도 기호를 떠올리는 지도 기억력 게임을 했다. 본래 한 차시로 계획되었지만 아이들이 게임하는 것을 좋아해 여러 번 게임을 하느라 시간이 더 많이 소요된 학급도 있었다.

게임이 끝난 후에는 만화 주인공이 나오는 스토리텔링으로 수

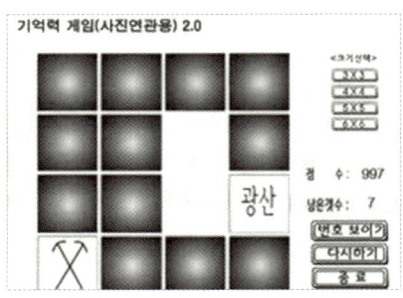

지도 기억력 게임(출처: 인디스쿨)

업이 진행되었다. 보물을 찾고 싶지만 지도를 볼 줄 모르는 만화 주인공을 위해서 지도에 나와 있는 기호들의 의미를 배운 뒤 그림지도로 나타내어 주인공이 쉽게 갈 수 있도록 돕는 것이다.

아이들이 새롭게 배운 내용은 등고선이었다. 등고선 모형을 만든 뒤 종이에 붙이고 등고선이 나타내는 높낮이를 그림으로 나타내 보았다. 눈으로 보면서 그림을 그렸지만 등고선에 대해 완전하게 인식하지 못한 아이들은 반대로 경사면을 그리는 경우도 있었다. 이 수업의 의도는 등고선이 높낮이를 나타낸다는 것 알기였으므로 경사의 정도에 대해서는 다시 안내를 해 주었다.

보물 찾기

등고선 모형 만들기

　등고선에 대한 활동이 끝난 후에는 교과서에서 지형도와 조감도를 통해 등고선에서 나타나는 높낮이와 그에 따른 지역의 모습을 다시 확인했다.

　이 수업은 아이들이 지도에 대한 지식을 습득하여 다음 수업에서 나오는 촌락의 자연환경 이해를 돕기 위한 것이었다. 가능한 한 아이들이 지도를 어렵고 힘든 것이라고 생각하지 않길 바라며 활동을 구성했고 등고선에 관한 지식을 명확하게 습득하도록 했다.

　아이들은 만화 주인공을 위한 지도를 완성한다는 생각에 시종일관 즐겁게 수업에 참여했다.

2. 촌락의 자연환경

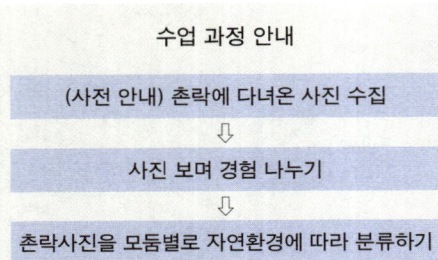

수업 과정 안내

(사전 안내) 촌락에 다녀온 사진 수집
⬇
사진 보며 경험 나누기
⬇
촌락사진을 모둠별로 자연환경에 따라 분류하기

가. (사전 안내) 촌락에 다녀온 사진 수집
– 아이들이 다녀온 촌락 사진 모으기
 (가족 여행을 가서 찍은 자연환경이 잘 보이는 사진을 클래스팅이나 메시지로 보내 달라고 학부모에게 요청하기)

나. 사진 보며 경험 나누기
– 학생 사진 및 교사가 준비한 사진을 보며 촌락에서 경험한 내용 나누기
– 촌락의 모습 이야기하며 자연스럽게 촌락의 자연환경 알기

다. 자연환경에 따라 촌락 사진 분류해 보기
– 농촌, 어촌, 산지촌으로 사진 분류해 보기

'전라북도 어디까지 가 봤니?' 촌락 수업 3, 4차시에서는 촌락을 자연환경(산, 들, 바다)에 따라 산지촌, 농촌, 어촌으로 분류하는 데 초점을 맞추었다. 본인의 경험과 연결시켜 재미있게 수업하기 위해 수업 시작 전에 아이들이 촌락에 다녀온 사진을 수집했다. 수업 전날 학부모에게 사진 수집을 안내하는 단체문자를 보냈는데, 되도록 아이들 얼굴이 나오고 촌락의 자연환경 모습이 잘 드러난 사진으로 요청했다.

다음 날 수업 시작과 동시에 별다른 설명 없이 반 친구들이 등장하는 촌락 사진을 공개했다. 사진을 보면서 자연환경의 특징을 다 같이 찾아보고 이곳은 산지촌, 농촌, 어촌 중 어느 곳에 해당할지 질문했다. 그러고 나서 사진의 주인공들에게 사진 속 경험을 들려 달라고 했

수업 전날 학부모에게 수집한 사집(촌락에 다녀온 사진)

는데, 생각보다 이야기 듣기가 어려웠다. 갔던 장소가 어디였는지, 가서 무엇을 했는지 기억하지 못했다. 부모님께 사진 요청 문자를 보낼 때, 미리 부모님과 함께 과거 경험을 회상하고 이야기를 나누고 올 수 있게 안내했더라면 하는 아쉬움이 들었다.

또 어떤 사진 속의 자연환경은 산, 들, 바다로 정확히 분류하기 어려웠다. 산지촌이라고 꼭 산만 있고, 농촌이라고 꼭 들만 있는 것은 아니기에, 자로 잰 듯 촌락을 분류할 수 없다는 데 공감했다. 각 지역별로 어떤 곳은 산보다 들이 넓고 농사가 발달했기에 그런 곳은 농촌이라 할 수 있고, 어떤 지역은 산, 들, 바다가 모두 있다는 이야기도 함께 나누었다. 전라북도에 그런 곳이 어디 있을지 아이들에게 물었

모둠별 촌락 분류(들, 산, 바다에 따라 분류) 활동지, 자연환경이 드러난 촌락 사진

모둠별로 촌락 분류하는 활동 모습

는데, 아이들이 스스로 찾기는 어려워하는 듯해서 이 정도로 일단락했다.

아이들과 사진을 보며 이야기를 나눈 다음, 각 모둠별로 촌락의 특징이 드러난 사진 12장을 자연환경에 따라 분류해 보았다. 사진 12장은 A4 용지 1장에 다 들어가도록 만들었다. 해당 사진이 산, 들, 바다(자연환경) 중 어느 것에 가장 가까운지 모둠별로 의논한 뒤 사진을 활동지에 붙이도록 했다. 이 활동은 아이들이 비교적 쉽게 해결했다.

그다음에 자연환경이 들에 해당하는 촌락은 농촌, 바다에 해당하는 촌락은 어촌, 이렇게 배운 내용을 개념화하였다. 사진을 분류하고 개념을 찾는 활동은 비교적 쉽기에, 남은 시간에는 사진을 보고 각 농촌,

촌락별(산지촌, 농촌, 어촌) 특징 발표 모습

어촌, 산지촌에 해당하는 특징을 찾아보게 했다. 그리고 모둠별로 찾은 촌락의 특징을 발표했다.

마지막으로 PPT를 보며 학습한 내용을 정리했다. 촌락을 자연환경에 따라 농촌, 어촌, 산지촌으로 분류하고 그에 따른 특징을 정리했다. 다만 모둠 활동을 통해 안 것을 계속 반복하는 느낌이 들지 않도록 아이들이 잘 찾지 못하는 내용(고랭지 농업이나 산지에서 하는 목축업 이야기)을 중점적으로 이야기했다. 보통 아이들이 경험하는 촌락은 농촌이기에(할아버지 댁도 거의 농촌) 어촌, 특히 산지촌은 잘 몰라 구체적인 특징을 찾는 것을 어려워했다. 그래서 주로 산지촌 이야기를 많이 나누었다. 마지막으로 전반적으로 촌락에는 어떤 특징이 있는지 그리고 촌락의 유익한 점이 무엇인지 이야기를 나누고 수업을 마쳤다.

3. 촌락의 생활 모습

수업 과정 안내

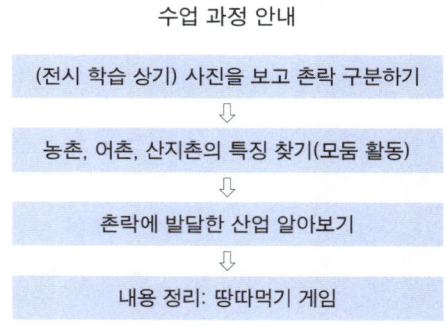

가. 전시 학습 상기
- 사진을 보고 촌락 구분하기
- "사진을 보고 어떻게 농촌, 어촌, 산지촌을 알 수 있었나요?"

나. 농촌, 어촌, 산지촌의 특징 찾기
- 그림 자료: 농촌(교과서 22~23쪽), 어촌(교과서 26~27쪽), 산지촌(교과서 30~31쪽)
- 그림을 자세히 살펴보고 나서 촌락의 특징을 5가지씩 찾아 기록하기

- 모둠별로 찾은 특징을 발표하기
- PPT를 활용하여 촌락의 모습을 자연환경, 산업 활동과 관련지어 정리하기

다. 촌락에 발달한 산업 알아보기
-교과서 34~36쪽, 붙임 딱지를 활용하여 촌락을 대표하는 산업 정리하기
-밥상 차리기 학습지: 촌락에서 생산한 재료를 이용하여 밥상 차리기

라. 내용 정리 게임
- 땅따먹기 학습지를 활용하여 배운 내용 정리하기

이 수업의 성취 기준은 "촌락 지역의 주요 산업 활동을 조사하고, 이를 촌락 지역의 생활 모습과 관련지어 설명할 수 있다."이다. 교과서 관련 단원에는 '정미소, 인공 수로, 고랭지 채소, 양봉업' 등 아이들에게 익숙하지 않은 단어들을 나열하고 있다. 아이들이 쉽게 접할 수 없어 어려운 단어이기에 촌락의 생활 모습을 자연환경과 관련지어 이해하는 것에 초점을 맞췄다.

지난 수업에서 배운 촌락의 자연환경을 토대로 이번 수업에서는 촌락의 자연환경에 따라 사람들이 어떻게 살아가고 있는지 알아보는 시간을 마련했다. 사회 교과서에 촌락의 자연환경과 생활 모습을 나타낸 다양한 삽화가 실려 있어 이를 활용한 숨은그림찾기를 중심 활동으로 설정했다. 그리고 농촌, 어촌, 산지촌의 생활 모습과 산업 활동을 배우고 나서 촌락에서 생산된 재료들로 밥상을 차려 보는 활동으로 수업을 마무리했다. 이 수업의 목표는 아이들이 가지고 있는 산업 활동에 대한 선 개념을 확장 및 체계화하고 자연환경 개념과 연결해 주는 것이다.

교사가 준비한 사진을 보고 촌락을 구분하는 것으로 수업을 시작했다. 아이들은 사진만 보고도 쉽게 촌락을 농촌, 어촌, 산지촌을 구분했다. 아이들에게 어떻게 알 수 있는지를 물어보니, "바다가 있어요.", "산

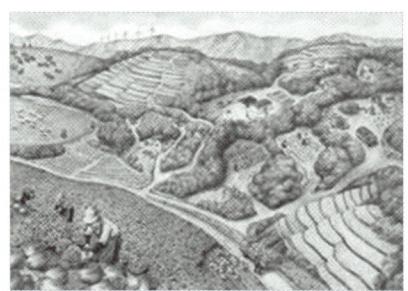

농촌, 어촌, 산지촌의 특징 찾기

이 있어요.", "평지가 넓어요." 등 자연환경과 관련된 의견도 있었고, "큰 논에서 벼를 길러요.", "항구가 있어요." 등 산업 활동과 관련된 의견도 있었다. 아이들은 수업 이전에 경험을 통해 이미 촌락의 산업 활동을 인지하고 있었다.

교과서에 실린 농촌, 어촌, 산지촌 삽화를 통해 모둠별로 특징을 정리해 보았다. 삽화에는 다양한 정보가 담겨 있기 때문에 세 곳을 비교하며 어렵지 않게 다양한 특징을 찾아냈다. 농촌은 밭이 넓고, 정미소라는 곳이 있으며, 물길이 있다는 특징을 찾아냈고, 어촌에는 배가 많이 있고, 오징어를 말리는 곳이 있으며, 얼음 창고가 있다는 사실을 찾아냈다. 마지막으로 산지촌은 계단식 논과 밭이 있고, 가축을 들판에

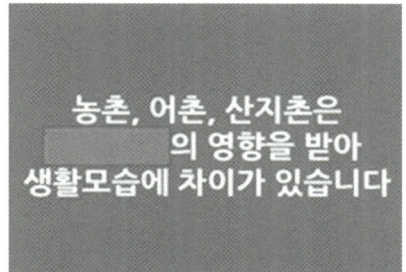

농촌, 어촌, 산지촌의 생활 모습과 산업 활동의 관계

213

서 기르며, 나무를 자르고 벌을 키운다는 사실을 찾아냈다. 다른 모둠에서 찾은 내용과 더불어 그림을 더 자세히 살펴보며 '농업', '어업', '임업'이라는 개념을 정리했다.

모둠별로 찾은 촌락의 특징과 그곳에서 발달한 산업을 정리한 후 촌락마다 생활 모습에 차이가 생기는 까닭을 생각하도록 했다. 이전 수업에서 촌락의 자연환경에 대해 알아보았고 삽화의 그림 또한 인문환경보다는 자연환경이 강조되어 나타나 있기 때문에, 촌락의 생활 모습은 자연환경과 밀접한 관련을 맺고 있으며 산업 활동 또한 이와 관련하여 발달했음을 어렵지 않게 이끌어 낼 수 있었다.

산업 활동 개념을 적용하는 활동으로 농촌, 어촌, 산지촌에서 생산된 재료를 활용하여 밥상을 차려 보았다. 검색으로 찾은 수업 자료는 한 가지 메뉴를 만드는 활동이었지만, 아이들이 생각할 수 있는 메뉴가 비빔밥, 피자 등으로 한정적이기 때문에 밥상을 차리는 것으로 바꾸었다.

촌락에서 생산된 재료를 활용하여
밥상 차리기

우리 반에서는 밥상을 대접할 사람을 정하면 좋겠다는 의견이 나와 선생님을 위한 밥상을 차려 보았다. 평소 급식 시간을 함께해서인지 교사가 좋아하는 음식(주로 고기류)을 잘 알고 있는 아이들이 참 귀여웠다.

밥상 차리기 활동은 도덕 '고마움' 가치 수업과도 연계할 수 있다. 밥상을 대접하고 싶은 사람을 다양하게 정하고, 왜 그 사람에게 밥상을 차려 주고 싶은지 까닭을 쓰고 그 사람을 위한 단 하나의 밥상을 차려 보는 것이다. 물론 실제로는 먹을 수 없는 그림이지만 밥상을 받은 사람에게 아이들이 가지고 있는 고마운 마음을 전하기에 충분할 것이다.

수업이 끝난 후 아이들이 배운 개념들을 정리하는 활동으로 인디스쿨에서 가져온 땅따먹기 학습지를 활용했다. 짝꿍과 함께 배운 내용을 확인하는 게임으로 즐겁게 수업을 마무리했다.

촌락에 대한 아이들의 경험이 풍부하기 때문에 촌락 수업은 어렵지 않게 이루어졌다. 아이들은 이미 촌락에서 어떤 산업이 이루어지는지 많이 알고 있었다. 단지 이러한 자연환경의 특징을 '산업'이라는 개념과 연결하지 못하니 이를 잘 연결해 주는 교사의 역할이 중요하다.

농촌, 어촌, 산지촌의 대표적인 모습을 나타낸 삽화를 통해 아이들은 자신의 경험을 상기하고 확장시켜 나갔으며, 자연환경과 생활 모습의 관계를 정리함으로써 자신의 경험을 사회 교과 개념과 연결할 수 있었다.

이번 주제(촌락)의 목표 중 다른 하나는 촌락의 가치를 아이들이 느끼게 하는 것이다. 따라서 이번 수업도 아이들이 큰 틀에서 촌락의 가치를 느끼도록 구성했다. 촌락에서 발달한 산업을 알아보고 밥상을 차리는 활동을 하면서 우리가 먹는 음식의 대부분이 촌락에서 온다는 것을 알게 되고, 자연스레 촌락이 우리의 생활에 꼭 필요한 곳임을 인식했을 것이다.

4. 촌락의 문제

수업 과정 안내

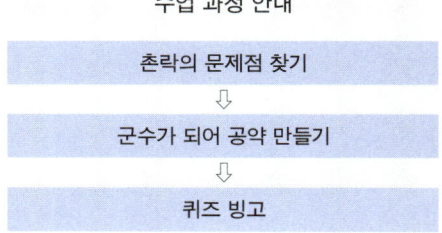

가. 도시와 촌락 놀이에서 느꼈던 촌락의 문제점 생각해 보기
- 도시와 촌락 놀이에서 느꼈던 촌락의 문제점 이야기 나누기
- 교통문제, 시설 부족, 노인 인구 증가, 일손 부족 등 촌락의 문제점 확인하기

나. 군수가 되어 공약 만들기
- 각 모둠별로 군수를 뽑고 촌락의 문제를 해결하기 위해 공약 만들어 발표하기
- 촌락의 문제점 살펴보기

다. 퀴즈 빙고
- 촌락의 문제점을 찾아 적고 빙고 놀이하기

촌락에서 심각해지고 있는 현상(예: 인구의 과소화, 인구의 고령화, 산업적 기능의 축소, 문화시설의 부족 등)의 성격을 이해하고 그 해결 방안을 제시하는 것이 이 수업의 목표이다. 먼저 통합수업 첫 활동인 '도시와 촌락 놀이'를 상기하며 촌락의 문제점에 대한 이야기들을 나누었다. 촌락의 문제로 '수입이 적어요', '일이 많고 힘이 들어요', '교통이 불편해요', '병원이 멀어요' 등 자신이 맡았던 역할들을 중심으로 문제점들을 발표했다.

활동을 통해 알게 된 촌락의 문제점 및 촌락의 일반적인 문제점을 더 알아보기 위해 퀴즈를 풀어 빙고 칸에 적는 퀴즈 빙고 학습지를 완성하게 했다. 빙고에 적을 내용은 폐교 문제, 문화시설, 고령화, 자연환

도시와 촌락 놀이

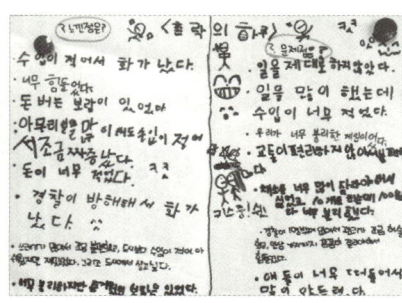

촌락의 하루

퀴즈 빙고 풀기

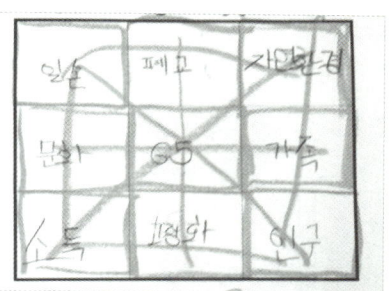

퀴즈 빙고 학습지

경, 인구 감소, 소득 감소, 일손 부족 등에 대한 것이다. 문제를 읽고 괄호를 채운 후 빙고 칸을 완성하는 과정을 통해 아이들은 촌락의 문제점에 대해 좀 더 많은 것을 자세히 알 수 있었다.

마지막 활동으로 모둠별로 전라북도의 6개 군 중 하나씩을 선택하고, 모둠에서 한 명씩 고장의 군수를 정해 공약을 함께 만들었다. 해당 군의 이름을 넣고 자신의 캐릭터를 완성한 후 주요 경력을 적었다. 공약 내용으로는, 촌락의 문제점을 해결하기 위한 다양한 방안을 모색하게 했다.

공약을 완성한 후에는 모둠의 군수들이 나와 발표했다. 촌락 홍보를 통해 촌락의 좋은 점 알리기, 무료 급식 및 일손 돕기, 도시에서 기부

군수의 공약 발표

군수의 공약

프로젝트를 통한 농촌 살리기, 도로 건설, 문화시설 확충, 폐수 처리시설 만들기 등 다양하고 좋은 공약들이 나왔다.

그러나 모둠별로 군수를 한 명씩 뽑아 발표를 하다 보니 인기투표 형식으로 진행되는 경우가 있었다. 따라서 아이들에게 인기가 아닌 공약을 보고 선거에 참여해야 함을 미리 설명하고 수업을 진행해야 할 것이다. 또한 군수로 뽑힌 아이들을 제외하고 모둠 활동에 적극적으로 참여하지 않는 아이들이 생기니, 모둠원이 모두 함께 참여할 수 있는 장치를 고민해 보아야 한다.

5. 변화하는 촌락

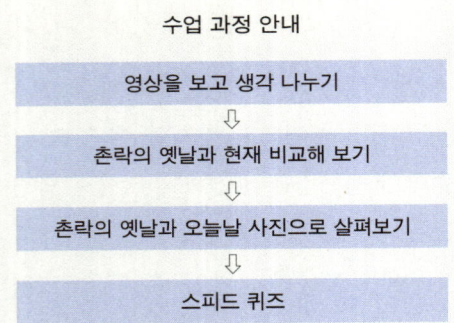

수업 과정 안내

영상을 보고 생각 나누기
⇩
촌락의 옛날과 현재 비교해 보기
⇩
촌락의 옛날과 오늘날 사진으로 살펴보기
⇩
스피드 퀴즈

가. 영상을 보고 생각 나누기
– 요즘 시골에서 모내기하는 영상을 보고 시골에 대해 떠오르는 생각 나누기

나. 촌락의 옛날과 현재 비교해 보기
– 교과서 39~40쪽, 자료 사진에서 촌락의 옛날과 오늘날의 달라진 점을 서로 비교해 보고 발전된 모습이나 변화된 모습을 살펴보기
– 옛날: 초가집, 젊은 사람들, 소, 좁고 구불구불한 흙길, 냇가에서 빨래하는 아주머니들 등
–오늘날: 양옥집, 노인들, 기계, 포장도로, 비닐하우스 등

다. 촌락의 옛날과 오늘날 사진으로 살펴보기
–촌락의 옛날과 오늘날의 변화 모습을 사진으로 살펴보기
–변화 원인과 더 알고 있는 촌락의 현재 모습을 이야기 나누기

라. 스피드 퀴즈
- 촌락의 옛날과 오늘날 하면 떠오르는 것 6가지씩 적어서 모둠별로 걷어 상자에 넣기
- 제한 시간 2분(타이머 사용) 안에 모둠 2명은 문제 설명하기 2명은 문제 맞히기 (마주 보고 역할을 바꿔 가며 문제를 내고 맞힌다).
- 단, 설명 시 맨 앞에 옛날~ 과 오늘날~ 을 넣어서 설명하기

촌락의 변화는 촌락의 형성 과정과 발달 과정을 이해하는 것이 수업 목표이다. 교과서 자료는 촌락의 옛날과 오늘날의 모습을 비교해 보고, 촌락의 발달 과정을 알아보며, 촌락의 형성과 발달 과정을 조사해 신문으로 만들어 보는 활동으로 구성되었다. 통합수업에서 촌락에 대한 마무리 활동으로 지역의 자연환경, 생활 모습, 문제점 등을 담은 신문 만들기가 계획되어 있어 신문 만들기를 제외한 재미있는 활동으로 구성하고자 노력했다.

처음에는 요즘 시골에서 볼 수 있는 모내기 영상을 보고 시골에 대해 떠오르는 생각을 서로 나누는 시간을 가졌다. 시골에 계신 할머니 댁을 방문한 경험이나 체험학습을 다녀온 경험을 바탕으로 아이들은 다양한 경험들을 쏟아 냈다.

다음은 교과서 삽화를 통해 촌락의 옛날과 오늘날의 달라진 점을 서로 비교해 보고 발전, 변화된 모습을 살펴보았다. 달라진 두 삽화를 보고 아이들은 모둠 토의를 통해 옛날에는 초가집, 젊은 사람들, 소, 좁고 구불구불한 흙길, 냇가에서 빨래하는 아주머니들 등을 오늘날에는 양옥집, 노인들, 기계, 포장도로, 비닐하우스 등의 다른 점들을 찾아냈다.

촌락의 옛날과 오늘날의 모습을 구체적으로 살펴보기 위해 사진 자료로 구성된 슬라이드를 보면서 변화된 모습을 확인하고, 변화 원인과 그 밖에 더 알고 있는 촌락의 현재 모습에 대해 이야기를 나누었다.

옛날과 오늘날의 차이점

 옛날과 오늘날의 사진을 보면서 새로 나오거나 모르는 용어들에 대한 보충 설명이 필요했다. 아이들에게는 다소 낯선 개념인 이앙기, 무자위, 인공 수로 등에 대한 설명을 하고 옛날과 오늘날의 달라진 점들을 찾아볼 수 있었다. 과학 기술의 발달로 인한 농기계 및 시설의 발달과 촌락의 고령화 현상 등에 대한 질문과 이야기들이 오갔다.

 마무리 활동으로 촌락의 변화에 대해 스피드 퀴즈를 만들었다. 모둠별로 촌락의 옛날과 오늘날 하면 떠오르는 것 6가지씩 적어 상자에 넣고 제한 시간 2분(타이머 사용) 안에 모둠 2명은 문제를 설명하고 2명은 문제를 맞히게 했다. 단. 설명을 할 때 맨 앞에 옛날~ 과 오늘날~을 넣어서 설명하기로 했다. 혹시 퀴즈 문제가 다양하게 나오지 않을

스피드 퀴즈 방법(인디스쿨 자료 참조)

무자위	초가집	소
낫	지게	냇가
흙길	포장도로	양옥집
이앙기	콤바인	지게차
세탁기	비닐 하우스	인공 수로
양수기	유리온실	고령화

스피드 퀴즈 문제

촌락의 변화에 대한 스피드 퀴즈 활동

경우를 우려하여 교사가 작성한 18개의 스피드 퀴즈 문제도 함께 상자 안에 넣었다.

새롭게 나온 용어들을 어렵고 힘들게 받아들였던 아이들이 스피드 퀴즈 6문제를 만들면서 서로 의논하고 다시 익히는 모습이 인상적이었다. 또한 용어에 대한 이해를 바탕으로 친구들에게 문제를 설명하고 빠른 시간 안에 맞히는 활동을 통해 좀 더 재미있고 즐겁게 수업을 이끌어 갈 수 있었다.

6. 촌락의 가치

수업 과정 안내

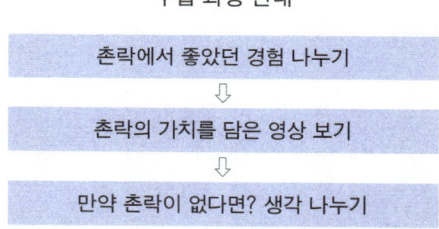

촌락에서 좋았던 경험 나누기
⇩
촌락의 가치를 담은 영상 보기
⇩
만약 촌락이 없다면? 생각 나누기

가. 촌락을 다녀온 경험 나누기
– '촌락은 OO이다'로 촌락에 대한 생각 알아보기
– 촌락을 체험학습이나 방문한 경험을 떠올려 촌락의 좋은 점 이야기 나누기

나. 촌락의 가치를 담은 영상 보기
– 「마라도에서 금강산까지」 영상을 통해 촌락의 가치 확인하기
  (24~34분까지 김제평야 등 우리 지역과 관련된 부분 시청)

다. 만약 촌락이 없다면? 생각 나누기
– 만약 촌락이 없다면? 생각해 보고 생겨날 문제점에 대해 이야기 나누고 색지에
  적어 칠판 나누기

라. 「무한도전」 '농사' 편을 보기
– 밥 한 끼의 소중함에 대해 생각 나누기
– 촌락의 생존과 발전을 위해 앞으로 내가 할 수 있는 일 다짐하기

촌락의 가치에 대한 수업은 통합수업 초반에는 생각하지 못했던 차시였다. '도시와 촌락 놀이'를 통해 도시의 좋은 점이 부각되면서 촌락의 불편한 점과 문제점들이 더 심각하게 느껴져 촌락에 대한 부정적인 생각이 커질까 봐 걱정이 되었다. 그래서 통합수업의 마지막에 촌락의 가치에 대한 수업을 넣었다.

우선 아이들이 경험 속에서 체험학습이나 촌락을 방문했을 때 경험을 떠올려 촌락의 좋은 점에 대한 이야기를 나누었다. 아이들에게 임실 치즈 마을, 무주 스키장, 부안의 채석강 등 전라북도의 자연환경과 체험 활동을 할 수 있는 사진들을 보여 주고 그곳이 촌락임을 알려 주

촌락의 좋은점

촌락의 중요성

었다. 그리고 재밌었던 점이나 체험 내용을 이야기해 봄으로써 아이들이 다양한 경험과 그곳에서 즐거웠던 느낌을 나눌 수 있었다.

수업은 우리나라의 아름다운 모습이 담긴 「마라도에서 금강산까지」라는 영상을 시청하면서 시작했다. 최남단 마라도를 시작으로 진도와 청산도를 거쳐 남해도에 이르는 여정을 통해 한반도 섬의 아름다움과 역사성을 담아낸 영상이었다. 수업에서는 전라북도와 관련 있는 일부분을 시청하고 자연환경의 아름다움과 이용 등을 살펴보면서 촌락의 중요성에 대한 이야기를 나누었다.

다음 활동으로 촌락의 가치를 알기 위해 '만약 촌락이 없다면?'이란 주제로 모둠 토의를 한 후 '칠판 나누기' 활동을 했다. 모둠별로 촌락이 없다면 어떤 일이 생길지, 어떤 불편한 점이 생길지 생각해 본 뒤 서로의 생각을 나누고 모둠별로 네 명이 돌아가며 쓰기를 통해 생각을 적어 보도록 했다. 활동 후 모둠별로 촌락이 없을 때 생기는 문제점

촌락이 없다면

에 대해 발표를 했다. 하지만 촌락의 가치에 대한 응답의 깊이가 얕고 교사의 의견을 그대로 적는 경우가 많아, 구체적이고 깊이 있는 생각을 수업에 담아내지 못해 아쉬운 마음이 들었다.

다음으로 「무한도전」 '농사' 편을 시청하고 밥 한 끼의 소중함에 대해 친구들과 생각을 나누었다. 이를 통해 급식실에서 편식하고, 음식물을 남긴 자신의 모습을 돌아보고 앞으로의 다짐을 친구들과 함께 이야기했다.

마무리 활동으로 촌락의 가치를 나타내고자 '촌락은 ○○이다'로 모둠 문장 만들기를 해 보았다. 촌락의 중요성과 촌락이 없었을 때 생기는 문제점들을 알아보고 촌락의 가치를 느끼게 된 아이들은 '촌락은 우리들이다. 왜냐하면 우리와 같이 소중하기 때문이다', '촌락은 만능 로봇이다. 왜냐하면 우리에게 필요한 모든 것을 주기 때문이다' 등으로 촌락의 가치를 표현했다. 촌락의 가치를 찾아내기 위해 고민하고 노력하는 아이들의 모습에서 기쁨을 느낀 수업이었다.

7. 촌락 홍보 신문 만들기(3차시)

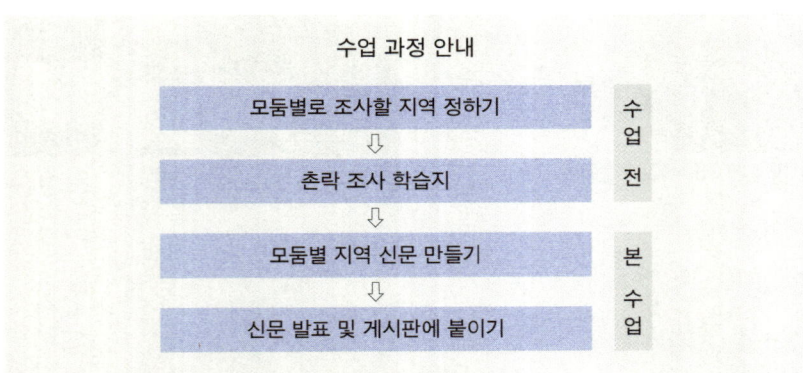

가. (수업 전) 모둠별로 조사할 지역 정하기(제비뽑기)
- 우리 지역의 촌락 제비뽑아 모둠별로 정하기
- 모둠원별로 조사할 분야 나누기(특산품, 축제, 인구 변화, 자연환경의 특징, 산업

발전, 문화시설 변화, 지역 역사 및 유래 등)

나. 사전 과제: 촌락 조사 학습지
– 촌락의 특징과 자랑거리, 특산물, 상징물 등 개인 조사 학습지 해 오기

다. (본 수업) 모둠별 지역 신문 만들기
– 모둠별로 모여 지역 신문 만들기

라. 신문 발표 및 게시판에 붙이기
– 발표 후 게시판에 공유하기

'전라북도 어디까지 가 봤니?' 촌락 수업의 마무리는 모둠별 지역 신문을 만들어 보는 활동이다. 아이들이 촌락의 자연환경과 생활 모습, 문제점과 변화하는 모습들을 공부했기에 이를 종합하여 우리 지역의 촌락을 매체를 통해 조사하고 모둠별 신문을 만들어 보기로 했다.

신문 만들기에 앞서 모둠별로 우리 지역의 촌락을 한 곳씩 제비뽑기로 정했다. 그리고 개인별로 지역 조사 학습지를 사전 과제로 냈다. 조사할 내용으로는 특산품, 축제, 인구 변화, 자연환경의 특징, 산업 발전, 문화시설 변화, 지역 역사 및 유래 등을 예시로 주었다. 신문 내용이 다채롭도록 모둠 내에서 조사해 올 분야를 미리 나눠 중복을 방지했다.

사전 과제로 조사 학습지를 나눠 주며 자세히 설명을 했다. 조사 학

제비뽑기용 종이, 모둠별 역할 나눔 계획서, 개별 조사 학습지(사전 과제)

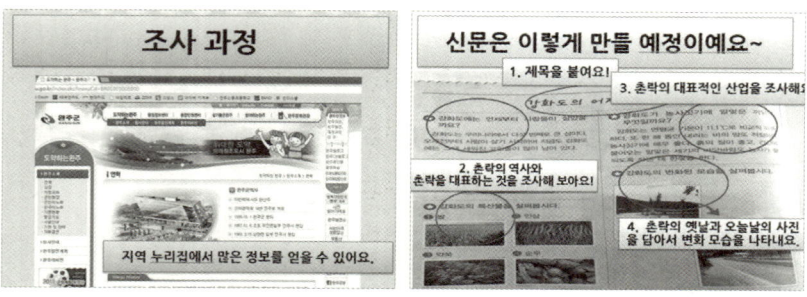
사전 과제 안내

습이 익숙하지 않은 학년이고, 과제를 제대로 수행하지 않으면 본 수업
인 모둠 신문 만들기에 어려움이 생길 수도 있기 때문이다. 조사 학습
지를 직접 나눠 주며 복사하기-붙이기와 같은 기계적인 과제는 절대로
하지 않도록 했다.

조사 학습 때 아이들이 가장 쉽게 범하는 실수가 특정 포털 사이트
의 답을 그대로 복사하거나, 이해하지도 못하는 내용과 한자들까지 적
어 오는 것이다. 이런 오류를 줄이기 위해 내용이 적어도 좋으니 반드
시 본인이 이해한 내용을 우리 수준에 맞게 적어 올 당부했다. 조사
는 해당 지역 누리집을 주로 활용하도록 안내했다. 그리고 조사 기간
은 2~3일 여유를 두어 충분한 시간을 주었다. 또 사진 자료를 넣고 싶
은 학생들은 직접 프린트를 해서 가져오거나, 사진을 학급 홈페이지에
올리도록 하여 학교에서 출력해 주기로 했다.

4학년이다 보니 조사 학습 과정에 부모님이나 형제자매의 도움이 필
요한 경우도 있었다. 대부분 학생들은 설명대로 과제를 수행했고, 5~6
명 정도는 깜빡해서 학교에서 하거나, 여전히 어려운 용어들을 조사한
친구들도 있었다.

조사 학습 과제를 점검하고 나서 본 수업에서 모둠별로 지역 신문
을 만들었다. 신문을 만들 때 꾸미기나 글씨 쓰기를 잘하는 학생이 활

모둠별로 지역 신문을 만드는 모습

동을 독점하지 않도록 했다. 삐뚤어져도 좋으니 자신이 맡은 분야는 꼭 자신이 직접 신문에 쓰도록 했다. 4학년 아이들 특성 중 모둠 작품을 만들 때 내용보다는 꾸미기에 치중하는 경향이 있다. 그래서 신문은 내용이 쉽고, 간단하고, 눈에 잘 띄어야 함을 강조하며 꾸미기보다는 내용에 중점을 두도록 했다. 빠른 모둠은 한 시간 내에 완성했으나 10분 정도 더 시간이 더 걸린 모둠도 있다.

완성한 신문은 모둠별로 나와 발표했다. 발표할 때도 돌아가며 자신이 조사한 내용을 직접 발표하도록 했다. 4학년 아이들이 7모둠의 발표를 연속해 듣는 것은 쉽지 않다. 스케치북 한 면에 각 지역의 신문 내용을 들으며 기억에 남는 단어나 친숙한 단어를 2~3개 정도 적어 보도

모둠별 발표 모습

록 했다. 아이들이 적은 단어는 대부분 지역의 특산물이나 지역 축제, 관광 명소 등 자신의 경험과 관련된 것이었다.

모둠별 발표를 끝내고 4학년 복도에 있는 게시판에 각 학급의 신문을 게시했다. 복도를 오가며 다른 반 친구들이 만든 지역 신문도 관심을 갖고 읽는 친구들이 많았다. 수업을 계획할 때 조사 학습부터 신문 만들기까지 일련의 과정이 4학년이 된 지 겨우 두 달 지난 아이들에게 벅차지 않을까 걱정했었다. 하지만 교사들의 걱정과 달리 훌륭하게 잘해 낸 아이들이 대견했다.

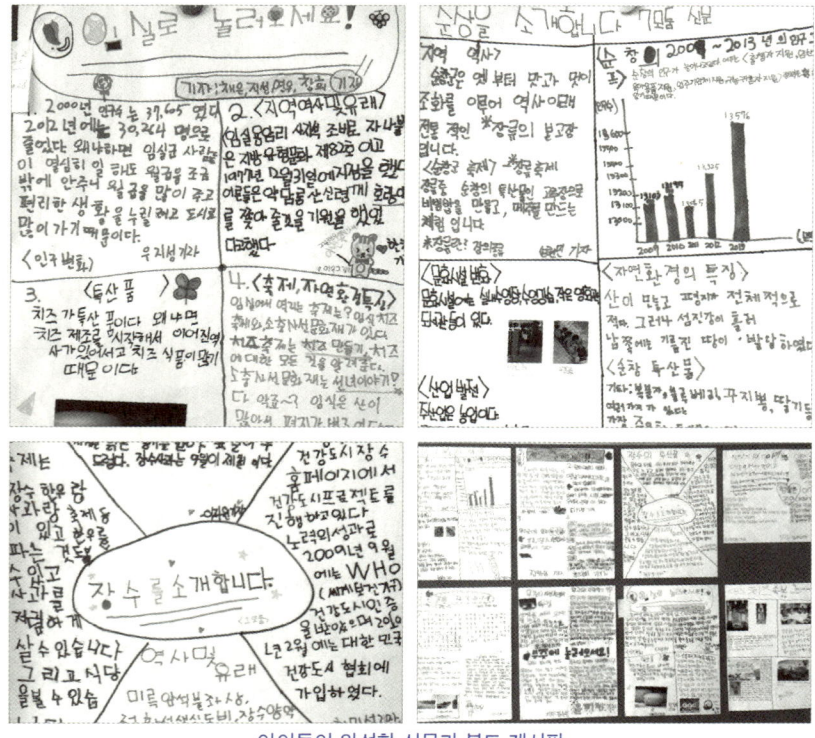

아이들이 완성한 신문과 복도 게시판

8. 수업 마무리 활동

이 통합수업은 애초에 신문 만들기가 마무리 활동이었다. 그런데 아이들이 수업이 마무리되었음을 인식하기엔 뭔가 부족한 것 같다는 의견이 나왔고, 이에 따라 교사 커뮤니티에서 찾은 땅따먹기 게임을 하기로 했다.

아이들은 짝과 함께 발사하는 곳에서 손가락으로 자기 말을 튕겨서 질문에 대한 대답을 하면 그 땅에 영역을 표시하는 방식으로 게임을 했다. 게임을 하면서 일주일 동안 진행된 수업에서 배운 내용을 종합적으로 정리할 수 있다.

촌락 수업 초반에 아이들이 가장 힘들었던 점은 용어가 익숙하지 않고 어렵다는 것이었다. 이 게임을 통해 아이들이 처음엔 어려워했던 용어들에 많이 익숙해졌음을 알게 되었다.

등고선에서 가장 낮은 곳은 무슨 색?	[해당하는 촌락 이름 말하기] 산림지킴이	갯벌이 바닷물로 덮여 있을 때를 무엇이라고 하나요?	[해당하는 촌락 이름 말하기] 광산, 지하자원	[해당하는 촌락 이름 말하기] 비닐하우스	등고선에서 가장 높은 곳은 무슨 색?
[해당하는 촌락 이름 말하기] 방파제	[해당하는 촌락 이름 말하기] 해수욕장, 갯벌체험	[해당하는 촌락 이름 말하기] 가축 기르기	[해당하는 촌락 이름 말하기] 버섯재배	평평한 곳에 자리 잡은 촌락은?	[해당하는 촌락 이름 말하기] 고기잡이
발사하는 곳	들이나 산, 바다 같은 곳에서 농사를 짓거나 고기잡이를 하면서 살아가는 곳은?	[O.X문제] 농촌에는 갯벌이 발달하였다.	[해당하는 촌락 이름 말하기] 얼음 만들어 파는 일	갯벌에 바닷물이 빠져나갔을 때를 무엇이라고 하나요?	발사하는 곳
	[해당하는 촌락 이름 말하기] 어선, 등대, 항구	[해당하는 촌락 이름 말하기] 논밭갈이	지도에서 높이가 같은 곳을 선으로 이은 것은?	[해당하는 촌락 이름 말하기] 양봉업	
[해당하는 촌락 이름 말하기] 고랭지농사	우리 지역은 어디에 촌락이 발달했나요?	지도에서 ㅛ 는 무엇을 나타냅니까?	[해당하는 촌락 이름 말하기] 휴양림	바닷가에 자리 잡은 촌락은?	[해당하는 촌락 이름 말하기] 양떼목장
산속에 자리 잡은 촌락은?	[해당하는 촌락 이름 말하기] 농산물 판매	[해당하는 촌락 이름 말하기] 굴 양식	[해당하는 촌락 이름 말하기] 밭농사	넓은 들에 논과 밭이 있는 촌락은?	[해당하는 촌락 이름 말하기] 김매기

촌락의 주요 개념을 정리할 수 있는 땅따먹기 학습지(출처: 인디스쿨)

수업을 마치며

4학년 아이들에게 사회는 어렵고 힘든 과목이다. 수포자(수학 포기자)처럼 사포자(사회 포기자)가 생기는 시기가 4학년이라고 하니, 4학년 아이들이 얼마나 사회를 힘들어하고 싫어하는지 알 수 있다.

아이들이 사회를 포기하지 않고 고학년이 되어서도 사회를 좋아하도록 수업을 쉽고 재미있게 만들 방법을 고민했다. 이 통합수업은 아이들이 처음으로 접하는 통합수업이었기 때문에 앞으로 1년을 책임질 중요한 수업이었다.

1학기가 끝나고 교사들의 이런 노력은 값진 결실을 맺었다. 1학기 마무리 설문에서 대부분의 아이들이 사회과 활동이 재미있었다고 답했다. 그리고 사회가 재미있다고 말하는 아이들도 많았다.

4학년 1단원과 2단원을 재구성하면서 가장 큰 고민은 국가 수준 교육과정의 성취 기준보다 교과서의 내용이 너무 많다는 것이었다. 아이들에게 전달해야 할 내용도 많았고 교과서에서 요구하는 활동도 수업 시간에 소화하기에는 어려운 것들이 많았다. 반면에 붙임 딱지와 삽화는 아이들의 이해를 돕는 좋은 자료가 많았다. 그래서 성취 기준과 아이들의 이해 수준에 맞는 내용과 활동으로 교과를 재구성하고, 필요에 따라 교과서의 좋은 자료를 활용했다.

도시와 촌락 시뮬레이션 활동에 열중하던 아이들의 모습이 눈에 선하다. 아무 생각 없이 놀고 있는 것 같았지만 시뮬레이션이 끝난 후 도시와 촌락의 장점과 단점을 술술 써 내려가 교사들이 깜짝 놀랄 정도였다.

주요 활동이 대부분 모둠 활동이었는데 자기 것만 중요하고 자기만 잘하면 된다고 생각하는 아이들이 통합수업 끝날 무렵에는 모둠원들과 협동하여 과제를 수행하는 모습을 보여 준 것도 인상 깊었다.

체험학습과 연계하여 배운 내용을 직접 확인하는 기회를 마련한 것도 통합수업을 풍성하게 만든 중요한 장치였다. 밀마루 전망대에서 신도시에 살고 싶다는 말을 연발하는 아이들과 함께 감탄하며 보았던 세종시의 전망도 멋진 추억이 되었다.

　'전라북도 어디까지 가 봤니?'는 궁극적으로 아이들이 우리 사회의 공존에 대해 고민하길 바라는 통합수업이다. 도시와 촌락이 어우러질 수 있도록 노력하고, 사회의 구성원으로서 그 사회의 문제점들을 어떻게 해결해 나갈지를 고민하는 어른으로 자라길 바라는 마음에서 설계하고 실행했다.

　아이들은 이제 촌락의 중요성에 대해 술술 이야기하며 도시문제를 해결하기 위해 자신이 해야 할 일이 무엇인지 진지하게 생각하는 자세를 갖추었다. 집중 운영을 처음 하면서 시간 안배에 무리가 있었지만 아이들이 긴 시간 동안 충분히 고민하며 수업에 참여할 수 있었던 값진 기회였다고 생각한다.

이렇게 평가했어요

1. 신동이는 신도시 세종시에 살고 있는 친구입니다. 아래 전라북도의 지도를 보고 여러분이 여행을 가서 경험한 것을 신동이에게 소개해 주세요.

내가 소개할 지역:

소개할 내용:

2. 다음은 촌락의 생활 모습을 나타낸 그림입니다. 그림을 보고 촌락의 특징을 두 가지 이상 찾아 써 보세요.

농촌	어촌	산지촌
![농촌]	![어촌]	![산지촌]
-논에서 농사를 짓는다. -밭에서 채소를 기른다.	-	-

3. 엘사가 지난 방학에 전라북도의 촌락을 여행하고 찍은 사진들입니다. 만약 촌락이 없다면? 촌락이 없다면 생길 문제점을 적어 보세요.

_____

_____

_____

_____

_____

4. 전라북도의 전체 모습을 나타낸 지도입니다.

(1) 위의 지도를 살펴보고 도시인 곳에 모두 색칠해 보세요.

(2) 아래 그림을 보고 사람들이 도시에 모여 사는 까닭을 써 보세요.

기차역	롯데백화점	고속버스터미널	도청과 시청

5. 아래는 신동시의 모습을 담은 사진들입니다.

(1) 신동시의 사진을 자세히 살펴보고 도시에서 일어나는 문제를
두 가지 이상 쓰세요.

(2) 여러분이 신동시 시장 후보가 되어 위에서 일어난 도시문제를 해결하기 위한 공약 만들어 보세요.

첫째,
왜냐하면

둘째,
왜냐하면

4 함께 뛰자 폴짝!
- 2학기 개학 첫 주 '협력' 통합수업

무더운 여름방학 어느 날, 동학년 교사들이 모여 새로운 학기에 대한 이야기를 했다. 2학기의 수업과 평가는 어떻게 발전시키면 좋을지, 새 학기는 어떻게 시작하면 좋을지 등에 대해 서로 의견을 나눴다. 2학기에는 통합수업을 하기에는 벅차게 느껴지는 수학 과목도 통합학습에 녹여 보고 싶다는 의견이 있었다. 2학기 수학 교육과정을 살펴보며 아이들이 흥미로워할 만한 내용을 찾아보았다. 그리고 적절한 단원을 찾았다. 5단원 '꺾은선그래프'였다. 이 내용으로 어떤 주제를 만들어 볼지, 무엇을 가르치고 싶은지 고민한 결과 체육, 도덕, 음악, 미술과 내용을 통합시켜 아이들이 다양한 활동을 통해 협력의 가치를 배우도록 설계했다. 수업 시기는 진도에 맞게 11월에 실시해도 괜찮을 듯했으나, 2학기 개학 첫 주에 서로 하나가 되는 경험을 하게 하면 2학기에 협력적 분위기가 조성될 수 있다는 의견들이 있어 첫 주에 실행하였다.

'함께 뛰자 폴짝!'은 수학과의 꺾은선그래프와 체육과의 긴 줄넘기 활동이 큰 축이 된다. 아이들은 모둠별로 긴 줄넘기를 연습하고 성공한 개수의 변화 과정을 꺾은선그래프로 나타냈다. 이 과정을 통해 아이들에게 궁극적으로 길러 주고픈 역량은 '협력'이었다. 도덕과 7단원 '힘을 모으고 마음을 하나로'의 성취 기준을 교과서 공부가 아닌 일련의 활동을 통해 자연스럽게 내면화할 수 있도록 계획하였다.

음악 활동으로 모둠원들이 합심하여 리코더 2중주를 완성하고 학급 친구들과 연주한 뒤 4학년 전체가 모여서 연주하기, 미술 활동으로는 자기 혼자 노는 모습을 그린 뒤 같은 놀이를 하는 친구 찾기, 체육 활동으로는 몸으로 함께 뛰는 '고무줄놀이'를 소개하고 교사와 함께해 보기로 계획하였다. 나아가 아이들이 기존의 놀이를 협력 요소를 담아 직접 바꿔 보는 기회도 주기로 했다. 통합수업 계획 시, 가장 중요하면서도 어려운 것은 바로 수업명 정하기! 한참을 고민한 끝에 '함께 뛰자 폴짝'이라는 아이들 눈높이에 맞는 이름을 떠올릴 수 있었다.

수업 계획

수업명	함께 뛰자 폴짝!		시수	23~25차시
수업 목표	놀이와 교과 수업을 연계하여 실제 활동을 통해 타인과 협동하는 태도를 기르고 실천할 수 있다.			
성취 기준			교과서	
• 협동의 의미와 중요성을 종합적으로 이해하고, 일상생활 속에서 공감과 소통을 바탕으로 협동하려는 적극적인 자세를 지닐 수 있다.		도덕	7. 힘을 모으고 마음을 하나로	
• 신체 활동으로 리듬감을 익히며, 신체 활동에 나타나는 리듬의 유형과 요소를 이해한다.		체육	4. 표현 활동	
• 생활 자료를 수집하여 막대그래프로 나타낼 수 있다. • 연속적인 변량에 대한 자료를 수집하여 꺾은선그래프로 나타낼 수 있다. • 여러 가지 자료를 찾아 목적에 맞는 그래프로 나타내고, 막대그래프와 꺾은선그래프의 특성을 비교할 수 있다.		수학	5. 꺾은선그래프	
• 다양한 주제를 탐색하여 자유롭게 표현한다.		미술	5. 재료를 자유롭게	
• 악곡을 외워서 혼자 또는 여럿이 노래 부르거나 악기로 연주할 수 있다.		음악	3. 악기에 음을 싣고	

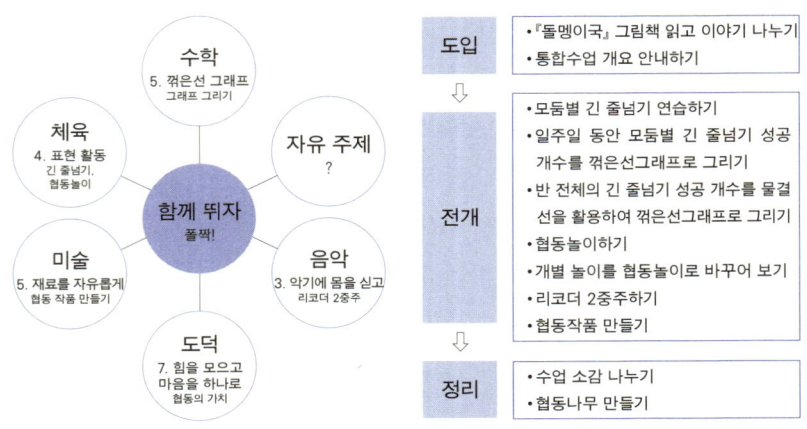

수업 이야기

통합수업 도입! 주제망 짜기

구체적인 활동에 앞서 아이들과 함께 주제망을 그려 보았다. 1학기에는 아이들과 주제망을 함께 공유하는 부분이 부족했다는 반성이 있었다. 2학기를 준비하며 수업에 대한 아이들의 이해도 돕고 활동에 대한 흥미를 높이려고 통합수업의 도입 부분에서 주제망을 함께 그려 보기로 계획했다.

우리가 함께하게 될 활동을 하나하나 소개할 때마다 아이들의 눈빛이 반짝였다. "와~"하며 환호하는 목소리도 들리고, '저걸 다 할 수 있을까?' 걱정스러운 눈빛도 보였다. 또 가운데 칸을 비워 놓고 각 활동들을 통해 우리가 길러야 할 마음을 이곳에 적을 거라고 하자 아이들의 추측이 이어졌다. '함께함', '체력', '협동' 등의 단어가 나왔고, '협력'이라는 단어도 곧 나왔다. 이번 통합학습은 협력의 가치를 중심으로 한 수업이라고 아이들에게 강조하였다. 아이들은 스케치북에 주제망을 따라 그리며 수업에 대한 기대로 한껏 들떴다.

238

주제망 짜기 수업 후기를 나누며 활동 안내의 중요성에 대해 모든 교사들이 공감했다. 또 아이들과의 공유뿐만 아니라 학부모와의 소통을 생각해 통합학습에 관한 안내를 담은 가정 통신문을 함께 발송했다. 학부모들은 안내문을 통해 자녀들이 어떤 의미와 내용을 담은 공부를 하고 있는지 이해할 수 있고 이를 통해 가정과 연계된 질 높은 교육과정 구현이 가능하다.

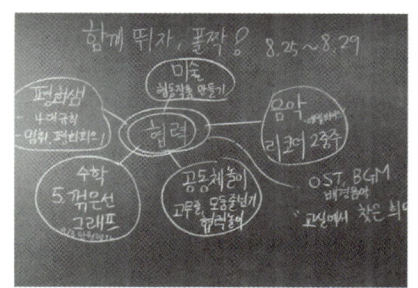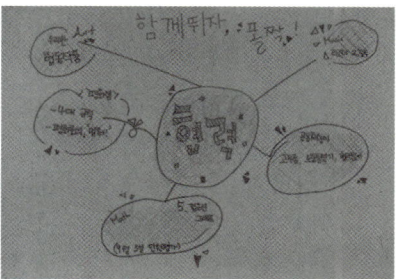

아이들과 함께 공유한 주제망

꺾은선그래프와 긴 줄넘기

'함께 뛰자 폴짝!'의 중심 수업은 모둠끼리 매일 긴 줄넘기 한 개수를 기록하여 큰 종이에 꺾은선그래프를 그리는 것이다. 통합수업 시작과 함께 아이들은 모둠별로 긴 줄넘기를 했고, 수학 수업을 통해 꺾은선그래프를 배웠다. 배운 내용을 바탕으로 모둠별 그래프를 그렸고, 매일 한 시간씩 줄넘기를 한 후 변화하는 수량을 그래프로 그려 나갔다.

이전 학년에서 막대그래프, 그림그래프는 배웠지만 꺾은선그래프는 생소한 아이들을 고려해 개념을 완벽히 이해할 수 있도록 많은 노력을 기울였다. 꺾은선그래프는 막대그래프에 비해 "매년 자라는 나의 키"나 "매일 기온 변화"와 같은 연속량을 한눈에 볼 수 있다는 장점이 있다. 긴 줄넘기 개수는 "연속량"이라고 보기에 무리가 있지만, 아이들끼

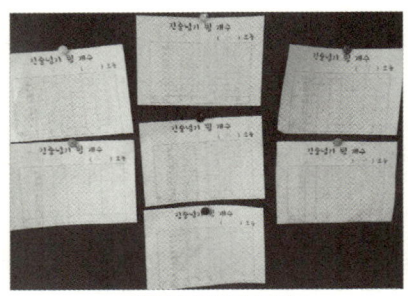
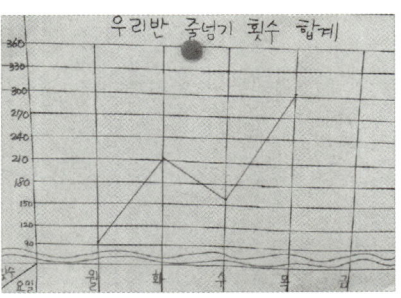

모둠별 긴 줄넘기 그래프   우리 반 전체 줄넘기 횟수 그래프

열심히 긴 줄넘기를 연습하는 모습

리 서로 협력하면서 점점 줄넘기 개수를 변화시키는 데 그 의의를 두었다.

물결선의 개념은 학급 전체 꺾은선그래프를 그려 보자고 제안하며 도입했다. 각 모둠에서 기록한 줄넘기 개수를 모두 합하면 수량이 급격히 커지기 때문에 기존의 눈금으로는 표현이 어렵다. 이를 통해 자연스레 물결선의 필요성을 느끼도록 한 것이다. 학급 전체 그래프는 전지에 그려 교실 벽 한곳에 붙여서 계속 이어 그렸다.

덥고 습한 날씨에도 땀을 뻘뻘 흘리며 발목이 아플 만큼 연습하는 아이들의 모습이 놀라웠고, 어제에 비해 하나라도 개수가 늘어나면 자랑하며 함박웃음을 짓던 아이들의 모습이 기특했다. 노력한 만큼 상승하는 그래프 모양을 보며 아이들이 뿌듯해하던 일주일이었다.

고무줄놀이와 협력 놀이(마법의 양탄자)

'함께 뛰자 폴짝!'을 하며 아이들끼리 협력의 가치를 느낄 수 있는 놀이가 무엇이 있을까 고민하다 고무줄놀이가 떠올랐다. 예전에는 많이 했던 놀이지만 요즘은 고무줄놀이를 하는 아이들을 보기 어렵다. 고무줄이 생소한 요즘 아이들에게 고무줄놀이를 가르치려니 선생님들끼리도 사전 연수를 해야 했다. 고무줄놀이를 기억하고 있는 선생님에게 고무줄놀이를 배우며 교사들도 한참을 연습했다. 같은 학교 선생님들과 즐겁게 소통하고, 운동도 하는 기회가 되었다. 수업을 계획할 때에 남자아이들은 좀 꺼리지 않을까 걱정했는데 시간이 지나자 오히려 더 열심히 하는 모습을 볼 수 있어 기뻤다.

아이들과 시작한 첫 고무줄놀이는 "월계화계수수목단금단초단일단 ~ 공주마마나신다~ 월화수목금토일~"로 부르는 입으로 전해지는 노래에 맞춘 두 줄 뛰기였다. 아이들이 처음 듣는 노래였기에 고무줄놀이에 앞서 노래를 2~3번 함께 불렀고 아이들은 금세 따라 불렀다. 고무줄놀이가 협력 놀이로 좋았던 이유는 서투른 친구가 잘하는 친구의 뒷모습을 보며 따라 할 수 있기 때문이다. 말로 설명하는 것보다 친구의 모습을 보며 따라 배울 때 실력이 늘었다. 고무줄놀이는 수업이 끝난 후에도 체육 시간이나 학급 재량 시간을 통해 2학기 내내 진

고무줄놀이 모습

행했다.

　고무줄놀이와 함께 우리가 생각한 또 다른 협력 놀이는 기존의 놀이를 협력 놀이로 바꾸는 활동이었다. 기존에 있는 '경쟁' 중심의 놀이를 '협력'이 가능한 것으로 바꾸는 것이었다. 아이들은 모둠별로 승자와 패자를 가르는 놀이 대신에 모두가 즐거울 수 있는 놀이에는 어떤 것이 있을까 고민해 봤다. 아이들에게서 나온 놀이는 협력 놀이 시간 및 자유 시간 등을 활용하여 직접 해 보기로 했다. 기대만큼 아이들이 놀이를 잘 바꾸지 못해서 아쉬웠으나, 승부에 민감한 아이들이 승부를 떠나 "함께 어울림"을 생각한 것만으로도 의미 있는 수업이라고 생각했다.

　마지막으로 우리가 즐겼던 협력 놀이는 '마법의 양탄자' 놀이다. 이 놀이는 박광철 선생님의 『협력 놀이』 책을 참고했다. 첫 번째 양탄자 놀이는 모둠원들의 발이 양탄자 밖으로 나가지 않은 채로 양탄자를 뒤집는 놀이다. 두 번째 양탄자 놀이는 모둠원 모두가 양탄자 위에 올라서서 빠르게 이동하는 놀이다. 두 번째 양탄자 놀이는 모둠별 기록을 재면 또 다른 형태의 경쟁이 될 수 있으므로 "반 전체가 릴레이로 5분 안에 한 바퀴 돌기"와 같은 방식으로 놀이를 실시했다. 이 놀이는 무작정 도전하는 것보다 모둠원들이 머리를 맞대어 좋은 방법을 찾는 것이

협력 놀이를 하는 아이들

242

중요하다. 양탄자 위에 엎드려도 보고, 천을 들어 올리기도 하고, 옆 모둠의 좋은 아이디어를 따라 하기도 하며 놀이에 참여했다.

아이들은 하나, 둘 발을 맞추고 호흡을 가다듬으며 한 시간을 즐겁게 보냈다. 좁은 천 위에서 몸을 부대끼며 깔깔거리는 아이들의 모습에 교사도 함께 행복해지는 시간이었다.

리코더 2중주

4학년 모두가 연주할 수 있도록 교과서에 수록된 「에델바이스」와 같은 쉬운 곡을 골라서 윗성부와 아랫성부로 나누어 연습했다. 초반에는 학급 내에서 윗성부와 아랫성부를 전체적으로 충분히 연습했다. 그리고 학급 내에서 적절히 성부를 나눈 뒤 합주로 서로 호흡을 맞추며 화음의 아름다움을 경험했다. 아이들에게 목요일 5교시에 4학년 모두가 한자리에 모여 이 합주를 함께할 예정이라고 안내하자 아이들은 기대에 찬 모습을 보였다. 쉬는 시간에도 틈틈이 연습하는 친구들이 많았다.

목요일 5교시, 넓은 다목적실에 4학년 172명이 모여 학년 합주를 했다. 많은 학생들이 모였지만 소란스럽지 않고 비장함이 느껴지기도 했다. 진지한 모습으로 합주에 임하는 모습을 보며 교사들이 더 놀랐다.

학년 전체가 모여 리코더 합주하는 모습

전체 합주를 하고 나서 남자아이 한 명이 담임선생님에게 "감동적이고 아름다워서 눈물이 났다."고 할 정도로 아이들이 행복해했던, 소중한 시간이었다. '우리가 무엇인가 해냈다.'라는 뿌듯함을 읽을 수 있었다. 자신의 소리에만 집중하기보다 반주와 다른 성부의 소리에 귀 기울이며 연주한 우리 아이들이 이 합주를 통해 느낀 함께함의 아름다움을 오랫동안 기억하길 바란다. 아이들의 학년과 음악적 수준에 따라 합창, 기악 합주 등으로 변형하여 수업해도 좋을 것 같다.

협동 미술

"평소에 놀이를 즐기는 자신의 모습을 그려 보세요." 아이들이 혼자 노는 모습을 그린 뒤 오려서 큰 게시판에 같은 놀이를 즐기는 친구들끼리 함께 어울려 노는 모습으로 바꾸어 보도록 했다. 이 수업은 『교육과정 콘서트』의 저자 이경원 선생님의 수업 아이디어를 변형시킨 것이다.

자신이 즐겨 하는 놀이를 생각하는 것부터 그리기, 또 게시판에 부착하고 같이 노는 친구의 모습을 찾는 것까지, 협동 미술의 모든 과정에 아이들은 즐겁게 참여했다. 공기, 줄넘기, 고무줄, 탁구, 축구, 야구, 자전거, 배드민턴, 춤추기 등 다양한 놀이들이 나왔다.

자신이 즐겨 하는 놀이 모습을 그려서 오림

4학년 친구들이 함께 어울려 노는 '함께 놀자, 폴짝' 학년 게시판

　하루가 지나자 어느새 복도 게시판이 와글와글 운동장으로, 체육관으로, 교실인 것처럼 변했다. 화려하거나 멋진 예술 작품은 아니었지만, 아이들은 급식실로 화장실로 오고 가면서 한참 동안 게시판을 보며 흥미로워했다. 생각지 못했던 친구가 자기 그림 옆에서 함께 노는 것을 보며 기뻐하고 "시은아, 너는 어디서 뭐하면서 놀아?" 서로 질문하고 대답하면서. 이 게시판의 모습처럼 우리 4학년 아이들이 늘 잘 놀고 행복한 아이들로 성장하길 응원한다.

'협력이란 ○○다' 모둠 문장 만들기
　수업을 마무리하며 협력이란 주제로 모둠 문장 만들기를 했다. 다양

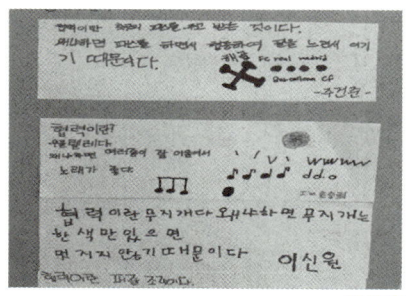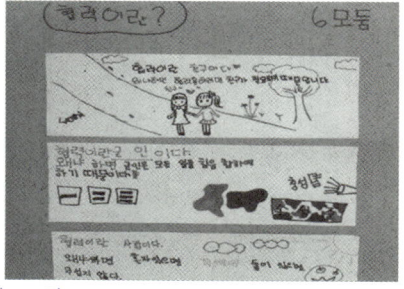

협력이란 ○○다

한 아이들의 의견이 나왔다. 일주일간의 협력 수업으로 1학기보다 더 성장한 모습을 발견할 수 있었다.

"협력이란 우쿨렐레다. 여러 줄이 모여 아름다운 소리를 내기 때문이다."

"협력이란 무지개다. 하나의 색만 있으면 멋지지 않기 때문이다."

"협력이란 자석이다. 자석의 N극, S극처럼 협력을 하면 가까워지기 때문이다."

놀이를 통해서 공부도 하고 협력의 의미도 깨닫는 시간이 되었음을 모둠 문장을 통해 확인할 수 있었다.

수업을 마치며

바쁘고 뜨겁게 일주일이 흘렀다. 4학년 교사들은 땀에 젖어 있었고 체력이 방전된 모습들이었다. 하지만 입에서는 "재밌었어요.", "애들이 정말 좋아했어요."라는 말이 흘러 나왔다.

한 주 동안 아이들은 "월계화계수수목단~" 뜻도 잘 모르고 낯선 입말을 따라 하며 고무줄을 폴짝폴짝 넘고, 매일 반복하는 줄넘기가 지겨울 법도 한데 땀을 뻘뻘 흘리며 쉬지 않고 연습했다. 교실로 들어와 수학책을 펼치고 꺾은선그래프 공부를 하고, 발전하는 변화 과정을 그래프로 함께 그리며 환호했다. 「에델바이스」 리코더 2중주를 개인별로, 모둠별로, 학급별로 연습하다가 다목적실에서 4학년 전체가 연주할 땐 아이들과 함께 선생님들도 감동했다.

통합수업을 마무리하며 '협력' 모둠 문장을 만들고, 글쓰기로 소감을 나눴다.

그러나 체력이 약한 일부 아이들과 교사들에게는 매일 줄넘기를 하는 것이 부담스럽기도 했다. 발목이 아프다는 아이도 있었고, 연습하는 과정에서 다툼도 있었다. 기록이 어제보다 늘지 않으면 시무룩해하는 아이들도 있었다. 하지만 힘들어도 아이들은 힘을 합쳐 무언가를 해낸 것을 뿌듯해했다.

개학 후 첫 주에 수학 5단원 꺾은선그래프를 배우니 선행 학습을 하지 않은 상태에서 공부를 하게 되었다. 그러다 보니 학원에서 미리 배워 와서 아는 척하는 아이들이 없었다. 모든 아이들이 오로지 선생님의 가르침에 귀를 기울이는 수업을 할 수 있었다. 6개 반 선생님들이 구동성으로 선행 학습을 하지 않은 상태의 수업이 훨씬 더 의미 있다고 입을 모았다. 사교육의 폐해를 다시 한 번 느낄 수 있었다.

오늘도 아이들은 놀면서 배우고, 마음으로 느끼면서 크고 있다. 교과서를 보면서 '협력'의 의미를 외우고 밑줄 긋기를 하지 않았지만 우리 아이들이 그 누구보다도 협력의 참맛을 잘 알고 있으리라 교사들은 믿는다. 우리 아이들이 머리만 비정상적으로 큰 로봇 같은 아이들이 아니라 넓은 마음속에 세상을 살아갈 힘이 가득한 아이들이길 희망한다.

'함께 뛰자, 폴짝' 소감 글쓰기

이렇게 평가했어요

우리 4학년은 올 한 해 함께 나누며 모두가 행복한 공동체를 만들려고 노력했습니다. 평화샘 프로젝트를 시작으로 공동체 협력 놀이, 함께 노는 모습을 표현한 협력 미술 작품 만들기, 4학년 모두가 함께한 「에델바이스」 합주까지 많은 활동들을 경험했습니다.

협력 놀이-긴 줄넘기, 고무줄   「에델바이스」 합주

협력 미술 작품

1. 내가 생각하는 '협력'은 무엇인지 문장으로 써 봅시다.

협력은 _____ 다.

왜냐하면 _____

_____ 때문이다.

5 운명처럼 전북을 사랑해

　사람들은 대부분 한 번씩 운명적인 사랑을 경험한다. 운명적인 부부의 사랑, 운명적으로 만난 내 아이와의 사랑, 지금은 희미해진 운명적인 첫사랑까지. 여기에 운명적인 사랑을 하나 더 추가한다면 지금 내가 살고 있는 이 공간에 대한 사랑일 것 같다. 우연인 듯 운명 같은 전라북도 전주시 송천동과의 만남.

　자기가 사는 공간에 대한 관심을 갖게 하고 공동체 의식과 애정을 갖게 하는 공부는 초등학교 3학년과 4학년 사회 교과에서 본격적으로 시작된다. 1~2학년에서 배운 우리 동네에 대한 지식을 바탕으로 3학년은 전주시, 4학년은 전라북도에 대해 공부하게 된다.

　4학년에서 전라북도를 공부할 때에는 『전라북도 생활』이라는 지역보완 도서와 사회 교과서 두 가지를 가지고 공부하기 때문에 배워야 할 양이 많고 내용도 어렵다. 각 지역의 자연환경, 특산물 등이 아이들에게 그리 쉽게 다가오지만은 않는다. 더구나 이 많은 것을 달달 외우게 하는 시험까지 치르게 되면 이 공부를 통해 전라북도에 대한 애정이 생겨날지 미지수다.

　지역사회에 대해 공부를 하는 이유는 자신이 살아가는 공간에 대한 공동체 의식과 애정을 키우기 위해서일 텐데, 사회 수업의 이 같은 과정은 아이들이 사회과를 싫어하게 하는 것을 넘어서 지역사회에 대한 관심마저 버리게 하는 것 같다.

어떻게 하면 아이들이 사회 수업을 통해 지역사회를 사랑하고 그 지역의 주민이라는 공동체 의식을 느끼도록 할 수 있을까? 사회 교과서를 덮고 이번 통합수업을 만들어 낸 가장 중요한 질문이었다. 이 고민을 안고 만들어진 '운명처럼 전북을 사랑해(이하 운전사)' 수업의 목적은 지역에 대한 사랑과 공동체 의식이 아이들 마음에 자연스럽게 생겨나도록 만드는 것이다.

이 수업에서 아이들은 국어과의 인터뷰 방법, 대화 예절, 여러 가지 매체로 발표하는 방법 등을 익힌 후, 전주에서 열리는 세계소리축제에 참여하여 지역사회에 대한 여러 가지 고민을 생생하게 들어 보았다. 아이들은 직접 지역의 어른들을 만나 전라북도의 미래에 대한 이야기, 좋은 점과 아쉬운 점, 앞으로 나아갈 방향에 대한 이야기를 나누었다. 그 자료를 바탕으로 자신들이 생각하는 전라북도의 미래에 대하여 발표를 했다.

약 3주 동안 진행된 이 수업을 통해 아이들은 우리 지역을 마음으로 만나고 '운명처럼' 자신들과 함께하고 있는 전라북도를 인식하게 되지 않았을까? 전라북도를 더 잘 알게 되어서 좋았다는 아이들의 소감을 들어 보니 어느 정도 수업의 목표에는 다가간 것 같아 뿌듯하다.

수업 개요

수업명	운명처럼 전북을 사랑해	시수	23차시
수업 목표	지역 주민 면담, 지역 축제 참여를 통해 주민 참여의 중요성을 알고 바람직한 우리 지역의 발전을 위해 지역의 일에 관심을 가지고 참여하는 태도를 기른다.		

성취 기준	교과서	
• 우리 지역 자치단체의 구호와 상징물을 찾아보고, 그것이 우리 지역의 어떤 특성을 반영하고 있는지 이해할 수 있다. • 우리 지역의 문제에는 어떤 것이 있는지 찾아내며, 정치, 경제, 사회, 문화 측면에서 그 문제의 원인을 파악하고 대책을 제안할 수 있다. • 주민 참여와 자원봉사의 사례를 찾아보고, 그것의 중요성에 대해 설명할 수 있다. • 미래 우리 지역이 발전한 모습을 상상하여 다양한 방식(예, 글, 그림, 노래, 만화, 캐릭터 등)으로 표현하고, 그것을 실현할 수 있는 방법을 제시할 수 있다.	사회	4-2 3. 지역사회의 발전
• 내용을 이해하기 쉽게 발표하고, 다른 사람의 발표를 평가하며 듣는다. • 다양한 매체를 활용하여 생각과 느낌을 효과적으로 표현한다.	국어	8. 정보를 나누어요
• 말 차례를 지키면서 바른 태도로 대화를 나눈다. • 높임법을 알고 언어 예절에 맞게 사용한다.	국어	3. 대화를 나누어요
• 공예의 뜻을 알고 재료의 특징을 살려 쓸모 있고 아름다운 공예품을 만들 수 있다.	미술	쓸모 있는 제품 디자인

수업의 흐름

주제	내용	활동	시량
(사전 수업) 언어 예절에 맞게 대화하는 방법 알기	바른 태도로 대화하는 방법 (국어 3단원)	- 말 차례를 지키며 바른 태도로 대화 나누기 - 높임법을 알고 언어 예절에 맞게 사용하기	2
지역사회의 상징물과 특성	전라북도 각 지역의 상징물과 특성 알기	- 지역사회 상징물 조사하기(컴퓨터 수업 활용) - 지역사회 상징물 부채 그리기 - 상징물이 의미하는 것 발표하기	3
지역사회 참여 방법 알기	지역사회에 참여하는 방법	- 지역사회에 참여하는 방법 알아보기 - 우리가 할 수 있는 일 생각해 보기	1
인터뷰하는 방법과 발표하는 방법 알기	인터뷰 방법과 발표하는 방법 (국어 8단원)	- 내 친구를 소개합니다(짝 인터뷰 활동)	2
인터뷰 계획 세우기	인터뷰 계획 세우고 발표 방법 정하기	- 인터뷰 계획 세우기(질문에 지역사회 참여의 중요성, 우리가 바라는 미래 모습 등 포함)	2
세계소리축제 현장 학습	지역 축제 참여	- 지역의 축제 공연 관람 - 인터뷰하기(지역 주민, 자원봉사자, 여행객 등)	7
발표 준비하기	발표 자료 만들고 발표 연습하기(국어 8단원)	- 발표 방법 정하기(뉴스, 역할극, 신문, PPT, 만화 등) - 3일 동안 매일 3시간씩 모둠별 발표 자료 만들고 연습하기 - 발표할 때와 들을 때 주의할 점 알아보기	9
주민이 함께하는 지역사회 발전 방안 발표	발표하기(학부모 공개 수업)	- 모둠별로 준비한 내용 발표하기 - 바람직한 지역의 미래 모습 이야기 나누기	1

수업 이야기

1. (사전수업) 언어 예절에 맞게 대화하는 방법 알기

수업 과정 안내

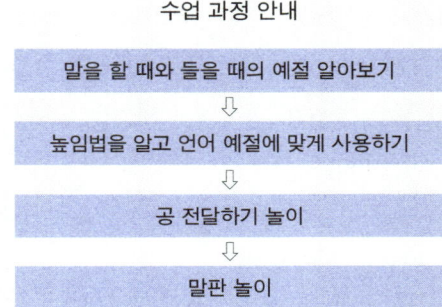

가. 말을 할 때와 들을 때의 예절 알아보기
- 국어 교과서 70~75쪽을 활용하여 대화를 주고받을 때 지켜야 할 예절 알아보기
- '무한도전, 아따 맘마, 개그 콘서트의 대화가 필요해'의 일부 영상을 활용하여 대화 예절 알아보기

나. 높임법을 알고 언어 예절에 맞게 사용하기
- 예사말과 높임말을 알고 구분하기
- 국어 교과서 76~81쪽을 활용하여 높임말 사용 방법 알아보기

다. 공 전달하기 놀이
- 탱탱볼을 활용하여 공 전달하기 놀이를 하며 학급 전체가 높임말의 의미와 예사말에 맞는 높임말을 알아맞히는 놀이하기

라. 말판 놀이
- 짝 활동으로 말판 놀이 학습지를 이용하여 일상생활에서 틀리기 쉬운 높임말과 인사할 때의 행동 등을 다시 확인하기

　　사전 수업은 세계소리축제에 참여하여 다양한 사람들을 대상으로 인터뷰를 하기 위해 언어 예절에 맞게 대화하는 방법을 공부해 보기로 했다.

1차시는 대화를 주고받을 때의 예절로 교과서를 중심으로 수업을 구성하였다. 아이들이 재미있게 동영상을 시청하고 나서 대화에서 잘못된 점을 파악하고 알맞은 대화 예절을 찾도록 하였다. 「무한도전」의 영상을 보고 말하는 차례를 지키며 말하기, 듣는 이를 바라보며 말하기, 듣는 이를 배려하며 말하기 등의 대화 예절을 찾아낼 수 있었으며 「아따 맘마」의 영상을 보고 맞장구의 의미를 알고 대화를 이어 갈 때 맞장구를 쳐 주는 예를 경험을 중심으로 발표해 보았다. 또한 「개그 콘서트」의 '대화가 필요해'의 영상을 보고 나서 대화에 어울리는 몸짓과 표정이 필요하다는 것, 다정하게 말하기, 예의 바르게 말하기 등의 대화 예절에 대해 이야기를 나누었다.

2차시는 높임법에 대해 알아보고 언어 예절에 맞게 사용하는 수업으로 상대에 따라 높임말과 예사말이 사용됨을 구분해 보고 예사말과 높임말을 간단히 나누어 보았다. 간단한 의미 확인 후, 교과서를 중심으로 웃어른과 대화할 때의 주의할 점에 대해 알아보았다. 다음 활동인 공 전달하기 놀이는 음악과 함께 공이 전달되고 음악이 멈추면 공을 가지고 있는 아이가 문제를 맞히는 놀이로 우리가 일상생활에서 흔히 사용하거나 틀리기 쉬운 낱말을 높임말로 바꾸어 답하는 것이다. 학급 아이들 모두가 문제를 확인하고 정해진 아이가 답하는 과정에서 즐겁게 놀이에 참여하고 잘못 알고 있는 높임말이 무엇인지 확인하고 알아 가는 재미있는 놀이다.

다음은 말판 놀이로 짝 활동을 통해 좀 더 자세히 말할 때의 예절과 행동, 그리고 우리가 틀리기 쉬운 높임말을 맞춰 보는 놀이다. 이것은 낱말뿐만 아니라 문장 전체, 또는 행동까지 알아보는 놀이며, 말할 때의 몸짓과 표정, 행동까지 포함한 놀이 학습지로 바른 태도로 대화를 나누는 방법까지 확인해 볼 수 있었다.

자칫 전달 위주로 진행되거나 지루해질 수도 있었던 수업이었지만,

수업 내용과 관련된 재미있는 동영상과 놀이로 활동함으로써 아이들이 수업에 집중하고 재미있게 참여할 수 있었다.

2. 지역사회의 상징물과 특성

수업 과정 안내

상징 개념 알기
⇩
지역의 상징이 담고 있는 의미 알기
⇩
지역의 상징 조사하기
⇩
상징물을 활용하여 지역 홍보 부채 만들기
⇩
지역의 상징 소개하기

가. 상징 개념 알기
– 어떤 것의 특징을 구체적으로 나타낸 것
– 컴퓨터의 아이콘에 비유

나. 지역의 상징이 담고 있는 의미 알기
– 우리 지역을 대표하는 볼거리, 먹거리, 문화재, 특산물 등이 상징물로 표현됨
– 전라북도와 전주의 상징 살펴보기

다. 지역의 상징 조사하기
– 컴퓨터(정보) 시간 활용 수업
– 각 지역의 시청·군청 홈페이지에서 상징물 찾기

라. 상징물을 활용하여 지역 홍보 부채 만들기
– 상징물 이미지를 출력하여 부채에 그리기

마. 지역의 상징 소개하기
– 완성한 지역 홍보 부채를 가지고 우리 지역의 상징과 그 의미 소개하기
– 활동 후 새로 알게 된 것, 인상 깊었던 점 말하기

'운명처럼 전라북도를 사랑해' 수업을 시작하며 이전의 '전라북도 어디까지 가 봤니?' 통합수업에서 어떤 내용을 연계하고, 또 어떻게 차별화할지 고민했다. 아이들은 이전에 배웠던 것과 똑같은 내용을 공부할 때 쉽게 흥미를 잃는다. 그래서 '운전사' 주제 학습의 첫 수업에서 다룰 내용은 전라북도에 대한 애정을 가질 수 있으면서 흥미를 유발할 수 있는, 완전히 새로운 내용이어야 했다.

어떤 것에 대해서 알게 된다는 것은 결국 그것을 사랑하게 되는 것이다. 우리가 사는 이곳을 알며 배우며 사랑하게 되는 일의 첫 시작, 그것은 바로 우리에게 익숙하면서도 구체적으로 그 의미를 배운 적이 없기에 낯설게 느껴지는 '지역의 상징'이었다.

본격적인 활동에 들어가기 전, 아이들과 '상징'의 개념을 알아보았다. 상징은 복잡하고 어려운 것을 대표적인 특징만 간단하게 나타낸 것이다. 아이들은 컴퓨터에 관심이 많으므로 상징을 윈도 화면의 아이콘에 비유하여 설명하였다(예를 들어, 쓸모없는 파일들을 버리는 곳을 '휴지통'으로 나타낸 것처럼).

다음으로, 더욱 쉽고 구체적인 예를 들어 보려고 우리 고장인 '전주'를 대표하는 볼거리, 먹거리 등에 관해 이야기를 나누었다. 비빔밥, 부채, 판소리, 한옥마을 등 다양한 의견이 나왔고, '부채'와 '어울림'을 형

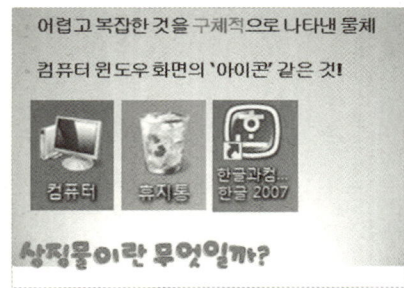

상징의 뜻 알기

전주를 대표하는 것과 상징의 관계

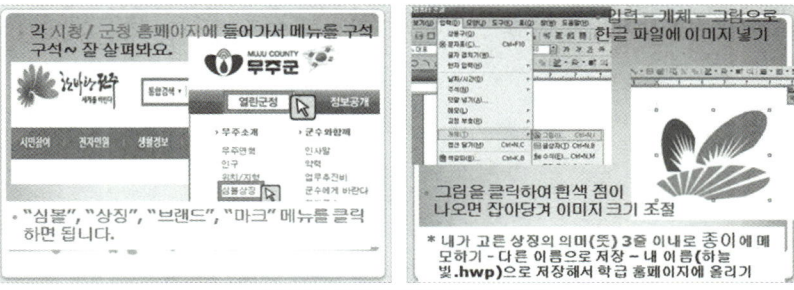

컴퓨터를 활용한 지역의 상징 찾기

상화한 전주의 상징 마크, 캐릭터를 함께 살펴보며 그 의미를 이해하였다.

그러면 우리 지역의 상징을 어떻게 조사할 수 있을까? 지역 보완 도서인 『전라북도 생활』은 전북 각 지역의 상징에 관한 내용을 담고 있다. 그러나 주어진 내용을 수동적으로 보는 것은 별 의미가 없다. 직접 해 보고 또 그것을 가지고 놀아야 기억에 남는다. 그러므로 아직 아이들 수준에서 조금 어렵더라도 인터넷에서 직접 찾아보기로 했다. 컴퓨터를 활용한 첫 수업의 과제는 "각 시·군청 누리집에 들어가 지역의 상징을 찾기 → 이미지를 한글 파일에 삽입하여 학급 누리집에 올리기"였다. 이 수업을 위해 2학기 컴퓨터 시간에는 한글 프로그램을 다루는 수업을 미리 진행했다.

예상대로 몇몇 아이들은 어려움을 겪었는데, 그 이유는 각 시·군청 누리집마다 '상징'을 설명하는 메뉴의 이름이 달라서였다. 마우스 클릭을 거듭해 하위 메뉴로 들어가야 찾을 수 있거나, '브랜드', '심볼 마크' 등의 영어식 표기를 사용하는 경우도 있었다. 그래서 몇몇 아이들은 이미 과제를 마친 친구들이나 교사의 도움을 받아 과제를 해결하였다.

인터넷에서 찾은 지역의 상징을 이용하여 아이들이 오래도록 기억할 수 있는 활동을 했다. 실용적이고 가볍게 지닐 수 있는 꽃 모양 부

257

나만의 지역 홍보 부채

채에 상징을 그리기로 했다. 자신들이 조사한 지역의 상징을 따라 그려서 나만의 지역 홍보 부채를 만들었다.

부채에 간단한 스케치를 한 뒤, 색연필, 사인펜, 파스텔 등의 채색 도구를 써서 부채를 완성했다. 부채를 고정시키는 살 때문에 표면이 울퉁불퉁해서 그리기 어렵다고 투덜대기도 했지만, 알록달록 예쁜 부채를 완성한 아이들은 만족스러워했다. 부채를 교실에 전시하면 훌륭한 장식이 되겠지만, 집에서 아이들이 부모님과 대화를 나눌 수 있는 작은 매개물이 되었으면 하는 바람에서 욕심을 버리고 집으로 가져가도록 했다. 여름이 다 지난 시기여서 아쉽긴 했지만 앞으로 요긴하게 사용하면서 우리 지역의 상징과 그 의미를 다시 한 번 떠올릴 수 있기를 바란다.

3. 지역사회 참여 방법 알기

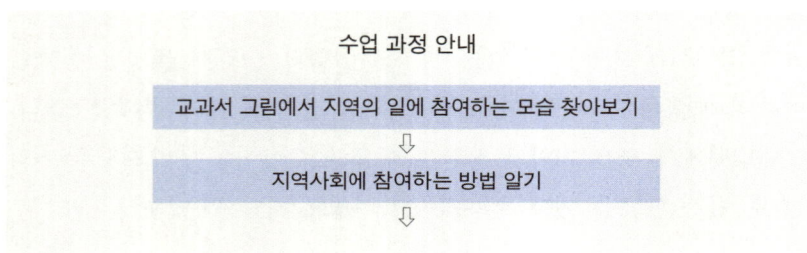

수업 과정 안내

교과서 그림에서 지역의 일에 참여하는 모습 찾아보기
⇩
지역사회에 참여하는 방법 알기
⇩

가. 사회 교과서 그림에서 지역의 일에 참여하는 모습 찾아보기
– 사회 교과서 144~145쪽 그림 보기
– 모둠 칠판에 주민들이 지역의 일에 참여하는 모습 정리하고 공유하기

나. 사진을 통해 지역사회에 참여하는 방법 알기
– 시·도청 누리집 활용하기, 시·도청에 전화 또는 방문하기
– 서명운동 참여하기, 캠페인 활동하기
– 시민 단체 활동 및 후원하기
– 자원봉사: 전주 국제영화제 자원봉사, 전주 세계소리축제 자원봉사 등
– 주민 투표 참여, 공청회 참여

다. 우리가 할 수 있는 일 생각해 보기
– 글쓰기 공책이나 스케치북에 정리해 보기

4차시 수업은 아이들 중심의 활동을 진행하기 전 기본적인 내용을 교사가 안내하는 것으로 계획했다. 이번 주제 수업의 중요 가치는 참여의 중요성이다. 이를 실천하기 위한 방법으로는 어떤 것이 있는지, 실제 모습은 어떠한지 아이들과 함께 이야기를 나누고자 했다.

수업 초반에는 사회 교과서를 활용했다. 교과서 그림을 보며 지역의 일에 참여하는 주민들의 모습을 찾아냈다. 대부분 생활 속에서 경험해 본 모습으로 녹색 어머니 활동, 바자회, 쓰레기 줍기 등을 쉽게 찾아냈다. 아이들은 6~8가지의 주민 참여 모습을 찾았고, 이것을 모둠 칠판에 적고 공유했다.

교과서 그림에 대해 이야기를 나누고 나서, 이 방법 외에도 우리가 지역에 일에 참여할 수 있는 방법에 대해 PPT 자료를 통

지역사회 참여 관련 교과서 부분

259

지역사회에 참여하는 방법 설명

해 설명했다. PPT 자료는 우리 지역에 관련된 사진으로 제작했다.

간단히 언급을 하고 넘어간 방법도 있고, 지역성·시사성을 가지고 자세히 설명한 방법도 있다. 서명운동 참여는 최근 세월호 특별법 제정과 관련하여 부모님과 함께 참여한 친구들이 꽤 있었다. 시민 단체는 4학년에게는 낯선 개념이었지만, 다양한 시민 단체가 활동하고 있음을 알려 주고, 시민들이 힘을 모았을 때 큰 힘을 발휘할 수 있음을 강조하였다. 자원봉사는 우리 지역 축제와 관련지었다. 5월에 열리는 전주 국제영화제의 자원봉사단인 JIFF지기, 10월 열릴 예정인 전주 세계소리축제의 자원봉사자인 소리 천사가 있음을 알려 주었다. 특히 소리 천사들은 우리 주제 학습에서 인터뷰하게 될 중요한 인물이기에 아이들과 자세히 이야기했다. 이 외에도 자원봉사 센터를 통해 다양한 자원봉사에 참여할 수 있다는 이야기를 나눴다. 주민 투표는 2013년 전주와 완주 통합 추진 과정에서 진행된 사례를 들어 지역의 일을 결정할 때 투표를 통해 주민들의 의사를 표현할 수 있음을 설명했다.

수업의 마무리는 초등학생이 지역의 일에 참여할 수 있는 방법을 함께 고민해 보는 것으로 했다. 어렵게 느껴지지만 단순하게 생각해 보자고 했다. 쉽게는 쓰레기 함부로 버리지 않기부터 바자회에 참여하기, 지역 누리집에 의견 올리기, 지역 축제에 참여하기 등 다양한 생각을 나눌 수 있었다.

4. 인터뷰하는 방법과 발표하는 방법 알기

수업 과정 안내

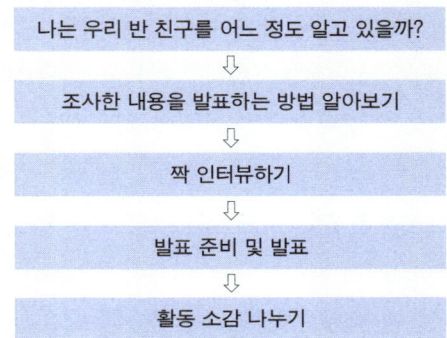

나는 우리 반 친구를 어느 정도 알고 있을까?

⇩

조사한 내용을 발표하는 방법 알아보기

⇩

짝 인터뷰하기

⇩

발표 준비 및 발표

⇩

활동 소감 나누기

가. 나는 우리 반 친구를 어느 정도 알고 있을까?
– 우리 반 친구에 대해 잘 아는지, 잘 모르고 있는지 자기평가 하기

나. 조사한 내용을 발표하는 방법 알아보기
– 국어(나) 250쪽
– 주제 선정하기
– 조사 내용과 조사 방법 선정하기(인터뷰)

다. 짝 인터뷰하기
– 대화 예절과 인터뷰를 할 때 주의할 점 알아보기
– 인터뷰를 통해 자료 조사하기[정리는 국어(나) 252쪽 활용]

라. 발표 준비 및 발표
– 조사한 내용 정리하고 발표 준비하기[국어(나) 253쪽 체크리스트 활용]
– 친구들 앞에서 발표하기

마. 활동 소감 나누기
– 친구들에 대해 새롭게 알게 된 점 이야기 나누기
– 활동 후 우리 반 친구들에 대해 얼마나 알게 되었는지 자기평가 하기

'운명처럼 전북을 사랑해'의 중점 활동은 지역 축제에 참여하여 인터뷰를 통해 지역에 대한 사람들의 인식을 알아보고, 주민 참여의 중요

성과 지역 발전에 관해 탐구해 보는 것이다. 이 활동을 위한 준비 학습으로 '내 친구를 소개합니다' 수업을 계획하였다. 이 수업은 국어 3단원과 8단원을 통합하였으며, "높임법을 알고 언어 예절에 맞게 사용한다."와 "내용을 이해하기 쉽게 발표하고, 다른 사람의 발표를 평가하며 듣는다."라는 성취 기준을 반영하였다. 아이들이 교실에서 쉽게 인터뷰를 연습해 볼 수 있는 상황으로 교과서에 제시된 '짝꿍 소개'라는 소재를 사용하였다.

"여러분은 우리 반 친구를 어느 정도 알고 있나요?"라는 물음으로 수업은 시작되었다. 잘 알고 있다는 아이들은 얼마 되지 않았고, 잘 모르고 있다는 아이들이 대부분이었다. 아이들은 같은 공간에서 1년이라는 긴 시간을 함께 보내지만 자신에 대해 터놓고 이야기할 수 있고, 누군가에 대해 알고 싶어지는 관계, 즉 서로에게 의미 있는 존재가 되지 못하고 있는 것이다. 이는 인생에서 매우 중요한 경험임에도 우리 아이들에게 매우 부족한 것 중 하나다.

조사한 내용을 발표하는 방법은 국어(나) 교과서를 활용하여 알아보고 간단하게 정리하고, '인터뷰'를 위한 질문들(조사 내용)을 선정하였다. '가장 아끼는 물건, 20살이 되면 하고 싶은 것, 여행을 가고 싶은 곳' 외에 다양한 질문이 만들어졌다. 인터뷰를 하기 전 주의할 점을 플

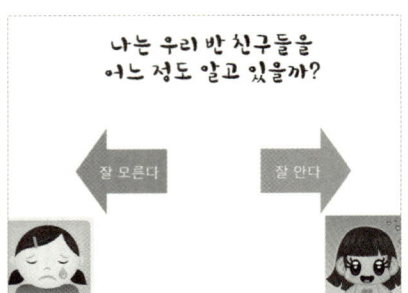

수업 시작 발문

내 짝꿍을 소개합니다

래시를 통해 알아보았다. 4학년 아이들이 이해하기에 어렵지 않은 내용이라 아이들이 쉽게 이해할 수 있었다.

서로의 말에 맞장구를 치고 칭찬하면서 인터뷰를 진행하니 어느새 아이들의 얼굴에는 웃음꽃이 활짝 폈다. 아이들은 타인에게 관심을 받으며 자신에 대해 이야기하는 시간을 행복해하고 있었다. 짝과의 인터뷰를 마친 후 체크리스트를 보며 친구들 앞에서 발표하기 위한 준비를 했다. 중요한 내용이 잘 드러나 있는지, 듣는 이가 이해하기 쉬운지를 확인하도록 했다.

모든 아이들이 돌아가면서 짝에 대한 인터뷰 결과를 발표했다. 30명의 아이들이 모두 발표를 하니 한 시간이 꼬박 걸렸지만 아이들은 지루해하지 않았다. 교사가 수업을 할 때보다도 더 집중하는 모습이었다. 자신과 비슷한 생각을 가진 친구가 나오면 "나랑 똑같다.", "나도 그곳에 가고 싶어."라며 좋아했다. 어떻게 발표를 해야 잘 전달되는지를 생각하면서 발표를 듣도록 하니 뒤로 갈수록 점점 더 향상된 모습을 볼 수 있었다.

활동을 마친 후 아이들은 "우리 반에는 비슷한 생각을 가진 친구들이 많아요", "20살이 돼서 모두 다 원하는 것을 하면 좋겠어요", "모르고 있던 사실을 알게 되었어요" 등 서로에 대해 더 많이 알게 되었다고

대화 예절을 지키며 인터뷰하기

발표 준비하기

이야기했다.

'내 친구를 소개합니다'는 인터뷰와 발표 태도를 연습하기 위한 수업이었지만 그보다도 더 큰 것을 배우는 시간이 되었다. 타인의 관심 속에서 자신을 이야기하는 뿌듯함, 이야기에 귀 기울이며 타인을 알아 가는 즐거움. 아이들은 서로에게 의미 있는 존재로 한걸음 더 가까워졌다.

5. 인터뷰 계획 세우기

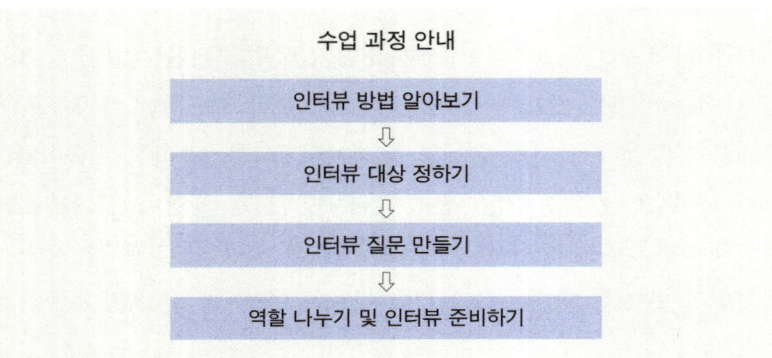

가. 인터뷰 방법 알아보기
– PPT를 통해 인터뷰 방법 알아보기

나. 인터뷰 대상 정하기
– 축제에서 만날 수 있는 사람들 생각해 보기
– 인터뷰 대상 정하기(우리 지역 주민, 다른 지역 주민, 학생, 자원봉사자, 공연 관계자)

다. 인터뷰 질문 만들기
– 모둠 토의를 통해 인터뷰 질문 만들기
– 지역에 대한 사람들의 인식, 주민 참여의 중요성, 지역 발전과 관련된 내용을 질문할 수 있도록 조언하기

라. 역할 나누기 및 인터뷰 준비하기
– 질문이, 기록이, 녹음이, 피켓 역할 나누기
– 피켓 만들기
– 인터뷰 모의 연습하기(모둠 연습 ⇨ 교사를 대상으로 인터뷰)

'운명처럼 전북을 사랑해'의 중점 활동인 지역 축제에 참여하여 인터뷰를 하려면 많은 준비가 필요했다. 4학년 아이들은 인터뷰를 해 본 경험이 없었다. 그리고 모르는 어른에게 다가가 이야기를 할 수 있는 용기가 부족하고, 예상과 다른 답변에 대처할 수 있는 응용력도 부족하다. 인터뷰를 통해 지역 주민의 생각을 알아보고 지역 발전에 대해 생각한다면 뜻깊은 수업이 될 수 있겠다는 기대에 부풀어 통합수업을 계획하기는 했지만, 수업 시기가 다가올수록 우리의 불안감은 커져만 갔다. 이 때문에 준비 단계를 매우 철저히 했다. 회의한 내용을 토대로 수업을 계획하고 다시 회의하고 수정하기를 여러 번 거치고 나서야 '인터뷰 계획하기' 수업 개요를 짤 수 있었다.

수업의 시작은 PPT를 통해 인터뷰 과정을 알아보는 것이었다. 질문지를 작성하고 축제에 참여한 사람들을 대상으로 인터뷰를 하고, 인터뷰 내용을 바탕으로 발표를 준비하여 다양한 방법으로 발표할 것임을 안내했다. 축제에 참여하여 처음 만나는 사람을 인터뷰까지 한다고 하니 아이들의 마음은 기대감에 부풀어 올랐다.

인터뷰 대상에 따라 질문이 달라져야 하므로 인터뷰 대상을 먼저 선정했다. 다양한 사람들의 생각을 들어 보기 위해 모둠별로 서로 다른 인터뷰 대상을 만나기로 했다. 어른(우리 지역 주민과 다른 지역 주민 포함) 3모둠, 자원봉사자 2모둠, 학생 1모둠, 공연 관계자 1모둠으로 선정했다.

인터뷰 질문은 수업의 목표를 달성하기 위해 매우 중요한 요소였다. 지역에 대한 사람들의 인식, 주민 참여의 중요성, 지역 발전과 관련된 내용으로 질문을 구성해야 수업 목표에 도달할 수 있다. 우리는 아이들이 어떤 질문을 할지 먼저 예상 질문지를 만들고, 아이들이 질문의 방향을 잘 잡지 못할 경우 조언하기로 했다. 모둠별 토의를 통해 질문지를 작성하고 교사의 조언에 따라 다시 수정하기를 여러 번 반복하니

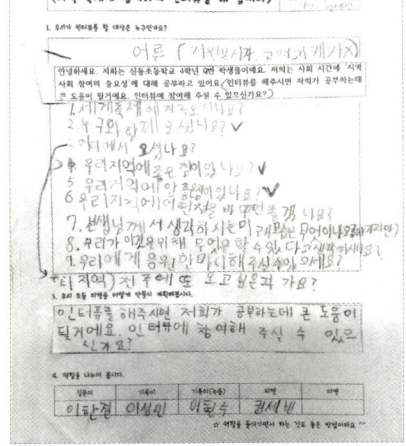

자원봉사자 대상 인터뷰 계획 / 어른 대상 인터뷰 계획

좋은 질문지를 만들 수 있었다.

 아이들이 야외에서 낯선 사람에게 먼저 다가가 말을 거는 것은 사회 공부를 위한 인터뷰이기 때문에 이를 사람들에게 알려야 했다. 그래서 피켓을 제작하도록 했다. 스케치북을 활용하여 인터뷰를 하고 있다는 사실을 알리고 참여를 요구하는 피켓을 만들었다.

 피켓 제작 후 아이들의 역할을 질문이, 기록이, 녹음이, 피켓이로 나

아이들이 만든 피켓

266

누고, 자신이 맡은 역할을 연습하는 시간을 가졌다. 모둠끼리 모의 인터뷰를 진행하고 교사가 인터뷰 대상이 되기도 했다. 모의 인터뷰에서 질문이는 인터뷰 대상에게 질문을 하고, 기록이는 답변을 실제로 스케치북에 적고, 녹음이는 핸드폰으로 녹음을 하고, 피켓이는 피켓을 들고 있으면서 인터뷰 대상에게 인터뷰에 대한 안내를 하고 답변에 맞장구를 치는 연습을 했다. 교사가 대상이 되어 인터뷰를 진행할 때는 아이들의 담력과 응용력을 키우고자 인터뷰에 불응하는 연기도 하고, 예상하지 못할 만한 답변도 했다. 모의 연습 시간을 최대한 많이 제공하여 용기를 북돋우고, 아이들이 예상과 다른 진행에도 대처할 수 있도록 했다.

　모의 인터뷰 연습을 통해 아이들은 많은 것을 알아냈다. 녹음이의 경우 인터뷰 내용을 녹음하고 나서 확인해 보니 목소리가 하나도 들리지 않아 어떻게 하면 목소리가 잘 들릴 수 있는지 연구하거나 기록이로 역할을 변경했다. 기록이의 경우 답변을 줄여서 쓰는 방법을 여러 번 연습하면서 좀 더 빠르게 답변을 적을 수 있었다. 또한 인터뷰를 마친 후에는 모두 함께 모여 답변을 정리하는 일이 필요하다는 것을 알게 되었다. 여러 번의 연습을 하면서 아이들의 마음속은 인터뷰로 가득 채워졌고, 긴장과 설렘이 교차하며 축제의 날을 기다렸다.

인터뷰 연습하기

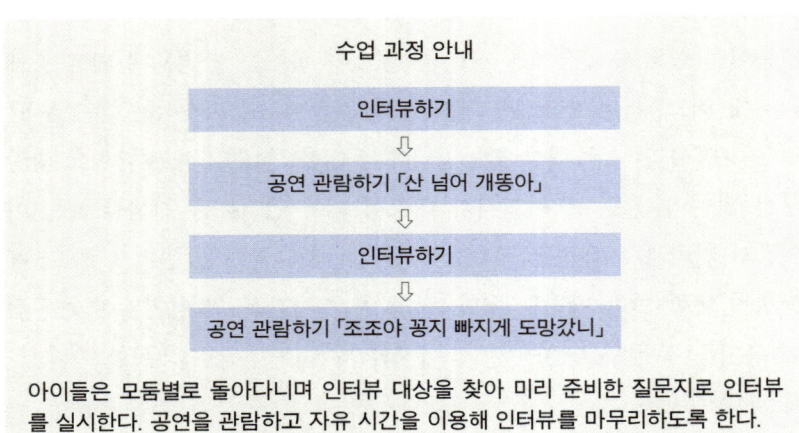

수업 과정 안내

인터뷰하기

⇩

공연 관람하기 「산 넘어 개똥아」

⇩

인터뷰하기

⇩

공연 관람하기 「조조야 꽁지 빠지게 도망갔니」

아이들은 모둠별로 돌아다니며 인터뷰 대상을 찾아 미리 준비한 질문지로 인터뷰를 실시한다. 공연을 관람하고 자유 시간을 이용해 인터뷰를 마무리하도록 한다.

아이들과 현장 학습을 간 10월 8일은 세계소리축제 첫째 날이었다. 아이들은 모둠별로 질문지와 응답지를 준비했다. 소리 문화의 전당에 도착해서 모둠별로 인터뷰 대상을 찾아 돌아다녔다.

세계소리축제 자원봉사자인 '소리 천사'를 맡은 모둠은 생각보다 쉽게 인터뷰가 끝났다. 한 모둠당 세 명 이상을 인터뷰하기로 했는데 도착한 지 한 시간도 안 되어 인터뷰를 마무리했다. 축제 첫째 날이라 한산했고, 모두 친절하게 아이들의 활동에 참여해 주었다.

인터뷰하기가 가장 어려웠던 대상은 축제 관계자와 학생이었다. 축제 관계자는 바쁘다면서 아이들의 요청을 거절하기 일쑤였고, 오전에는 너무 이른 시간이라 학생들이 없어서 인터뷰를 할 수 없었다.

아이들은 사전에 거절당했을 때 대처하는 방법과 단답형 대답이 나왔을 때 어떻게 추가 질문을 해야 하는지 연습했기 때문에 인터뷰 결과는 교사들의 예상보다 수준이 높았다. 교사들이 계획 단계에서 걱정했던 점은 아이들이 인터뷰를 거절당하고 위축되어 활동을 마무리하

소리 천사 인터뷰

소리축제 관계자 인터뷰

방문객 인터뷰

지 못하는 것이었다. 하지만 아이들은 몇 번의 거절을 당하고도 여러 번 다시 시도를 했고 인터뷰를 완료했다. 인터뷰와 함께 아이들도 소리축제의 공연을 관람하며 다양한 소리를 즐기는 시간을 가졌다. 지역 축제에 다 함께 참여해 보는 의미 있는 경험이었다.

세계소리축제에 참여하지 않았다면 아이들은 교실에서 교과서로 전북의 미래를 고민했을 것이다. 교실 밖으로 나와 실제 어른들을 만나 전북의 미래에 대해 의견을 들었던 경험은 아이들이 진심으로 자신들이 사는 공간에 대해 깊이 고민할 수 있는 기회가 되었던 듯하다.

답변을 정리하고 발표하는 과정이 남았지만 인터뷰를 완료한 아이들은 큰 산을 넘은 듯 뿌듯하고 흐뭇해하는 표정이었다.

7. 발표 준비하기

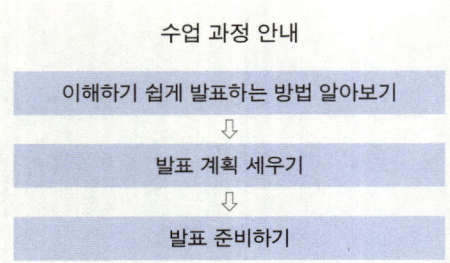

수업 과정 안내

이해하기 쉽게 발표하는 방법 알아보기
⇩
발표 계획 세우기
⇩
발표 준비하기

가. 이해하기 쉽게 발표하는 방법 알아보기
- 기억에 남는 발표 방법을 생각해 보고 다양한 발표 방법에 대해 알아보기
- 뉴스, 역할극, 신문이나 보고서, 만화, 파워포인트 등 다양한 발표 방법에 대해 소개함

나. 발표 계획 세우기
- 모둠별로 인터뷰 계획 세우기
- 제목, 발표 방법, 역할 나누기, 사진이나 영상 등 발표 방법에 따라 자세히 계획을 세우도록 안내함

다. 발표 준비하기
- 현장 학습을 다녀온 후 인터뷰한 내용을 바탕으로 다양한 방법을 활용하여 발표 준비를 함

다양한 방법으로 발표하기는 소리축제에 참여하여 인터뷰 내용을 바탕으로 모둠별 발표를 하는 수업으로 구성하였다. 다양하게 발표하는 방법을 나누기 위해 그동안 발표 방법 중에서 가장 기억에 남는 방법이 무엇인지 아이들에게 물어보았다. 1학기 때 했던 신문 만들기, 모둠 활동 발표하기, 보고서 만들기, 뉴스 발표하기 등이 기억에 남는다고 했다. 다양한 예시 작품들을 통해 다양한 발표 방법 등을 더 알아보았다. 역할극, 인형극, 만화, 파워포인트 등을 활용하여 다양하게 발표할 수 있음을 안내하였다. 그리고 이번 발표 자료를 만들 때에는 지역사회 참여의 중요성, 소리축제에서의 인터뷰 내용, 전북의 미래 모습

발표 준비하는 아이들

등을 포함해 만들도록 했다.

또한 발표 자료를 만들기 위해 학급의 정보 시간을 활용하여 자료 검색, 한글 문서 작성 방법을 복습하고 파워포인트 메뉴 중 스마트아트 사용을 안내했다. 목록, 프로세스, 주기, 피라미드 등 인터뷰한 내용을 보기 쉽게 정리할 수 있도록 만드는 방법, 색상 변경, 애니메이션 적용하기 등을 활용하여 파워포인트를 만들어 보도록 했다.

발표 방법에 따라 인형극은 대본을 짜고 인형을 만들었으며, 뉴스는 맡은 역할에 따라 연습하고 영상과 사진을 함께 제시했다. 노래 가사

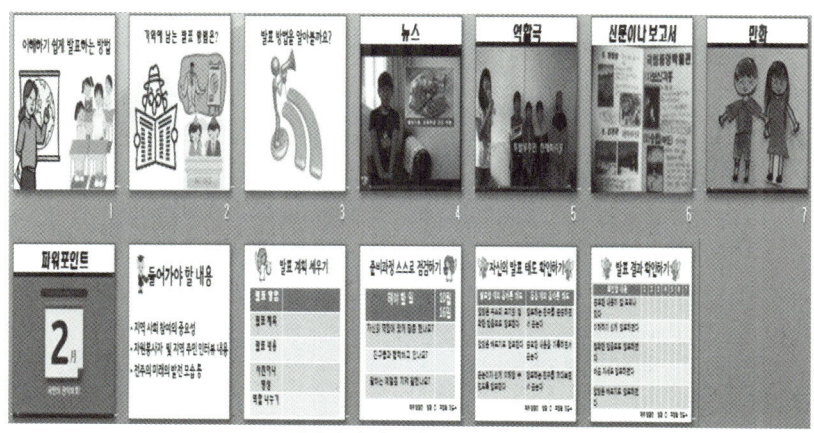

다양하게 발표하는 방법 소개

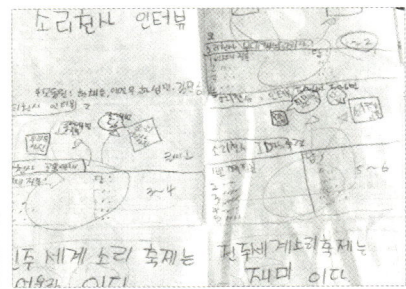

발표 계획서	발표 자료 초안

바꾸기를 통해 지역 참여의 중요성과 인터뷰 내용을 담은 노래를 만들고 뮤직 비디오를 만들었다. 파워포인트를 만드는 모둠에서는 슬라이드 구성 계획을 짜고 교사들과 상의했으며, 스마트아트를 활용하여 보기 좋게 파워포인트를 완성했다. 또한 전라북도의 미래 모습이 담긴 그림을 그렸다. 모든 발표 준비는 정규 수업 시간을 활용하여 하도록 했다. 모둠 과제 시 방과 후 시간이나 주말을 활용하는 경우, 아이들별로 가능한 시간이 달라 갈등이 생기는 경우가 종종 있다. 국어 및 사회 시간 등을 활용하여 아이들은 여유롭게 발표 자료를 만들 수 있었다.

8. 주민이 함께하는 지역사회 발전 방안 발표

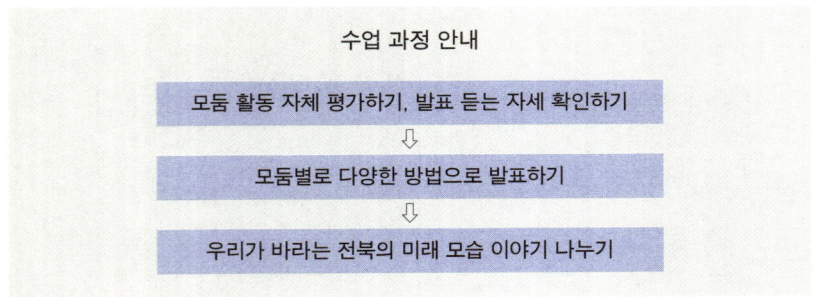

수업 과정 안내

모둠 활동 자체 평가하기, 발표 듣는 자세 확인하기
⇩
모둠별로 다양한 방법으로 발표하기
⇩
우리가 바라는 전북의 미래 모습 이야기 나누기

가. 모둠 활동 자체 평가하기, 발표 듣는 자세 확인하기
– 지난 모둠 활동에 대해 자체 평가해 보기
– 다른 모둠의 발표를 들을 때 주의할 점 확인하기
– 모둠 발표 평가표 안내

나. 모둠별로 다양한 방법으로 발표하기
– 역할극, 뉴스, 신문 등을 작성하여 학부모 공개 수업을 통해 다양한 방법으로 발표를 함
– 발표 평가표를 통해 발표 준비 과정을 스스로 점검하고 자신의 발표 태도 및 모둠 발표 결과를 기록하도록 함

다. 우리가 바라는 전북의 미래 모습 이야기 나누기
– 포스트잇에 내가 바라는 전북의 미래 모습 적기
– 부모님이 바라시는 전북의 미래 모습 들어 오기

　다양한 방법으로 발표 자료를 완성하고 2학기 학부모 공개 수업에 맞춰 발표 수업을 했다. 모둠별로 뉴스, 파워포인트, 인형극, 만화, 신문, 그림, 뮤직비디오 등 다양한 방법으로 인터뷰한 내용을 발표했으며 발표를 듣는 부모님께서도 힘껏 격려의 박수를 보내 주셨다. 인터뷰 발표 확인표로 발표 준비 과정을 스스로 점검하고, 자신의 발표 태도와 들을 때의 태도를 확인하도록 했다. 또한 다른 모둠의 발표를 들으며 발표 내용, 태도, 발음 등의 모둠 발표 결과를 기록하도록 했다. 마무리 활동으로 우리가 바라는 전북의 미래 모습을 포스트잇에 적어 서로 나누었다. 아이들은 좀 더 발전된 전라북도의 모습을 원하기도 했고 환경이 보존되길 바란다는 의견을 내기도 했다. 끝으로 이번 수업을 통해 전라북도에 살고 있는 우리 아이들이 전라북도를 더욱 사랑하게 되었고 지역사회 참여의 중요성을 알게 되었으며, 그리고 앞으로 좀 더 나은 전라북도의 미래를 위해 노력하리라 기대해 본다.

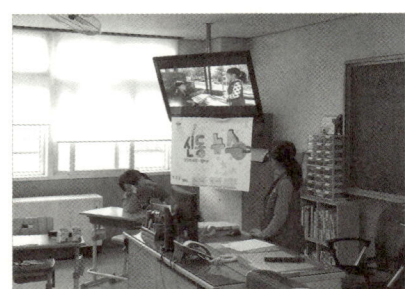
뉴스

파워포인트

공개 수업

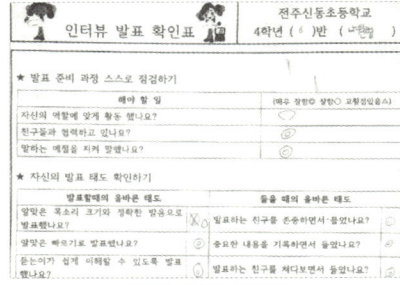
인터뷰 발표 확인표

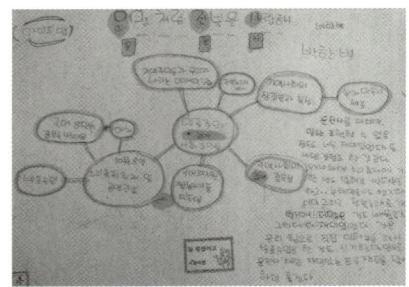
운전사 주제망과 마무리 소감

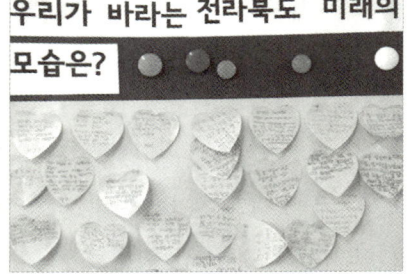
우리가 바라는 전북의 미래 모습

수업을 마치며

　'운명처럼 전북을 사랑해'는 아이들이 지역사회의 일에 관심을 가지고 참여하여 지역을 사랑하는 마음을 기르도록 하는 데 초점을 맞춘 통합수업이다. 그래서 이 수업에서 가장 핵심이면서 중점이 되는 활동은 전주 세계소리축제에 직접 참여해 지역 주민을 인터뷰하고 전주 시민으로서 세계소리축제 공연을 즐기는 것이었다.

실전을 위해 수업은 '실전을 위한 사전 지식 학습' → '실전 인터뷰 준비 및 연습' → '주민을 대상으로 한 실전 인터뷰와 지역 주민으로서 직접 참여' → '추후 발표' 과정으로 이루어졌다.

목표가 뚜렷한 만큼 '운전사' 수업 내내 아이들이 확실한 동기를 가지고 활동에 참여하였다. 예를 들어 국어 시간에 '인터뷰 방법'과 '언어 예절'을 배울 때에는 인터뷰나 언어 예절 학습 그 자체가 목표가 아니라 실전을 위한 연습이자 사전 준비 시간이 된 것이다.

지역사회의 주민 참여와 민주주의라는 사회과에서 시작된 학습이 국어 3단원, 8단원 그리고 미술 부채 만들기를 포괄하며 넓어지자 수업은 더욱 풍요로워졌다. 사회과 수업이 즐거울 수 있다는 것! 이것만큼 큰 방향 전환이 또 있을까?

무엇보다 아이들이 얻은 소중한 배움은 '담대함'과 '공감 능력'이었던 것 같다. 대부분의 아이들이 모르는 사람과 이야기를 나누는 과정에서 긴장하고 스트레스도 받았지만 그를 통해 '담대함과 용기'라는 중요한 가치를 얻었다고 생각한다. 또한 인터뷰한 내용을 바탕으로 뉴스를 만드는 과정에서 또는 인터뷰 과정에서 '인터뷰를 하는 사람은 이런 기분이구나.' '다른 친구들은 이렇게 생각하는구나.' 하는 타인에 대한 공감과 이해 능력을 느껴 보았다는 것은 아주 소중한 경험이었을 것이다.

아이들이 운전사 수업을 마치며 쓴 내용에는 대부분 인터뷰할 때 떨렸던 순간과 살아 있는 경험의 즐거움이 표현되어 있었다. 물론 아이들이 몸으로, 그리고 경험으로 배운다는 것은 모든 순간 적용될 것이다. 그중에서도 특히 이 통합수업은 다른 어떤 수업보다 아이들이 밖으로 나가 직접 참여함으로써 수업의 목표와 가치가 실현되었다.

주민 참여 방법이 공청회, 정책 제안, 서명운동, 캠페인 활동, 시민 단체 후원 등 다양함에도 불구하고 한두 가지 활동을 통해서만 직접 경험했다는 것은 아쉬움으로 남는다. 하지만 4학년 아이들 수준에서 실천할 수 있는 주민 참여 방법이 얼마나 있을까? 4학년 2학기 3단원 주민 참여와 관련된 성취 기준이 고학년으로 이동할 필요가 있다고 생각한다.

계획과 실행 그리고 반성의 전 단계가 아이들의 주도로 이루어지는 수업이었기에 교사와 학생 모두 성취감이 컸다. 그리고 수업 결과물을 아이들이 스스로 만들었기에 과정은 힘들었지만 즐겁고 보람차게 마무리할 수 있었다. 마지막에는 그 결과물을 학부모 공개 수업 때 발표함으로써 아이들이 어떻게 공부하는지 부모님이 직접 확인할 수 있는 좋은 기회가 되었다. 결국 이 운전사 수업은 교사나 학생 그리고 학부모 모두가 우리 지역에 대한 애정을 가지게 한 소중한 수업이었다.

운전사를 마치며(아이들 이야기)
- 지역 주민이 바라는 미래 모습과 우리 반 친구들이 바라는 모습들이 달라 귀 기울여 듣게 되었다. 우리 모둠과 다르게 한 모둠들을 보고 '저런 것도 있지. 기발한 생각이다.'라는 생각이 들었다.(장○○)
- 인터뷰한 내용으로 발표할 때 드라마 찍듯이 계속 연습 또 연습 또 또 연습을 하여서 발표할 때 마지막에 찍은 것을 보여 주었다.(박○○)
- 주민이 참여해야 그런 축제가 잘 돌아간다는 것을 느꼈다. 전주 세계소리문화축제는 한 번 더 갔으면 좋겠다. 세계소리축제 안에는 많은 체험 활동이 있었다. 주먹밥 만들기, 연이나 활 만들기, 스토리 박스 등 많은 활동이 있었다.(유○○)
- 인터뷰를 할 때 난생 처음 인터뷰를 한 거라 약간 떨렸지만 하다 보니 그 사람이 전북을 어떻게 생각하는지 알게 되고 공감도 약간 갔다.(조○○)
- 전북을 더 알게 되었고 상징물, 미래 모습, 지역사회 참여의 중요성을 알게 되었다. 우리 5모둠이 바라는 미래 모습으로 같이 생각을 해서 모둠원들과도 친해진 것 같다. 또 소리문화축제에 가서 모르는 사람과 인터뷰할 때는 너무 부끄러웠는데 인터뷰를 하게 되어서 모르는 이웃들과도 이야기를 할 수가 있었다. 소리문화축제에서 인터뷰를 해서 총 정리한 자료로 뉴스, 만화, 신문을 써서 표현하는 것도 재밌었다. 우리 모둠은 뉴스를 했는데 내가 시민 역으로 인터뷰를 하면서 인터뷰하는 사람의 기분이 이런 것이라고 알게 되었다.(최○○)

이렇게 평가했어요

1. 다음은 신동초등학교 4학년 학생과 소리 천사의 인터뷰 장면 중 일부입니다. 아래 빈칸에 질문에 대한 자신의 생각을 구체적으로 쓰세요.

인터뷰 장면

[학생 1] 소리축제에 소리 천사로 어떻게 참여하게 되셨나요?
[소리 천사] 대학교를 다니면서 보람차게 할 수 있는 일을 찾고 있었어요. 시청 홈페이지에 접속했는데 우연히 소리 천사를 모집한다는 광고를 보고 신청하게 되었습니다.

[학생 2] 지역 축제에 자원봉사가 필요한 이유는 무엇인가요?
[소리 천사]
_____
_____
_____

[학생 3] 저희가 지역사회에 참여할 수 있는 다른 방법은 어떤 것이 있을까요?
[소리 천사]
_____
_____
_____

2. 다음 물음에 답하세요.

(1) 내가 바라는 전라북도의 미래 모습을 빈칸에 적어 봅시다.

_____

_____

_____

(2) 내가 바라는 전라북도를 만들기 위해 실천할 수 있는 일을 구체적으로 한 가지 쓰세요.

_____

_____

_____

3. 〈보기〉는 전라북도 여러 지역의 상징물입니다.
〈보기〉 중 하나를 선택하여 상징물에 나타난 지역의 특징을 구체적으로 쓰세요.

〈보기〉

가	나	다	라	마	바

- 내가 선택한 상징물 기호: _____
- 선택한 상징물이 나타내는 지역: _____
- 상징물에 나타난 지역의 특징: _____

6 달라서 행복해

다르다는 것, 남들과 내가 똑같지 않다는 것, 그래서 나는 '나'로 존재할 수 있고 유일무이한 나의 존재가 그 '존재한다는 사실'만으로 의미 있고 가치 있다는 것. 아주 당연한 이 사실을 우리 아이들은 언제부턴가 잊고 사는 것 같다.

교실에서 아이들 사이의 따돌림은 '이 아이는 우리와 다르다.'라는 생각에서 시작되는 경우가 많다. 다르다는 것에는 '얼굴이 까맣다. 키가 작다. 몸무게가 많이 나간다. 우리 아파트에 살지 않는다.' 등이 있을 것이다. 따돌림을 당하는 아이들 또한 남들과 다른 자기만의 모습에 힘들어하고 괴로워한다.

이번 통합수업은 아이들이 '나는 남과 다르다.'라는 생각을 '우리는 모두 다르다.'라는 인식으로 넓히고, 다름이란 개성이며 동시에 존재의 의미임을 깨달아 자신만의 행복을 찾아가는 여행의 첫걸음이 되길 바라는 마음으로 만들었다.

첫 수업은 아이들이 경험한 차별에 관한 기억을 이끌어 내 차별의 문제점을 인식하고 차이와 차별에 대해 생각해 보는 시간을 가졌다. 이를 통해 차이를 존중하는 것이 인권 존중의 시작이라는 생각을 공유했다. 그리고 우리 사회의 다양한 가족의 형태를 알아보고, 그 장점을 찾아보았으며, 우리 사회에서 일어나는 양성 불평등 사례와 아이들이 겪은 양성 불평등 사례를 토대로 양성평등에 대해 토의·토론하는 시간을 가졌다. 또한 우리 사회의 소수자들이 겪는 어려움에 대해 알아보고, 언젠가부터 홀대받고 있는 노인 문제와 연관 지어 우리나라 인구 구성에 대해 알아보았다.

'달라서 행복해' 수업이 진행되는 동안 국어에서는 '방언'과 '제안하는 글쓰기', 수학에서는 '수직과 평행'과 '다각형'을 학습했다. 저마다의 개성을 가진 방언과 다각형 학습을 통해 다양한 모습이 그 모습 그대로 존중받아야 한다는 생각을 공유했다. 이러한 생각을 담아 인권 존중을 우리 사회에서 어떻게 실천해야 하는지 제안하는 글을 쓰고, 서로의 글을 돌아가며 읽어 보았다.

수업의 마무리는 우리 학교 학생들을 대상으로 인권 존중 캠페인을 실시하는 것이었다. 학생들이 인권 존중에 관심을 갖고 고민할 수 있도록 돕는 표어와 포스터를 만들어 등교 시간, 쉬는 시간, 점심시간, 하교 시간에 걸쳐 캠페인을 진행했다.

수업을 진행하는 동안 뉴스에 나오는 우리 사회의 다양한 인권 문제에 대해 아이들과 많은 대화를 나누었다. 우리 아이들은 소수자가 힘을 낼 수 있도록 돕고, 차별을 없애야 하며, 부족한 상태에 있거나 소외받는 사람들에게 도움을 주는 것이 정의롭고 평등한 사회라고 말한다. 이러한 생각이 어른이 되어서도 계속된다면 우리 사회가 조금 더 따뜻해지지 않을까? 우리 아이들의 마음속에 '달라서 행복해'가 오래도록 자리하길 바란다.

수업 개요

수업명	달라서 행복해	시수	43차시
수업 목표	우리 사회의 다양한 모습을 알고, 차이와 차별, 다름과 틀림을 구별하여 누구나 존중받아야 한다는 인권의식을 기른다.		

성취 기준		교과서
• 할머니(할아버지), 아버지(어머니), 그리고 나로 이어지는 세대 간의 가족 수, 가족 구성 등을 조사해 보고, 옛날과 오늘날의 가족 형태의 차이에 대해 이해할 수 있다. • 사례를 들어 성 역할이 변화하고 있음을 이해하고, 양성평등 사회의 실현에 이바지할 수 있는 의식과 태도를 갖는다. • 우리나라 인구 구성의 변화와 관련하여 나타나는 다양한 현상을 찾아보고, 그것의 문제점에 대해 이해한다. • 사회적 소수자에 대한 편견 및 차별 사례를 찾아보고, 그 원인을 조사하여 소수자 인권 보호 방법을 탐구할 수 있다.	사회	4-2 2. 사회 변화와 우리 생활
• 문화에 대해 종합적인 관점에서 올바르게 이해하고, 다문화 사회에서 타인의 인권을 존중하는 바람직한 생활 태도를 지닐 수 있다.	도덕	8. 다양한 문화, 조화로운 세상
• 표준어와 방언의 가치를 알고 상황에 따라 효과적으로 사용한다. • 다양한 매체를 보거나 듣고 생각과 느낌을 나눈다.	국어	6. 우리말 여행을 떠나요
• 알맞은 이유를 들어 자신의 의견이 드러나게 글을 쓴다. • 회의의 절차와 방법을 알고 능동적으로 참여한다.	국어	2. 제안하고 실천하고
• 글에 대한 경험과 반응을 다른 사람과 나눈다. • 작품 속의 세계와 현실 세계의 공통점과 차이점을 안다. • 다양한 매체를 보거나 듣고 생각과 느낌을 나눈다.	국어	9. 시와 이야기에 담긴 세상
• 교실 및 생활 주변에서 직각인 곳과 만나지 않는 직선을 찾는 활동을 통해 직선의 수직 관계와 평행 관계를 이해한다.	수학	2. 수직과 평행
• 여러 가지 모양의 사각형에 대한 분류 활동을 통해 직사각형, 정사각형, 사다리꼴, 평행사변형, 마름모를 이름 짓고 이해한다. • 여러 가지 사각형의 성질을 이해한다. • 다각형, 정다각형과 대각선의 뜻을 안다. • 주어진 도형으로 여러 가지 모양을 만들 수 있다. • 주어진 도형을 여러 가지 모양으로 덮을 수 있다.	수학	3. 다각형

수업의 흐름

시기	주제	내용 및 활동	시량
첫째 주	달라도 우리는 친구	-『내 귀는 짝짝이』그림책 -차이와 차별: 다양성을 존중하는 것이 인권 존중의 시작 -종이비행기 날리기: 차별을 한 경험, 차별을 당한 경험	1
	다양한 가족	-『따로따로 행복하게』그림책 읽기 -형태는 다르지만, 모두 행복한 가족의 형태 -다양한 가족 형태의 장점 찾아보기	2
	양성평등	-『종이봉지 공주』그림책 -자신이 경험한 성차별에 대해 이야기하고 감정 나누기 -과거에 비해 양성평등이 이루어진 부분 찾아보기, 양성평등을 위해 더 개선해야 할 부분 찾아보기	3
	사투리도 소중한 우리말	-국어 6단원 '우리말 여행을 떠나요' -각 지역의 사투리 알기 -'사투리는 고쳐야 할까?' 신호등 토론하기	7
둘째 주	나만의 모양 만들기	-나만의 모양 만들어 보기 -여러 가지 다각형을 이용하여 재미있는 모양 만들기	1
	꽃이 피는 아이	-우리 사회에 있는 다양한 사람 알아보기: 다문화, 장애인, 새터민, 성 소수자, 외국인 노동자 -소수자들이 겪는 어려움과 문제점을 찾고 해결 방안 나누기 -참고 그림책:『꽃이 피는 아이』,『내게는 소리를 듣지 못하는 여동생이 있습니다』,『이모의 결혼식』,『깃털 없는 기러기 보르카』등	3
	너희들도 언젠가는 노인이 된단다	-『너희들도 언젠가는 노인이 된단다』그림책 -달라지는 인구 구성 변화 알아보기 -『우리 가족입니다』그림책 -저출산 고령화 현상에 따른 문제점 알아보기	3
	제안하고 실천하고 (일주일 동안 진행)	-국어 2단원 '제안하고 실천하고' -주변의 문제에 대하여 자신의 의견과 근거를 들어 제안하는 글 쓰는 방법 알아보기	5
	함께해요, 인권 존중	-마무리 활동: 표어 만들고 캠페인하기	3
2주 동안	수학 2. 수직과 평행 수학 3. 다각형	-통합수업이 진행되는 기간 동안 수업	15

수업 이야기

1. 달라도 우리는 친구

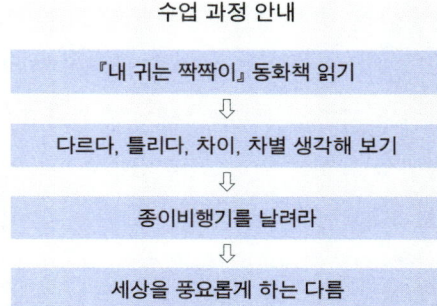

수업 과정 안내

『내 귀는 짝짝이』 동화책 읽기

⇩

다르다, 틀리다, 차이, 차별 생각해 보기

⇩

종이비행기를 날려라

⇩

세상을 풍요롭게 하는 다름

가. 그림책 『내 귀는 짝짝이』 읽기
- 한쪽 귀가 축 늘어진 토끼가 자신의 외모에 대한 콤플렉스를 이겨 내는 이야기
- 국어(가) 116쪽 '피부색이 달라도 우리는 친구' 읽기

나. 다르다, 틀리다, 차이, 차별 생각해 보기
- '다르다, 틀리다'를 사용한 문장 만들기, 단어의 뜻 생각해 보기
- 다르다, 틀리다의 뜻 확인 후 다르다고 해서 틀린 것일까 생각해 보기
- 차이(다르다)와 차별(틀리다)에 대해 생각해 보기

다. 종이비행기를 날려라
- 「외모 차별에 대한 외국과의 인식 차이」 영상 보기
- 종이비행기에 나쁜 기억을 담아 날리기
- 차별을 당한 기억, 다른 친구를 차별하거나 놀린 기억, 차별받거나 놀림당하는
  것을 본 기억
- 앞으로의 다짐 쓰기

라. 세상을 풍요롭게 하는 다름
- 지식채널e 「모자이크 프로젝트」 시청하기
- 다름을 존중하는 것이 인권 존중의 시작임을 알기

인권 존중의 가치를 기반으로 하는 '달라서 행복해' 수업을 어떻게
시작할 것인가에 대한 기나긴 토론 끝에 '다양성을 존중하는 것이 인

권 존중의 시작이다.'를 첫 번째 수업의 목표로 정했다. '사람은 모두 조금씩 다르고, 다르다는 것은 틀리다는 것이 아니다.'라는 기본적인 전제부터 아이들과 이야기하기로 했다. 또한 아이들의 삶 속에서 차별과 관련된 경험을 이끌어 냄으로써 차별의 문제점을 생각해 보고 다양성 존중의 필요성을 스스로 깨달을 수 있도록 수업을 구성했다.

『내 귀는 짝짝이』는 다양성 존중에 관한 이야기를 꺼내기에 아주 좋은 동화책이다. 주인공 리키는 남들과 귀 모양이 다른 토끼다. 귀 한쪽이 축 늘어져 친구들의 놀림을 받아 귀를 세우고자 노력하지만 잘 되지 않는다. 마지막으로 의사 선생님을 찾아간 리키는 토끼들은 모두 다 귀가 조금씩 다르다는 의사 선생님의 말씀을 통해 자기 귀에 대한 콤플렉스를 이겨 낸다. 모두 다 조금씩 다르다는 것을 인정하는 순간 자신의 콤플렉스는 사라지고 나와 다른 누군가에게 편견을 갖지 않게 된다.

동화책을 읽은 후 '다르다와 틀리다'에 관한 이야기를 나누었다. 아이들은 '다르다'는 "우리 오빠와 나는 쌍둥이지만 성격이 달라요.", '틀리다'는 "수학 문제를 틀렸어요."라고 낱말이 사용되는 예를 이야기했다. "그렇다면 다르다는 것은 틀리다는 것일까?"라는 물음에 모두 "아니요."라고 대답했다. '다르다'는 것이 '차이'라면 '틀리다'는 것은 '차별'이다. 차이를 인정하는 것과 차별을 행하는 것에는 큰 차이가 존재한다. 다수의 사람들과 다르다고 해서 틀린 것처럼 이야기하며 차별하는 어른들의 모습이 아이들의 눈에 어떻게 비칠까 얼굴이 뜨거워졌다.

차이와 차별에 대해 생각해 본 후 아이들의 마음속에 있는 차별과 관련된 이야기를 들어 보기로 했다. 우리나라에서는 "머리가 작다."라는 말을 칭찬으로 듣지만 외국 사람들은 이를 흉을 보는 것이라 생각한다는 내용, 그리고 다른 사람의 외모에 대해 이야기하는 것이 잘못된 행동이라고 어렸을 때부터 교육한다는 내용의 동영상으로 이야기를 시작했다. 아이들 세계에서 가장 흔한 차별인 외모에 따른 차별이라는 주제를 꺼냄으로써 아이들이 차별을 당한 일, 다른 친구를 차별한 일, 그리고 그것을 보고도 모른 척한 일을 생각해 낼 수 있도록 유도했다. 많은 아이들 앞에서 자기 경험을 털어놓는 것이 부끄럽고 어려운 일이라 생각되어 종이비행기에 글로 적어 이야기를 공유하기로 했다. 종이비행기에는 지금까지 겪은 차별에 관한 많은 이야기가 빼곡히 적혀 있었고, 앞으로 차별을 하지 않겠다는 다짐도 담겨 있었다. 아이들이 겪은 차별은 외모에 따른 차별(키, 피부색, 몸무게 등)이 가장 많았으며, 놀이 과정의 차별(놀이에 끼워 주지 않는 것)과 따돌림이 뒤를 이었다. 친구가 당한 차별을 들으면서 그 아픔을 위로했고, 다른 친구를 차별한 친구의 이야기를 들으면서 자기반성의 시간을 가졌으며, 차별을 보고도 모른 척한 일을 듣고 나서는 어떤 방법으로 친구를 도울 수 있는지 이야기함으로써 용기를 북돋워 주었다.

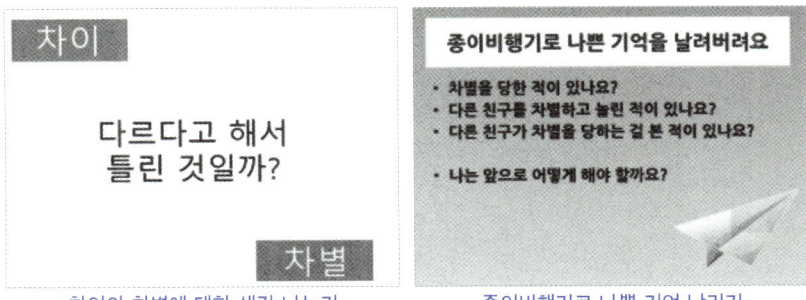

차이와 차별에 대한 생각 나누기   종이비행기로 나쁜 기억 날리기

마지막으로 다름을 인정함으로써 더 풍요로운 문화를 만들어 낸 「모자이크 프로젝트」(지식채널e)를 시청했다. 이를 통해 다름을 존중하는 것이 우리 사회에 꼭 필요한 일이며 인권 존중의 시작이라는 생각을 공유했다.

이 수업을 통해 아이들이 자신도 모르게 해 왔던 차별을 반성하고 인권 존중이 우리 삶에 꼭 필요한 가치라는 것을 느꼈기를 바란다. 차이를 인정하는 작은 생각이 나와 다른 타인을 존중하는 마음으로 자라나고, 이 마음이 더 크게 자라 남과 다른 자신의 모습도 사랑하는 아이로 자라나길 소망한다.

2. 다양한 가족

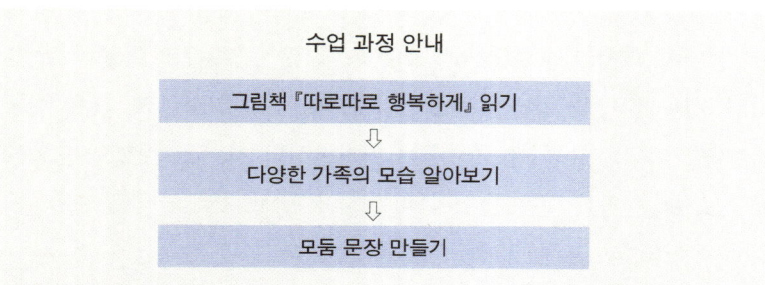

가. 그림책 『따로따로 행복하게』 읽기
– 그림책을 읽고 이야기 나누기
– 이혼 역시 가족 모두가 행복해지기 위한 용기 있는 선택이란 이야기 나누기

나. 다양한 가족의 모습 알아보기
– PPT로 다양한 가족의 모습 살펴보기
　(『이웃집에는 어떤 가족이 살까?』 도서를 활용함)
– 아이들은 개별 학습지를 완성하며 공부하기

다. 모둠 문장 만들기
– 모둠별로 가족의 형태 한 가지씩 뽑기
– 우리 모둠이 뽑은 가족만이 갖는 좋은 점 찾아보기
– 행복한 가족이 되려면 가장 필요한 것이 무엇인지 고민해서 모둠 문장 만들기

　통합 수업 '달라서 행복해'의 목적은 인권 존중과 다양성의 가치를 수용하는 자세를 기르는 것이다. 이와 관련하여 사회과에서 '현대 사회의 다양한 가족들'을 다루게 되었다. 사실 이 주제는 가족과 관련되어 학생들에게 조금 민감하게 다가올 수도 있다. 그래서 아이들에게 다양

한 가족의 모습을 제시하고 오늘날 우리 사회에 존재하는 가족의 모습이 다양해졌음을, 그리고 몇 가지 특징과 피부색만 다를 뿐 모든 가족이 다 똑같이 소중함을 이해하게 하는 데 초점을 맞췄다.

먼저 『따로따로 행복하게』 그림책을 아이들에게 읽어 주었다. 이 책에는 두 가지의 메시지가 담겨 있다. 첫 번째는 이혼에 대한 생각의 전환이다. 서로 맞지 않아 매일 싸우다 결국 얼굴까지 밉게 변하는 부모님이 나중에는 따로 살게 되고 그로 인해 가족들이 갖는 기쁨과 안도감도 2배가 된다. 이혼에 대한 기존의 부정적 통념을 깨고 이혼은 가족 모두가 행복하기 위한 용기 있는 선택이라는 메시지를 유쾌하게 전하고 있다. 두 번째는 아이들이 고민을 친구들과 공유하고 나눔으로써 상처를 치유하는 과정이다. 매일 싸우는 부모님을 보면서 두 아이는 '부모님이 싸우는 건 나 때문이 아닐까?'라고 고민한다. 그러나 여기서 멈추지 않고 친구들과 고민을 공유하고 나누면서 상처를 치유하고 '내 탓'이라는 마음에서 벗어나게 된다. 이 책을 읽어 주자 아이들 입에서 자연스럽게 '이혼'이라는 말이 튀어나왔다. 많은 아이들에게 이제 더 이상 '이혼'이 부끄럽고 숨겨야 하는 금기어가 아니게 된 것이다. 그림책에서 전하는 메시지를 공유하는 과정을 통해서 '이혼 가정' 또한 새롭게 바뀐 가족의 모습이라는 점에 초점을 맞추어 정리할 수 있었다.

그림책을 읽고 나서 다양한 가족의 모습을 PPT를 통해 살펴보았다. 『이웃집에는 어떤 가족이 살까?』라는 책을 활용했는데, 이 책은 길고양이 미오가 다양한 가족의 형태별 특징과 장점을 잘 설명해 준다. 수업을 진행하기 전 사전 과제로 아이들에게 책을 찾아 읽어 보라고 안내한다면 가족의 모습에 대해 더 깊이 있게 생각할 수 있을 것이다.

사회 교과서의 소단원 '현대 사회의 다양한 가족들'은 가족의 명칭을 가르치기보다 다양한 형태를 소개하는 것을 학습 목표로 삼고 있다. 그러나 다문화 가족, 조손 가족 등 다양한 가족을 지칭하는 명칭

『따로따로 행복하게』 그림책 장면

다양한 가족의 모습 PPT

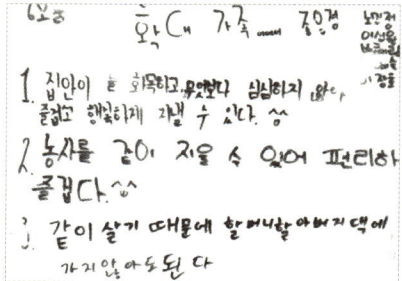

가족 형태별 좋은 점 찾기(모둠 칠판)

행복한 가족에게 필요한 것(모둠 문장 만들기)

의 정확한 의미를 아이들에게 알려주는 것도 필요하다는 생각이 들었다. 많은 아이들이 이미 다문화 가족, 조손 가족 등의 명칭을 알고 있고 또 언젠가는 접할 가능성이 높기 때문이다. 예를 들어 다문화 가족은 용어 그대로 문화文化가 더 다多양하고 많음을 의미하고, 조손 가족은 조祖부모와 손孫자가 같이 산다는 것을 의미한다. 그러나 본래의 뜻과는 별개로 그 단어가 사회문화적 맥락 안에서 사용될 때는 '보호해야 할 대상, 부족, 안타까움' 등의 부정적 느낌이나 감정을 내포하게 되어 우리도 모르게 용어 사용을 꺼려한다. 단어의 정확한 의미를 배운 아이들이라면 그 용어에 대해 갖고 있던 고정관념이나 부정적 느낌에서 벗어나 본래의 뜻으로 사용할 수 있지 않을까?

그 후 모둠별로 가족의 형태(다문화 가족, 확대 가족, 핵가족, 한 지붕 아홉 가족, 일인 가구(나홀로족), 재혼 가족, 입양 가족, 청소년 쉼터 가족)를 한 가지씩 뽑았다. 그러고 나서 우리 모둠이 뽑은 다양한 가족의 장점을 찾아 모둠 칠판에 쓰도록 했다. 모둠별로 찾은 장점을 발표한 뒤, 마지막으로 행복한 가족이 되기 위해 필요한 것은 무엇인지 생각해 보았다. 그리고 '행복한 가족이 되기 위해 필요한 것은 무엇일까?' 또는 '행복한 가족이란?'이라는 주제로 모둠 문장 만들기를 시작했다. 많은 아이들이 행복한 가족이 되려면 관심, 사랑, 배려, 시간, 함께하는 것이 필요하다고 썼다. 모둠 문장 만들기를 하다 보면 아이들은 이미 저마다의 논리를 가진 정답을 가지고 있다는 생각이 든다.

3. 양성평등

수업 과정 안내

그림책 『종이봉지 공주』 읽기

⇩

```
┌─────────────────────────────────────────┐
│      과거와 현재의 성차별적 요소 찾아보기        │
└─────────────────────────────────────────┘
                    ⇩
┌─────────────────────────────────────────┐
│         「아빠 힘내세요」 가사 바꾸기            │
└─────────────────────────────────────────┘
                    ⇩
┌─────────────────────────────────────────┐
│      양성평등을 위하여 더 노력할 점 알아보기       │
└─────────────────────────────────────────┘
```

가. 그림책 『종이봉지 공주』 읽기
- 그림책을 읽고 기존의 공주와 주인공의 다른 점 이야기하기
- 일상생활에서 성차별을 느낀 경험 이야기하기

나. 과거와 현재의 성차별적 요소 찾아보기
- 속담에 반영된 성차별 알아보기
- 조선시대 존재하던 삼종지도의 풍습에 대해 이야기 나누기
- 현대 사회에서 양성평등이 침해된 사례 찾기

다. 「아빠 힘내세요」 가사 바꾸기
- 뉴스를 보고 「아빠 힘내세요」의 성차별적 요소에 대해 이야기 나누기
- 양성평등을 고려하여 「아빠 힘내세요」의 가사를 바꾸기

라. 양성평등을 위해 더 노력할 점 알아보기
- 현대 사회의 양성평등을 위한 노력 찾기(여성을 배려한 정책, 제도 등)
- 양성평등을 위해 더 노력할 점 이야기하기

우리는 일상 속에서 알게 모르게 서슴지 않고 성차별적인 발언을 하곤 한다. 우리와 부모님 세대가 성차별을 당연시하는 환경에서 자랐고, 그 속에서 자연스럽게 성에 대한 편견이 섞인 가치관을 형성해 왔기 때문일 것이다. 성차별로 마음고생을 하는 게 어디 여성뿐이랴. '사나이로 태어나서 말이야', '남자가 쩨쩨하게' 등 이 시대의 남성들은 왜곡된 남성성을 강요당하고 있다.

다르다는 것을 차이로, 차이를 행복의 근원으로 여기는 전제에서 출발한 '달라서 행복해' 수업의 특성을 고려한다면, 양성평등의 개념에도 어폐가 있는 것이 사실이다. '성'이라는 주제를 놓고 생기는 소수

자는 사실 남성과 여성 단 두 가지로 보기가 힘들기 때문이다. 오히려 '양성'은 다수자 쪽일 것이다. 세상에는 여성의 몸을 하고 있지만 남성의 정체성을 가진 이도 있고, 같은 성을 사랑하는 이들도 있다. 하지만 아직 성 정체성이 완전히 확립되지 않은 4학년 아이들에게 '모든 분화된 성'을 가르치기에는 한계가 있었다. 특히 성 소수자가 혹여 희화화된 존재로 비처질까 봐 걱정되어 다루지 않았다.

양성평등 수업 도입

양성평등 수업을 하면서 가장 중요하게 생각한 점은 우리가 평소에 당연하게 여기는 성차별적인 태도를 의심하고, 더 나아가 깨뜨리는 것이었다. 우리 세대의 성에 대한 잣대를 아이들에게 그대로 물려줄 수는 없다. 일반적으로 사회가 진보함에 따라 사람들의 머리도 깨이고 마음도 열린다. 그렇게 세상이 많이 좋아졌다고는 하나 여성들에게는 여전히 유리 천장이 존재하지 않는가? 더 이상 '성'으로 차별하는 생각이나 태도를 가져서도, 그런 제도가 이 사회에 존재해서도 안 된다. 그 시작은 성차별적인 모든 관습을 의심하도록 가르치고, 스스로도 성차별적인 발언을 삼가는 어른들의 노력이 될 것이다.

양성평등 수업의 첫 활동은 동화『종이봉지 공주』를 읽고 고정된 성관념에 대해 생각해 보는 것이었다. 동화를 읽기 전에 우선 '공주' 하면 떠오르는 것을 이야기해 보았다. '드레스, 왕관, 미녀, 긴 머리, 왕자, 기사…….' 그러나 동화 속 주인공 엘리자베스는 용에게 잡혀간 왕자를 구하러 모험을 떠나는 새로운 공주다. 우리는 엘리자베스가 기존의 공주와 다른 점을 생각하면서 우리 머릿속에 고정관념이 있음을 인정하게 되었다.

두 번째로는 생활 속에서 남자와 여자가 되고 싶었던 경험에 대해 이야기를 나누었다. 할머니가 남동생을 더 예뻐할 때, 엄마가 내 마음을 이해해 주는 딸이 갖고 싶다고 했을 때 등 많은 이야기가 나왔지만, 의외로 현재의 성에 만족한다는 아이들도 많았다.

"선생님은 남자들만 혼내요."라는 한 아이의 말에 모든 남자아이들이 크게 공감했다. 학교 안에서는 오히려 남학생이 차별을 받는 사례가 많을 수 있다는 것을 생각하게 되었고, 혹시 나도 모르게 남자아이들을 차별하지 않았는지 반성했다. 그리고 아이들에게 남자와 여자를 차별하지 않겠다고 약속했다.

과거의 성차별

그다음으로 '양성평등'의 의미와 과거의 성차별에 대해 배웠다. 속담 속에 드러난 성차별적 요소와 유교를 신봉하던 조선시대의 삼종지도와 같은 성차별적 관습에 대해 배우고 생각하는 시간을 가졌다. 요즘

우리 생활 속 성차별

의 세태와는 많이 달라서일까, 아이들은 공감하기 어려워했고 부당하다고 생각했다.

현대로 돌아온다면 과연 성차별적 요소가 사라질까? 물론 아니다. 그래서 당연하게 여기고 있으나 이미 우리 생활 속 뿌리 깊이 박혀 있는 성차별에 대해 의심해 보는 시간을 가졌다. 남성 위주의 신호등, 남아 선호 사상으로 인해 결혼 적령기 남성 수가 여성 수에 비해 많은 현상, 국회의원 중 여성 비율, 남녀 간 임금 격차, 우리 생활 속의 성차별적 언어 습관 등 성차별적인 요소를 보여 주는 현상이나 지표들에 대해 알아보고 어떻게 바뀌어야 할지 깊이 있는 대화를 나누었다. 몇몇 아이들은 교사가 일러 주지 않아도 스스로 우리 생활 속 성차별적인 요소를 찾아냈다. "선생님, 생각해 보니까 왜 여자 화장실의 마크는 항상 핑크색이나 빨강색이고 남자 화장실은 파랑색일까요? 그런 것도 좀 잘못된 것 같아요.", "맞아, 그리고 여자들은 항상 치마를 입고 있어. 그것도 이상해." 의심과 질문이 꼬리에 꼬리를 물고 이어졌다. 덕분에 대화로 이어 나가는 풍성한 수업을 할 수 있었다.

본격적인 활동은 동요 「아빠 힘내세요」가 성차별적이라는 뉴스 영상을 보고 양성평등의 관점에서 가사를 바꾸어 보는 것이었다. 수업을 계획하면서도 걱정했는데, 역시나 어려웠다. 단순히 '아빠'가 들어갈 자리에 '부모님'이나 '엄마'를 넣는 아이들이 많았다. 곰곰이 생각해 보니 양성평등에 걸맞게 동요 가사를 바꾸는 것은 어른들에게도 어려울 것 같았다. 아이들뿐만 아니라 우리 역시도 「아빠 힘내세요」를 들으며 한 번도 성차별적 요소를 느껴 본 적이 없었는데, 생각해 볼 거리를 제공한다는 점에서 만족하기로 했다.

생활 속 성차별적 요소에 대해 많은 대화를 나누었으니, 이제 양성 평등 사회에 대해 생각해 볼 차례다. 우리 사회는 시간이 흐를수록 어느 정도 양성평등을 향해 진보하고 있다. 우선 생활 속 여성을 위한 배려가 담긴 제도와 시설을 소개했다. 여성 전용 주차장, 여성 전용 택시와 지하철, 여성 도서관 등이 있었다. 또한 더 이상 특정한 성이 특정한 직업을 대변할 수 없다는 점에 대해서도 이야기를 나누었다. 실제로 여성의 직업으로만 여겨 왔던 간호나 요리를 직업으로 삼는 남성수가 증가하고 있으며, 경찰, 소방관, 군인을 직업으로 삼는 여성도 많아졌다. 당연하게 주어지는 '성 역할'을 생각해 보게 되었다.

양성평등을 위한 노력

언젠가부터 인터넷에 '된장녀, 김치녀' 논란이 눈에 띈다. 솔직히 관련 글이 보일 때마다 씁쓸한 마음을 감출 수 없다. 뻔뻔하고 의존적인 일부 여성을 가리키는 말이라고는 하지만, 전체 여성에 대한 인식을 고

정시킬 수 있는 아주 나쁜 말이 아닌가. 외제차를 좋아하는 남성은 비난하지 않으면서 명품 가방을 좋아하는 여성은 비난받아 마땅하다는 그 이중 잣대를 어떻게 설명해야 할까? 능력에 걸맞지 않게 소비하는 사람들 전체를 비판하는 말이 아니라, 왜 하필 '김치녀'인 걸까? 이렇게 미성숙한 인터넷상의 반응은 여성이 대한민국의 사회적 약자라는 명백한 증거다. 아직 갈 길이 멀지만 분명 희망은 존재한다. 당연한 것을 의심하고, 그것에 대해 생각을 나누고, 바람직하게 바꾸기 위해 행동하면 된다. 우리 아이들도 진정한 양성평등 사회를 이룩하는 그날까지, 노력하는 시민이 되길 바란다.

4. 사투리도 소중한 우리말

수업 과정 안내

> 각 지역의 사투리 알기 활동
> ⇩
> '사투리는 고쳐야 할까?' 신호등 토론

가. 각 지역의 사투리 알기 활동
- 제주도: 동화 듣고 단어 뜻 유추하기
- 경상도: 음성 듣고 따라 해 보기
- 평양: 음성 듣고 따라 해 보기
- 충청도: 사투리 퀴즈
- 강원도: '~ 하드래요?', 영화 속 사투리
- 전라도: 우리가 평소 사용하는 사투리 정리하기
- 교과서 193쪽 표준어와 방언 잇기, 205쪽 공부 내용 정리

나. '사투리는 고쳐야 할까?' 신호등 토론
- 사투리에 대한 상반된 주장 알아보기
- '사투리는 고쳐야 할까?' 신호등 토론

'국어 6단원 우리말 여행을 떠나요'에서 사투리 관련 성취 기준은

"표준어와 방언의 가치를 알고 상황에 따라 효과적으로 사용한다."이다. 사실 지방에 사는 사람으로서 아이들에게는 상황에 따라 사투리를 사용하는 것보다는 사투리의 가치를 아는 것이 더 중요하다고 생각했다. 방언이든 사투리든 표준어가 아니면 차별당하는 것이 아직까지 우리의 현실이니 말이다.

아이들은 먼저 다양한 지역의 사투리를 즐겁게 경험하는 활동을 했다. 교과서에 있는 자료도 재미있지만 교과서 활동은 '할아버지'가 각 지역에서 어떻게 불리는지 알아보는 것에 그치는, 지식 전달식 수업이 되고 말 것 같았다. 그래서 각 지역의 사투리를 즐겁게 경험할 수 있는 '제주도 사투리로 쓰인 동화 듣고 단어 알아맞히기', '경상도 사투리 따라 해 보기', '충청도 사투리 퀴즈', '우리가 쓰는 전라도 사투리 정리하기' 등의 활동을 만들어 보았다. 아이들은 억양으로 뜻이 달라지는 경상도 사투리를 재미있어했고, 전라도 사투리를 정리하면서 우리가 꽤 많은 사투리를 쓰고 있다는 것에 놀라워했다.

 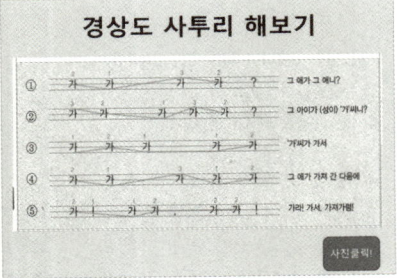

각 지역의 사투리와 관련한 활동

첫 번째 수업이 끝나고 나서 숙제를 냈다. 집에서 부모님과 '사투리는 고쳐야 할까?'에 대해 미리 이야기를 나누고 오라는 것이었다. 아이들은 부모님과 나눈 대화를 바탕으로 '사투리는 고쳐야 할까?'라는 주제로 '신호등 토론' 수업을 했다. 아이들은 먼저 취업을 위해 사투리 교정을 하려고 노력하는 이야기, 사투리 때문에 차별을 당해 사투리 교정 학원을 다니는 새터민 이야기 등 사투리를 고치려고 노력하는 사람들의 뉴스를 보았다. 이와 반대로 사투리를 보존하려는 여러 가지 노력과 사투리를 보존해야 하는 까닭이 나오는 뉴스도 보았다.

아이들은 먼저 찬성, 반대, 중립으로 자신의 의견을 표현했고 찬성과 반대 측에서 의견을 발표했다. 중립은 그 의견을 잘 듣고 있다가 자신의 의견을 정했다. 사투리를 고칠 필요는 없다는 의견이 압도적으로 많았다. 하지만 필요한 경우에는 표준어를 사용해야 한다는 의견에 많은 아이들이 동의를 했다.

이 수업이 끝난 후 아이들은 사투리에 대해 좀 더 허용적인 태도를 갖게 되었다. 강한 전라도 사투리를 쓰는 전학생과 부산이 친정인 엄

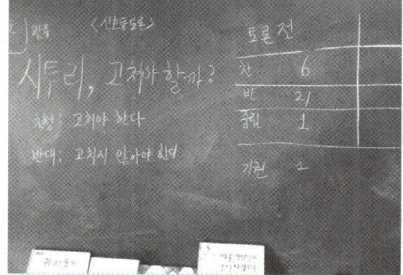
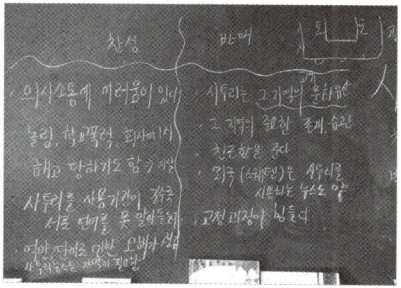

'사투리는 고쳐야 할까?' 신호등 토론 수업 모습

마의 영향으로 부산 사투리를 쓰는 학생은 친구들이 배려해 주어서 기분이 좋다고 이야기했다.

지방에 살고 있는 우리 아이들이 자라서 사투리 때문에 상처를 받을지도 모르겠다. 그런 상황에서 아이들이 자신이 쓰는 언어에 자부심을 가지고 당당하게 차별에 항의할 수 있기를 기대한다.

5. 나만의 모양 만들기

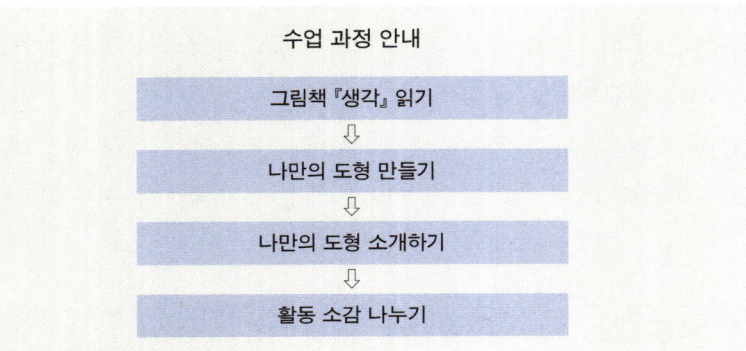

가. 그림책『생각』읽기
- 생각은 무엇일까? 한번 생각해 볼까? 나를 닮은 도형이 무엇인지 생각하며 그림책 읽기
- 나를 닮은 도형 생각하기

나. 나만의 도형 만들기
- 개별 학습지에 나만의 도형을 색종이나 색지를 이용하여 오려 붙이기
- 도형의 이름과 특징 적기

다. 나만의 도형 소개하기
- 교실을 돌며 만나는 친구에게 나만의 도형 소개하기
- 5명의 친구를 만나 소개하고 사인 받기

라. 활동 소감 나누기
- 친구들과 함께한 나만의 도형 소개를 듣고 느낀 점 나누기

'달라서 행복해' 마지막 수업은 나만의 도형 만들기이다. 나와 닮은 도형이 무엇인지 생각하고 나를 닮은 도형을 만들어 소개하는 수업이다. 이보나 흐미엘레스프카의 『생각』이란 그림책을 함께 읽고 '생각'이란 무엇인지 생각해 보게 했다. 이 책은 추상적이고 기발한 그림들이 실려 있어 아이들의 상상력을 자극하고 '생각'이 무엇인지를 묻고 대답하기를 반복한다. 이 책에서는 생각을 '비밀을 감춰 놓은 상자', '엉킨 실뭉치' 등에 비유하며 아이들이 추상적이어서 표현하지 못했던 것들을 명확하게 나타내고 있다. 책을 읽고 나서 내 모습을 떠올려 보고 과연 나와 닮은 도형은 어떤 모습일지 상상하게 하였다.

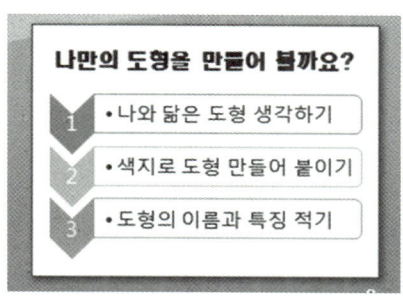

나만의 도형 만들기 활동 안내

한참을 고민하던 아이들이 색종이를 오려 자신을 닮은 도형을 만들기 시작했다. 여러 가지 색종이를 오려 학습지에 붙이고 이름을 짓고 도형이 가진 특징도 적었다. 아이들은 자신의 생김새를 닮았거나 자신의 성격을 나타내는 도형을 만들었고 거기에 삼각이, 삐진 삼각형 용, 나의 성격 등의 이름을 붙였다. 그 이유는 내 얼굴과 닮아서, 삐졌을 때 모습이 생각나서, 화났을 때 모습과 닮아서, 내가 자주 하는 모습이 생각나서라고 적었다.

완성된 나만의 도형 만들기 학습지를 들고 교실을 돌아다니며 친

나만의 도형 만들기

구를 만나 도형의 이름과 특징을 소개하고 사인을 받는 활동을 했다. 5명의 친구들에게 자신의 도형을 소개하는 활동에 즐겁고 적극적으로 참여했다. 활동을 마치고 아이들의 작품을 칠판 한곳에 붙였다. 29명의 작품을 살펴보고 활동 소감을 나누었다. 아이들은 작품을 쭉 살펴보고 나서 '서로 똑같은 게 없어요.', '다름이 무엇인지 알겠어요.', '자신의 성격이나 특징을 잘 나타냈어요.', '모두가 달라요.' 등 다양한 이야기들을 했다.

자신을 닮은 도형을 생각하고 만들고 소개하는 활동을 통해 아이들은 차이에 대해 이해하게 되었다. 아이들이 저마다 개성을 지닌 모습 그대로 서로를 인정하고 존중받아야 함을 깨달았기를 바란다. 내가 소중하듯 나와 다른 사람 또한 그 존재만으로 소중하기 때문이다.

6. 꽃이 피는 아이

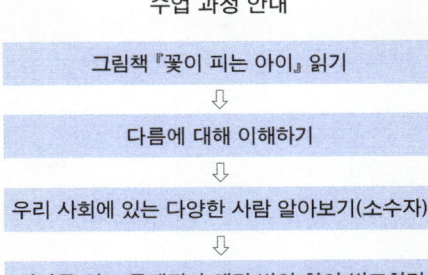

수업 과정 안내

그림책『꽃이 피는 아이』읽기
⇩
다름에 대해 이해하기
⇩
우리 사회에 있는 다양한 사람 알아보기(소수자)
⇩
기사를 읽고 문제점과 해결 방안 찾아 발표하기

가. 그림책『꽃이 피는 아이』읽기
– 그림책『꽃이 피는 아이』를 읽고 장애와 소통에 대해 이야기 나누기
– '이상함'과 '특별함'을 통해 차별이 아닌 차이를 인정해야 함을 상기하기

나. 다름에 대해 이해하기
– 아인슈타인, 뉴턴, 장영실 등의 예를 통해 다름에 대해 이해하기
– 나의 약점을 담은 인형 만들기

다. 우리 사회에 있는 다양한 사람 알아보기(소수자)
– 우리 사회에 있는 다양한 사람을 알아보고 소수자가 누구인지 찾아보기
– 소수자들이 겪을 어려움 생각해 보기

라. 기사를 읽고 문제점과 해결 방안 찾아 발표하기
– 모둠별로 소수자에 대한 신문 기사 읽기
– 문제점을 찾아보고 해결 방안 모색하기
– 모둠별로 발표하고 생각 나누기

이번에는 사회적 소수자에 대한 편견 및 차별 사례를 조사하고 이러한 문제의 원인과 해결 방안을 모색하는 수업이다. 그림책『꽃이 피는 아이』는 온몸에서 꽃이 피어나는 아이, 링크 보와곤의 아름다운 이야기로 남들과 다르다는 것의 의미와 그것을 받아들이는 과정을 들려준다. 우리는 개성을 중시하는 시대에 살고 있지만 평범하지 않은 것들을 이상한 눈으로 바라보곤 한다. 링크 보와곤은 우리 사회의 소수자

로 장애아들을 연상시킨다. 사람들 사이에 차이가 있을 뿐 차별이 있어서는 안 되는 것처럼 다름을 인정하고 이상함이 아닌 특별함을 자연스럽게 받아들일 수 있다면 정말 좋을 것이다.

그림책을 같이 읽고 지식채널e 「어느 퇴근길」을 함께 시청했다. 시각장애인의 사건을 다룬 영상으로 아이들이 생명의 소중함을 생각해 보기에 충분한 영상이었다. 아이들과 함께 장애와 장애인의 의미를 살펴보고 나의 모습을 그리고 안쪽에 나의 약점, 내가 숨기고 싶은 점들을 적은 인형을 만들었다. 이를 통해 인간은 모두 다 완전하지 못한 존재로 보호받고 존중받아야 함을 깨닫기를 바랐다.

다음에는 사회 구성원이지만 다르다는 이유로 편견을 가질 수 있는 사람들을 찾아보았다. 아이들은 장애인, 새터민, 다문화 가정, 외국인 노동자 등을 찾아냈다. 이들이 겪고 있는 어려움과 이를 해결할 수 있는 방안을 살펴보기 위해 신문을 활용했다. 교사들은 수업에 쓸 신문 기사를 검색하여 아이들이 쉽게 읽고 이해할 수 있도록 어려운 낱말을 바꾸거나 낱말의 뜻을 풀이해 적어 놓았다. 아이들은 모둠별로 신문 기사를 함께 읽고 소수자들이 겪는 어려움과 문제점을 찾아냈다. 이를 바탕으로 다양한 해결 방안을 모색했다.

아이들은 모둠별로 신문 기사를 함께 읽고 여러 가지 문제점을 찾아

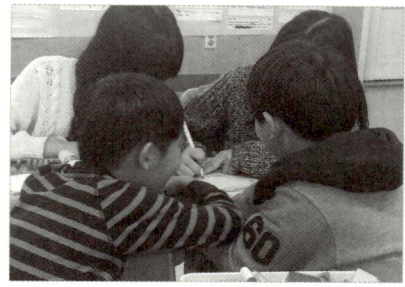
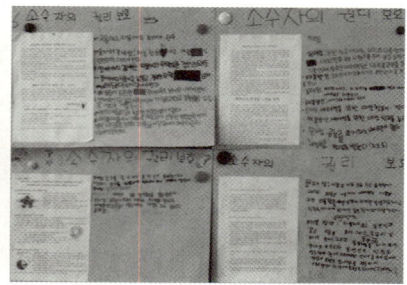

모둠 활동 후 소수자의 권리 보호를 위한 방안 발표

스스로 정리해 나갔다. 문제점을 찾고 해결 방안에 대해 토의를 했으며, 정리된 자료를 바탕으로 모둠별로 칠판 나누기를 통해 서로의 의견을 공유했다.

토의 결과를 살펴보면 아래와 같았다.

새터민의 어려움으로는 사회적으로 차별받음, 학업을 이어 가기 어려움, 언어 소통의 어려움, 일자리를 얻지 못해 경제적으로 어려움 등을 찾았다. 해결 방안으로는 전문적인 상담, 교육비 지원, 일자리 마련, 학교에 적응할 수 있는 방안 마련 등 다양한 의견이 나왔다.

장애인의 어려움으로는 장애로 인한 외출의 어려움, 값비싼 치료비, 정부의 무책임한 태도 등을 지적했다. 해결 방안으로는 장애인이 이동하기 쉽게 자원 봉사자 모집, 기부금 모금, 장애인 치료비 낮추기 및 정부의 적극적인 치료비 지원, 장애인에 대한 인식 개선을 위한 교육 등의 해결 방안을 이야기했다.

외국인 노동자의 어려움으로는 적은 월급 지급, 폭행 및 인권 문제, 차별에 대한 문제점을 찾고 해결 방안으로 외국인 폭행 및 인권 침해 시 과태료 부과, 적절한 월급 지급, 차별 및 인권침해 하지 않도록 법안 만들기 등이 이루어져야 한다고 했다.

다문화 가정의 어려움으로는 외모가 달라 차별받음, 언어 소통 문제, 일자리 문제, 경제적 어려움 등을 찾아냈다. 해결 방안으로는 일자리 마련, 언어 문제 해결하기 위한 지원이나 정책 마련, 경제적 지원, 차별금지 법안 마련 등의 의견이 나왔다.

아이들이 신문 기사를 읽고 문제점 및 해결 방안을 모색하는 활동을 통해 소수자에 대해 이해하고 어려움을 느낄 수 있었다. 또한 다양한 해결 방안 모색을 통해 차별의 부당함과 차이를 존중하는 인식을 하게 되고 그들을 위한 정책이나 지원 마련 등 구체적인 방안 마련이 시급함을 알게 되었다.

함께 사는 사회! 다 같이 행복한 사회를 꿈꾸며! 아이들이 앞으로 살아갈 세상은 누구나 존중받는 사회가 만들어지길 기대해 본다.

7. 너희들도 언젠가는 노인이 된단다(인구 구성 변화)

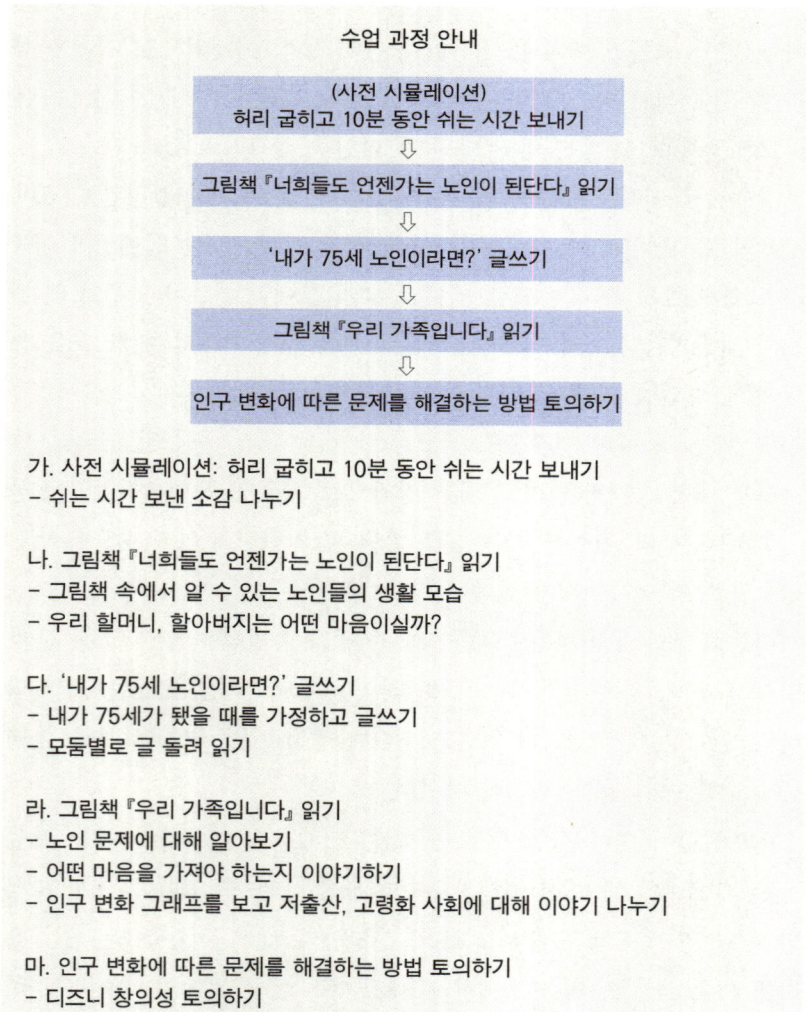

수업 과정 안내

(사전 시뮬레이션)
허리 굽히고 10분 동안 쉬는 시간 보내기
⬇
그림책 『너희들도 언젠가는 노인이 된단다』 읽기
⬇
'내가 75세 노인이라면?' 글쓰기
⬇
그림책 『우리 가족입니다』 읽기
⬇
인구 변화에 따른 문제를 해결하는 방법 토의하기

가. 사전 시뮬레이션: 허리 굽히고 10분 동안 쉬는 시간 보내기
- 쉬는 시간 보낸 소감 나누기

나. 그림책 『너희들도 언젠가는 노인이 된단다』 읽기
- 그림책 속에서 알 수 있는 노인들의 생활 모습
- 우리 할머니, 할아버지는 어떤 마음이실까?

다. '내가 75세 노인이라면?' 글쓰기
- 내가 75세가 됐을 때를 가정하고 글쓰기
- 모둠별로 글 돌려 읽기

라. 그림책 『우리 가족입니다』 읽기
- 노인 문제에 대해 알아보기
- 어떤 마음을 가져야 하는지 이야기하기
- 인구 변화 그래프를 보고 저출산, 고령화 사회에 대해 이야기 나누기

마. 인구 변화에 따른 문제를 해결하는 방법 토의하기
- 디즈니 창의성 토의하기
- 반짝이, 비판이, 현실이 단계를 거쳐 최적의 대안 찾아보기

이번에는 인구 구성 변화에 따른 문제를 알아보고 해결 방안을 고민하는 수업이다. 저출산·고령화로 인한 다양한 문제 현상 중에서도 아이들이 노인 문제를 의미 있게 공감할 수 있길 바랐다. 그래서 인구 변화에 대해 알아보기 전, 노인들의 삶을 생각해 보는 수업을 1차시로 계획했다. 수업의 시작으로 노인들의 불편한 신체 조건을 경험해 보고 어떤 심정인지 헤아려 보는 사전 활동을 했다.

사전 활동 안내 및 소감 나누기

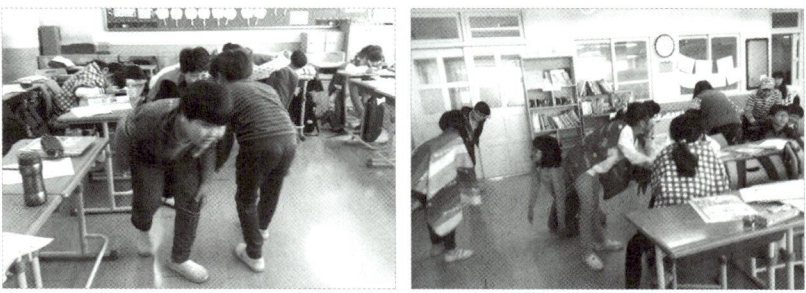

허리를 굽힌 채 쉬는 시간을 보내는 아이들의 모습

사전 활동을 하고 나서 아이들에게 소감을 물었다. 아이들은 '10분밖에 안 했는데 허리가 끊어질 것 같아요.', '허리가 불편하신 할머니, 할아버지는 정말 힘드실 것 같아요.', '뛰기 힘들어요.' 등의 반응을 보였다. 비록 잠깐이었지만 아이들은 건강한 신체를 가지고 있음을 감사히 여기고 할머니, 할아버지의 심정을 이해할 수 있었다.

그림책 『너희들도 언젠가는 노인이 된단다』

　아이들과 소감을 나누고 나서 노인 문제에 관한 그림책을 읽고 아이들이 노인들의 입장이 되어서 글을 써 보는 활동을 했다.

　아이들에게 읽어 준 그림책은 엘리자베트 브라미의 『너희들도 언젠가는 노인이 된단다』이다. 글이 많은 편이라 내용을 적절히 생략하며 읽었다. 아이들은 그림책의 내용을 통해 노인들의 외로움이나 불편함, 그리고 꿈과 사랑에 대해 좀 더 이해할 수 있었다. 그림책을 읽고 나서 우리 할아버지, 할머니는 '언제 기쁠까?', '언제 슬프실까?' 등을 생각해 봤다. 그리고 약 65년 뒤인, 아이들이 75살이 되었을 때를 상상하며 글쓰기를 해 보기로 했다. 75살이라는 나이가 아이들에게 잘 와 닿지 않을 것 같아 자녀들이 다 결혼하여 손자·손녀가 생기고, 머리가 희끗

아이들의 글 '내가 75살이라면……'

306

해졌을 때를 생각해 보라고 했다. 아이들은 75살이 된 시점에서 기쁠 때, 슬플 때, 외로울 때, 즐거울 때, 화가 날 때, 그리고 하고 싶은 것을 생각해 봤다. 앞의 활동들 때문인지 대부분의 아이들이 진지하게 글쓰기에 참여했다.

비슷한 문장들이 많이 나왔다. '내가 기쁠 때는 손자·손녀의 재롱을 볼 때', '내가 외로울 때는 나를 찾는 연락이 오지 않을 때, 집에 혼자 있을 때', '내가 하고 싶은 것은 가족들과 함께 여행을 가는 것' 등이다. 또, '내가 슬플 때는 자식이 나보다 먼저 죽었을 때, 배우자가 세상을 떠났을 때' 등 다소 무거운 내용도 있었다. 아직 어리지만 가족의 소중함과 이별의 아픔을 이해하고 있었다. 완성한 글을 모둠별로 돌려 읽으며 첫 수업을 마무리했다.

그림책 『우리 가족입니다』

두 번째 수업은 인구 구성 변화에 따른 현상과 문제를 알아보고 해결 방안을 찾아보는 수업이다. 이번 수업의 시작도 그림책이었다.

그림책 『우리 가족입니다』는 치매에 걸린 할머니를 이해하지 못하던 손녀가 시간이 지남에 따라 할머니를 가족 구성원으로 온전히 받아들이는 내용이다. 교사들도 이 그림책을 읽으며 마음이 찡했다고 말했다. 우리가 할아버지, 할머니를 대할 때 어떤 마음가짐과 태도가 필

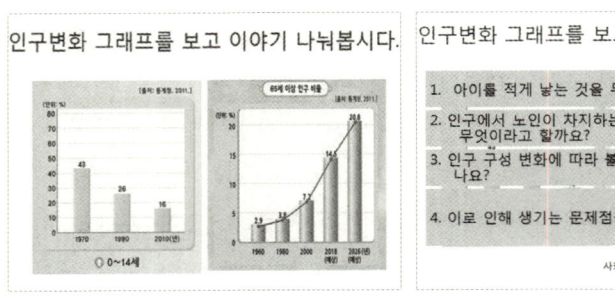

인구 구성 변화 설명

요할지 이야기를 나눴다. 책에 관한 소감을 말하며, 노인 문제 외에도 인구 구성 변화로 인한 문제들이 여러 가지 있음을 설명하면서 수업을 이어 나갔다.

아이들과 시대별 인구 구성 변화 그래프를 해석하고, '저출산', '고령화' 용어를 공부했다. 또 왜 출산율이 자꾸 낮아지는지에 대해, 그리고 육아 문제와 사교육비 부담 등 맞벌이 부부의 현실적인 어려움에 대해 이야기를 나눴다.

저출산·고령화 사회에 따른 문제점을 물어보자 아이들은 '아이들이 적은 시골의 학교는 사라져요.', '노인 복지를 위한 비용이 많아져요.', '일자리가 없는 노인들이 많아져요.' 등의 답을 했다. 다만 출산율 저하가 일할 수 있는 인구 감소로 연결되어 국가 경제력에 영향을 줄 수 있다는 내용은 쉽게 답하지 못했다. 아이들이 일할 수 있는 능력, 즉 노동력이 경제력이 될 수 있다는 내용을 이해하기는 아직 어려운 듯했다. 이제 저출산·고령화 문제를 해결하기 위한 방법을 디즈니 창의성 토의 방법으로 찾아보기로 했다. 어떤 아이디어도 모두 제안할 수 있는 반짝이 단계 → 각 대안의 단점을 찾아 보완·수정하는 비판의 단계 → 최종적으로 현실성 있는 방안으로 다듬는 현실의 단계를 거치는 디즈니 창의성 토의 방법은 아이들이 이전에도 해 보았기에 쉽게 활동할 수 있었다.

아이들이 생각해 낸 방안은 노인들이 동사무소, 경비실, 바둑 선생님 등 다양한 일자리를 갖도록 지원하기, 기저귀와 분유 등 육아에 필요한 물품을 첫돌까지 제공하기, 한 지붕 9가족을 홍보 및 지원하여 육아 부담 줄여 주기, 퇴직한 노인들이 아이들을 돌볼 수 있도록 연결해 주기 등이었다. 아이들이 생각해 내기에 조금 어려울 것 같았는데 예상보다 더 다양하고 깊이 있는 방안들을 찾아냈다. 아이들이 적어 낸 해결 방안은 모둠별 발표를 하여 서로의 생각을 공유했다.

아이들은 이 수업을 통해 좀 더 할아버지, 할머니의 마음을 헤아려 보고자 노력했으리라 생각한다. 또 무작정 출산율을 늘려야 한다는 구호만 반복하는 것에서 벗어나 출산율 저하 현상이 우리 사회의 어떠한 배경으로부터 기인한 것인지 파악하고, 이 사회 구조를 어떻게 개선

디즈니 창의성 토의 방법으로 저출산 고령화 현상의 해결 방안 찾아보기

해야 할지 고민하고 실천하는 주체적인 아이들로 성장하길 바란다.

8. 제안하고 실천하고

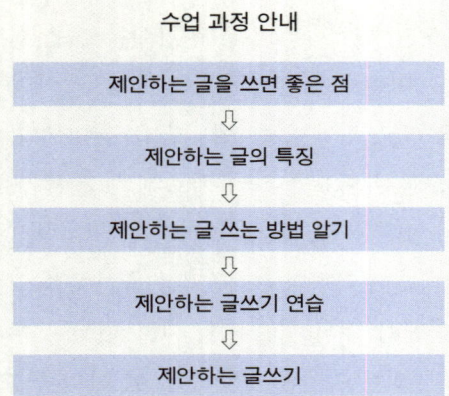

가. 제안하는 글을 쓰면 좋은 점
- 그림책:『탁탁 톡톡 젖소가 편지를 쓴대요』
- 제안이란 어떤 일을 더 좋은 쪽으로 해결하기 위하여 의견을 내는 것

나. 제안하는 글의 특징
- 제안하는 글의 구성: 문제 상황, 제안, 까닭
- ~합시다, ~하면 좋겠습니다, ~하면 어떨까요 등으로 끝나는 문장
- 문장으로 제안하는 글 만들기 활동

다. 제안하는 글 쓰는 방법 알기
- 읽는 대상을 고려하여 글쓰기

라. 제안하는 글쓰기 연습
- [학급회의] 더 좋은 우리 반을 만들기 위해 우리들이 할 수 있는 일
- 우리 반을 위해서 제안하는 글쓰기

마. 제안하는 글쓰기
- [수행 평가] 소수자 인권 존중 글쓰기

제안하는 글쓰기는 '달라서 행복해'에서 꼭 필요한 수업이었다. 아이들이 수업을 통해 느낀 마음을 다른 사람들에게 정리하여 전달하는 것이 이 수업의 최종 목표이기 때문이다.

먼저 그림책 『탁탁 톡톡 젖소가 편지를 쓴대요』를 읽었다. 젖소가 농장 주인에게 자신의 생활을 더 편하게 하려고 편지를 쓰는 과정을 통해 '제안이란 어떤 일을 더 좋은 쪽으로 해결하기 위해 의견을 내는 것'이라는 점을 파악하게 했다. 그리고 교과서를 보면서 제안하는 글의 특징, 제안하는 글을 쓰는 방법, 제안하는 글쓰기 연습을 했다. 제안하는 글 쓰는 방법을 연습하고 나서 통합수업의 마무리로 '소수자의 인권 존중'을 제안하는 글을 썼다.

'소수자의 인권 존중'을 제안하는 글쓰기

아이들이 오랜 시간 동안 인권에 대해 생각해 보았기에 나름 고민이 담긴 글이 탄생했지만, 구체적인 제안을 쓰기는 쉽지 않았다. 수업 후 이루어진 교사 협의에서는 그 원인이 실제 아이들의 삶과 밀접한 연관이 없기 때문이라는 의견이 나왔다. 또 글의 주제를 '소수자 인권 존중'으로 한정해 글을 쓰는 활동이 인권 존중의 가치를 내면화하는 데 부족하다는 의견이 많아 '캠페인' 활동을 추가하기로 했다.

9. 함께해요, 인권 존중

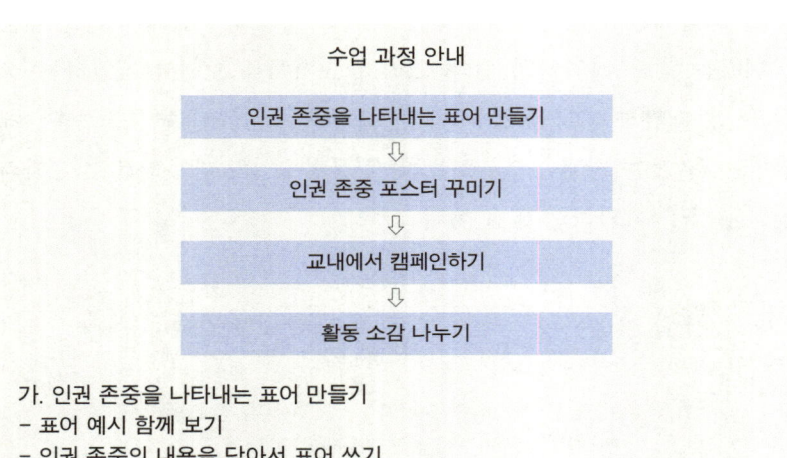

가. 인권 존중을 나타내는 표어 만들기
– 표어 예시 함께 보기
– 인권 존중의 내용을 담아서 표어 쓰기

나. 인권 존중 포스터 꾸미기
– 모둠별로 표어를 넣어 포스터 만들기

다. 교내에서 캠페인하기
– 모둠별로 위치를 나누어 캠페인하기
– 쉬는 시간, 점심시간 이용하여 캠페인 활동

라. 활동 소감 나누기
– 캠페인을 하면서 힘들었던 점, 느낀 점, 생각 나누기

처음 계획에서 '달라서 행복해' 수업의 마무리는 '제안하는 글쓰기'였다. 하지만 막상 제안하는 글쓰기를 하고 나니 수업이 '인권 존중'을 지향하는 쪽으로 수렴하지 못했다는 의견이 나왔다. 그래서 수업을 마치기 전에 협의를 통해 교내에서 인권 존중 캠페인을 벌이기로 했다.

인권 존중 캠페인을 하고 있는 아이들

아이들은 먼저 표어를 만들었다. 먼저 표어는 짧은 문장 안에 자신이 하고 싶은 이야기를 담는 것이라는 점을 공부했다. 다양한 포스터에 쓰인 표어를 함께 보며 예시를 많이 알려 주었다.

완성된 표어를 가지고 간단한 피켓을 만들었다. 아이들은 읽기 쉽게 표어를 쓰고 간단한 그림을 그려서 피켓을 완성했다.

하루에 두 학급씩, 사흘 동안 모둠별로 미리 선정된 장소에 가서 캠페인을 실시했다. 복도와 로비, 급식실 앞 등에 서서 구호를 외쳤다. 아이들은 미리 연습을 했지만 초반에는 부끄러워하며 여럿이 모여서만 활동을 했다. 하지만 후반부에는 스스로 사람들이 많은 곳을 찾아다니며 인권 존중의 중요성을 알렸다.

피켓을 보고 저학년 동생들이 질문을 하고, 지나가던 선생님들이 관심을 보이자 아이들도 뿌듯해하며 설명을 해 주었다. 아이들은 이런 활동을 통해 '인권', '차별', '존중' 등의 단어를 스스럼없이 사용하며 생활 속에서 인권 존중을 내면화하고자 했던 수업의 핵심에 도달했다.

수업을 마치며

'달라서 행복해' 수업의 목표는 인권 존중과 다양성의 가치를 인정하는 것이다. 이번 통합수업에서는 차이와 차별을 이해하고 나와 다른 사람의 다름을 인정하고 존중하며 모두 행복한 삶을 꿈꾸기를 바라는 마음을 담았다.

여기에서는 현대 사회의 다양한 가족의 형태, 양성평등, 우리나라의 인구 구성 문제, 소수자의 권리 보호 등 사회 전반적인 내용과 다양한 이야기를 다루는 만큼 아이들이 좀 더 쉽게 이해하고 재미있게 수업하기를 바랐다. 그래서 생각한 것이 그림책이다. '아이들이 쉽고 재미있게 수업할 수 있다면 얼마나 좋을까?'라는 고민을 하다가 도서관에서 여러 가지 그림책을 찾아 수업에 도입하였다. 수업의 도입과 정리, 또는 자투리 시간을 이용하여 15권 정도의 그림책으로 수업 전반을 이끌어나갔다. 그와 함께 국어-방언과 제안하는 글쓰기, 수학-수직과 수평, 다각형으로 연결되는 수업 또한 다양한 모습 그대로 존중받아야 함을 알고 느낄 수 있는 재미있는 수업이었다.

'달라서 행복해'를 마치며 인권에 대한 아이들의 생각이 궁금해 모둠 문장 만들기를 했다. 아이들은 인권을 시계의 시곗바늘, 마트의 손님, 누구나 다 가지고 있는 마음, 행복, 천연기념물이라고 표현했다. 왜냐하면 인권은 소중하고 행복을 위해 없어서는 안 되기 때문이라고 이유를 적었다. 그만큼 아이들에게 인권이 소중하게 다가왔기 때문일 것이다.

통합수업을 마치며 마인드맵을 살펴보고 활동 소감을 정리했다.

아이들의 소감과 다짐을 통해 차이와 차별, 양성평등, 저출산·고령화 문제를 이해하고 소수자의 권리 보호에 대해 인식하고 있으며 인권 존중 및 다양성의 가치를 이해하고 있음을 느꼈다.

아이들 이야기

- 이번 통합수업을 통해 소수자를 알게 되었고, 저출산·고령화 문제도 알게 되었다. 그림책을 통해 공부하니 훨씬 더 쉬웠다. 정말 의미 있었다.
- 나는 7살 때 "사람들은 왜 달라?"라고 엄마께 물어보았다. 이제는 엄마한테 물어보지 않아도 왜 다른지 알게 되었다. 참 재미있었고 5학년 때에도 이러한 수업을 하면 좋겠다. 그리고 외국인 노동자, 다문화 가정이 얼마나 고통을 받는지 알겠다.
- 방언과 차이, 차별 등 많은 것을 배우고 나를 닮은 도형을 만들어 봤다. 달라서 행복해를 통해 많은 것을 배웠다.
- 양성평등, 다문화 가정, 소수자에 대한 것 등 여러 가지 활동을 하며 차별하지 말아야 된다는 것도 알게 되었다.
- 통합수업을 하는 동안 차별과 차이, 양성평등, 소수자의 권리 등 많은 것을 배웠는데 그중에서도 가장 기억에 남는 것은 소수자의 권리에 대해 공부한 것이다. 소수자를 차별하지 말고 나와 모습이 다르다고 차별하지 말아야겠다고 다짐해 본다.

아이들이 앞으로 만들어 갈 세상은 노인도 장애인도, 외국인 노동자도, 다문화 가정도, 새터민도 우리 사회의 구성원으로 차별받지 않고 차이를 인정받으며 서로 존중하고 존중받는 사회가 되길 기대해 본다.

이 수업에 대한 아쉬움은 같은 학년 전담을 맡고 있는 이길화 선생님이 써 주신 아래 글에 잘 나타나 있다. 이 글은 우리에게 인권과 관련된 다양한 개념과 그 의미에 대해 생각해 볼 수 있는 소중한 계기가 되었다.

인권 수업을 바라보며

출산휴가를 마치고 돌아왔을 때 4학년은 인권 수업을 하고 있었다. 통합수업 이름은 '달라서 행복해'였다. 연구실에서 선생님들이 다문화 가족, 새터민, 외국인 노동자, 장애인에 대한 기사를 모아 선택하고 고치는 작업을 했다. 지금 와서 마인드맵을 보니 통합수업의 일부로 진행된 것이었는데 그때는 인권교육이라는 주제 아래 각각의 사례를 배운다고 생각했다. 그래서 '어쩌면 낙인이 될지도 모르는 이름을 배우고 나와 다른 사람으로 보는 눈을 갖게 되는 것은 아닐까? 같은 반 친구가 어느 날 장애인으로 보이고, 다문화 가족으로 보이는 일이 생기는 것은 아닐까? 대상이 되는 아이는 수업을 받는 내내 불편하지 않을까?' 하는 걱정을 했다.

우리를 걱정하게 하는 단어들, 교과서와 교육과정에 명시된 소수자, 장애인, 외국인 근로자, 다문화 가정이라는 단어는 정확한 단어일까? 그리고 꼭 필요한 단어일까? 책모임에서 읽었던 『비고츠키, 불협화음의 미학』이라는 책에서는 '장애'가 생물학적이거나 개인적인 현상이 아니라 사회·문화적 현상이라고 말한다. 수화를 일상어처럼 사용하는 비니어드 섬에서 청각장애인은 '장애인이 아니라 단지 듣지 못하는 사람'이며 따로 장애인으로 분류되지 않는다. 이렇게 명백한 신체적 장애라고 여겨지는 것도 사회적 관계에 의해 규정된 것이라면 소수자나, 다문화, 외국인 근로자라는 용어도 우리가 그렇게 정한 것일 뿐 필수 불가결한 개념은 아닐 것이다. 어쩌면 우리는 다양한 사람들이 함께 살아가는 장을 만드는 노력을 기울이기보다 먼저 이름을 붙이고 문제로 삼는 건지도 모르겠다는 생각이 든다.

차이에 주목하는 것은 부분을 확대할 수 있다. '생명은 모두 소중하고 그래서 동등한 권리가 당연히 주어져야 한다.'는 것을 느끼고 실천하도록 가르치려면 오히려 누군가를 소외시킬 수 있는 장애인, 외국인, 새터민 등의 개념을 흔들어 저항하는 법을 가르쳐야 하지 않을까? 사회적으로 이미 통용되는 용어를 무시한다고 인권의식이 향상될 것인가? 이런 상충된 의문들이 맴돈다. 학년 선생님들에게 이런 이야기를 했더니 모든 사람이 인간으로서 당연한 권리를 누리는 환경이 마련되어 있어야 함이 옳다. 하지만 우리 사회가 그렇지 않고, 또 그런 환경을 바로 만들 수 없기에 개인적 차원에서라도 공감하고, 배려하는 방법을 배우고 연습하는 기회를 주는 교육을 해야 하지 않겠냐는 의견이 모아진다.

이 교육과정과 교과서는 누가 만들었을까? 사회를 바꾸는 교육, 민주시민을 양성하는 교육의 본질이라고 할 수 있는 교육과정을 만들 때, 교육과정에서 '소수자'라 이름 붙인 성취 기준을 만들면서 소수자의 목소리를 들어 본 적이 있었을까? 우리가 배제하면서 배려한다고 착각하는 건 아닐까. 내가 이 성취 기준을 가르친다면 어떻게 할까? 이렇게 글을 쓰면서도 모르겠다. 그저 질문만이 계속해서 쏟아져 나온다. 교과서의 글로 읽고 지나칠 수 있는 인권을 주제로 생각할 수 있는 활동을 고민하고 실행한 선생님들의 수고와 용기에 박수를 보내며 결론 없는 걱정만 늘어놓은 겁 많은 관찰자의 이야기도 귀담아 듣고 이야기를 나누어 준 선생님들에게 고맙다는 말을 전하고 싶다.

이렇게 평가했어요

1. 다음은 우리나라 연령별 인구 그래프입니다.

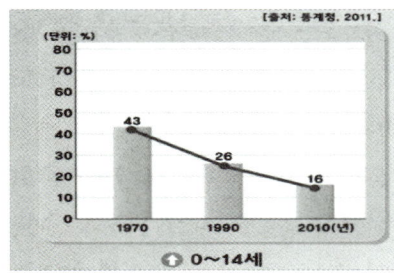 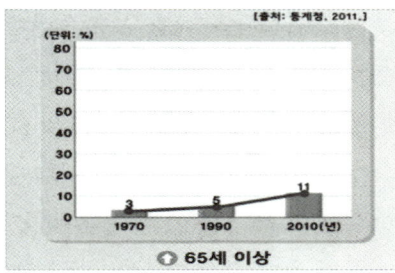

(1) 위 그래프는 현재 우리나라 인구 구성의 변화를 나타내고 있습니다. 이 그래프를 통해 알 수 있는 현상은 무엇입니까?

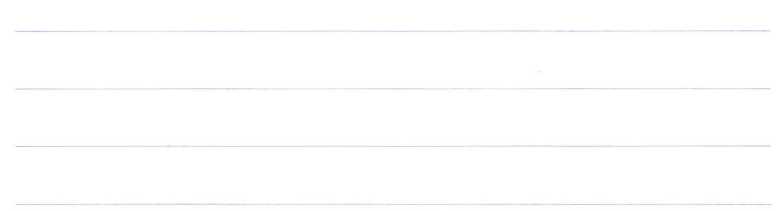

(2) 위 그래프에 나타난 현상을 해결하기 위한 방법을 두 가지 이상 써 보세요.

2. 다음은 인권 존중 캠페인에 사용된 표어입니다.

(1) 사람들에게 인권의 소중함을 알리고, 인권 존중을 실천하기 위한 캠페인에 사용할 표어를 만들어 주세요.

_____

_____

(2) 우리나라는 지역별로 다양한 사투리를 사용하고 있습니다. 사람들은 사투리에 대하여 다양한 생각을 가지고 있습니다.

이와 관련하여 신동초 4학년 학생들이 사투리에 관련된 토론 중입니다. 사투리를 고쳐 표준어로 사용해야 할까요? 여러분의 입장을 선택하고 그 까닭을 써 주세요.

나는 사투리는 고쳐야 한다고 생각해. 왜냐하면........

지금부터 사투리에 대한 토론을 시작하겠습니다. 우리는 사투리를 고쳐야 할까요? 여러분의 의견과 그 까닭을 말씀해 주세요.

나는 사투리를 고치지 않아도 된다고 생각해. 왜냐하면...............

나의 의견(주장)

까닭(근거)

7 아름다운 가게 놀이

　4학년 아이들에게 '경제'란 어떤 의미일까? 직업을 갖거나 임금을 받아 본 적 없는 아이들에게 '경제'란 '돈을 사용하는 것' 정도의 의미일 것이다. 실제 아이들이 자기가 갖고 있는 돈으로 하는 일은 장난감이나 문구류를 사거나 간식을 사 먹는 것 정도이다. 아이들에게 경제란 결국 '선택'의 문제일 것이다. 이런 까닭에서인지 사회 교과서 '경제' 단원도 '선택'의 문제로 시작을 한다. 하지만 4학년 사회 경제 성취 기준은 '합리적 선택'뿐만 아니라 많은 것을 요구한다. 경제 단원 성취 기준의 주요 개념을 뽑아 보자면 '희소성', '생산 활동의 종류', '소비자의 권리', '생산이 이루어지는 과정' 등이 있다.

　각각의 성취 기준을 분절된 주제로 공부하면 아이들에게 큰 학습 부담이 될 것이다. 우리는 성취 기준을 하나의 일관된 활동 속에서 구현해 보기로 했다. 아이들이 학습 부담 없이 경제 학습을 할 수 있는 방법은 무엇일까? 경제 수업의 개념은 어렵지만 사실 우리 일상에서 쉽게 관찰할 수 있는 현상이라는 점에서 아이디어를 얻었다. 아이들이 쉽게 접근할 수 있는 물건의 선택과 소비에 초점을 맞추고 연말연시를 맞아 기부 활동을 함께하기로 했다. 이렇게 탄생한 수업이 '아름다운 가게 놀이'이다.

　이 수업의 가장 큰 목적은 아이들이 직접 가게를 운영하는 과정에서 경제 수업의 핵심 개념을 몸소 체험하는 것이다. 그리고 경제 활동으로 얻어진 이득을 어려운 사람들과 나눔으로써 '모두가 함께 행복한 사회'를 구현할 수 있는 주체가 되어 보는 것이다. 아이들이 이 점을 잊지 않도록 '가게 놀이' 앞에 '아름다운'이란 수식어를 붙였다.

실제로 가게에 가서 시장조사를 해 보고 교실 밖에서 선호도 조사를 하는 활동이 벅찰 수도 있겠지만, 이 수업이 끝나고 아이들이 한층 더 성장해 있으리라는 기대를 안고 '아름다운 가게 놀이' 수업을 시작했다.

수업 계획

수업명	아름다운 가게 놀이	시수	18차시
수업 목표	가게를 운영하면서 자원의 희소성, 합리적 선택, 생산 활동의 종류, 소비자의 권리 등 경제 활동을 경험한다.		

성취 기준		교과서
• 자원의 희소성으로 인해 경제 활동에서 선택의 문제가 발생함을 이해하고, 이를 해결하기 위한 합리적 선택 기준(예, 비용, 만족감, 사회적 영향 등)을 제시할 수 있다. • 생산 활동의 종류를 찾아보고, 각각의 활동의 의미와 중요성에 대해 설명할 수 있다. • 합리적 소비를 위해 필요한 정보를 얻는 방법과 소비자 권리를 행사하는 방법을 설명할 수 있다. • 생산이 이루어지는 과정을 그림으로 표현하여 설명하고, 노동하는 사람들의 모습을 통해 생산 활동의 중요성을 말할 수 있다.	사회	1. 경제 생활과 바람직한 선택
• 회의의 절차와 방법을 알고 능동적으로 참여한다.	국어	2 제안하고 실천하고
• 여러 가지 자료를 찾아 목적에 맞는 그래프로 나타내고, 막대그래프와 꺾은선그래프의 특성을 비교할 수 있다.	수학	5. 꺾은선그래프
• 공예의 뜻을 알고 재료의 특징을 살려 쓸모 있고 아름다운 공예품을 만들 수 있다. • 전시회를 준비하는 과정에서 맡은 역할을 창의적으로 수행할 수 있다.	미술	쓸모 있는 제품 디자인
• 이웃 간 예절의 중요성을 종합적으로 이해하고, 다양한 생활 장면에서 이웃 간에 일어나는 갈등을 해결하는 방법과 지켜야 할 예절을 찾아 구체적으로 실천할 수 있다.	도덕	3. 더불어 나누는 이웃사랑

수업 개요

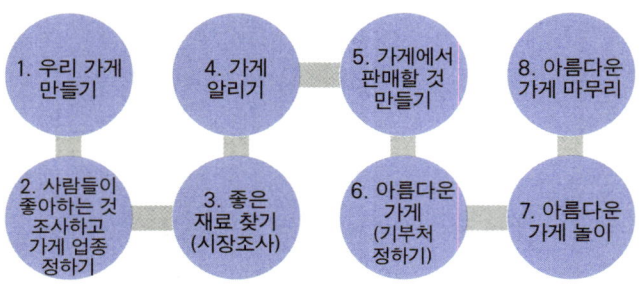

수업의 흐름

주제	내용 및 활동	비고	시량
우리 가게 만들기	• 모둠 나누기(6~7명) • 계획서: 우리 가게에서 하는 일, 이름, 역할 나누기, 장부 배부하기	– 사행성을 부추기는, 노동의 가치가 들어가지 않는 활동 금지	1
사람들이 좋아하는 것 조사하고 가게 업종 정하기	• 조사 방법: 설문지 만들기(개별 조사, 스티커 붙이기 등) • 조사 기간: 2일(틈틈이 조사하기)	– 사전 조사: 기업이 하는 일을 성공시키기 위한 조사	1
	• 설문 결과로 회의하고 결정하기 • 설문 결과로 그래프 만들고 해석		2
	• 간판 제작하기 • 상징 글자		1
좋은 재료 찾기	• 필요한 재료 시장조사하기 • 조사 양식	– 12일 금요일 주말 과제 – 서로 다른 가게에서 조사하여 가격 차이 알게 함	1
가게 알리기	• 홍보지 만들기 • 홍보하기	– 홍보 방법 알아보기	2
가게에서 판매할 것 만들기	• 판매할 물품 만들기 • 음식: 요리법 조사, 모형 요리 만들기	– 예산: 학예회 및 학급 경비	6
아름다운 가게 (기부처 정하기)	• 학급회의로 기부처 정하기 • 소수자 관련 기부처 알아보기	– 기부 수업	1
아름다운 가게 놀이 하기	• 아름다운 가게 놀이 • 손익계산 후 잘한 점, 수정 및 보완할 점 알아보기 ★기부하기	– 사전 홍보: 다른 학년과 학부모 초대 홍보하기	2
아름다운 가게 마무리	• 활동 정리하기: 우리가 이 활동을 통해 얻는 '돈으로 살 수 없는 것'	– 우리가 기부할 수 있는 것 – 돈으로 살 수 없는 것	1
총 시수			18

수업 이야기

1. 우리 가게 만들기

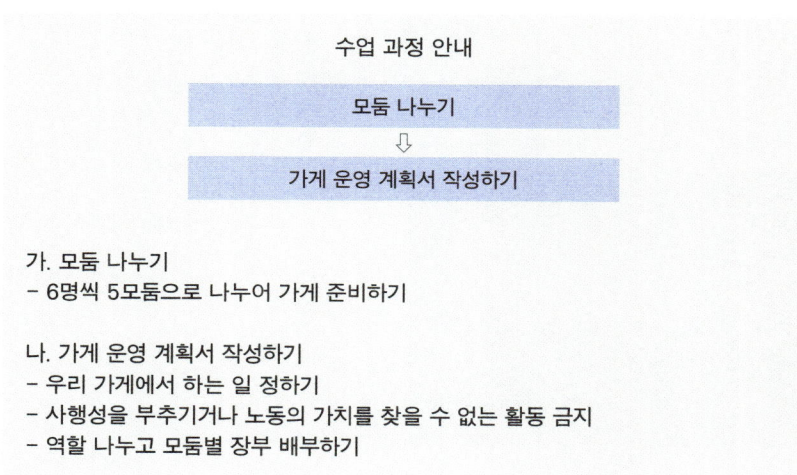

수업 과정 안내

모둠 나누기
⇩
가게 운영 계획서 작성하기

가. 모둠 나누기
– 6명씩 5모둠으로 나누어 가게 준비하기

나. 가게 운영 계획서 작성하기
– 우리 가게에서 하는 일 정하기
– 사행성을 부추기거나 노동의 가치를 찾을 수 없는 활동 금지
– 역할 나누고 모둠별 장부 배부하기

가게를 만들기 전에 교사들은 아이들의 모둠 구성을 새롭게 하였다. 그리고 새로운 모둠에서 가게에서 하는 일을 정했다. 요리 만들기에 몰리지 않게 하려고 두 모둠에서만 음식을 판매하도록 했다. 모둠별로 나온 가게는 고구마 맛탕 가게, 액세서리 가게, 카드 판매소, 네일숍 등이 있었다. 업종을 정한 다음에는 가게를 운영하기 위해 해야 할 일을 알아보았는데, 교과서 38~39쪽을 참고했다. 교과서에는 사람들이 경제 활동을 하면서 서로 도움을 주고받는 과정을 설명하는 내용이 나와 있었지만, 이 수업에서는 가게를 운영하는 과정을 알아보는 관점으로 살펴보도록 했다. 아름다운 가게 놀이(이하 아가놀) 수업은 교과서 내용에 기부와 학급회의, 실제 가게 놀이 등을 넣어 완성되었다.

수업이 진행되면서 모이는 학습지와 가계부들을 모으기 위해 장부를 나누어 주었다. 장부에 첫 번째 활동지를 끼우고 나서 장부 앞에

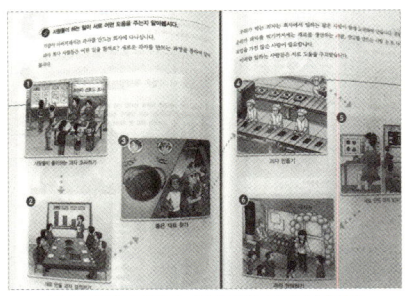

아름다운 가게 놀이 관련 교과서 부분

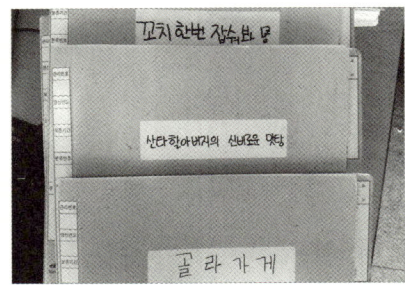

가게 운영 장부

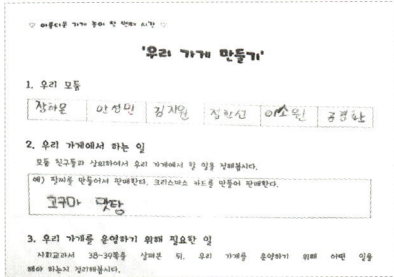

우리 가게 구성 계획서

써 넣을 멋진 가게 이름을 지어 보라고 했다. 가게 이름을 짓고 난 후, 아이들은 더욱 책임감을 느끼는 것처럼 보였다. 아이들은 자기들의 가게를 잘 운영하기 위한 포부를 밝히며 기대를 하기 시작했다. 생각보다 마음에 드는 이름을 만들지 못해 시간이 꽤 많이 걸렸지만 유쾌한 이름, 귀여운 이름들이 많이 나왔다.

2. 사람들이 좋아하는 것 조사하고 가게 업종 정하기

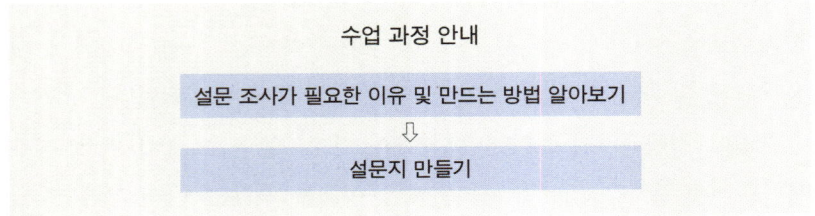

⇩
설문 조사하기
⇩
설문 조사 결과를 그래프로 나타내기
⇩
설문 조사 결과 공유하기
⇩
가게에서 판매할 물품 정하기

가. 설문 조사가 필요한 이유 알아보기
– '허니버터칩' 관련 기사를 통해 제품을 생산하려면 소비자들이 좋아하는 것, 싫
 어하는 것, 요즘 유행하는 것 등에 대한 조사가 필요함을 알아보기

나. 설문지 만들기
– 소비자 선호도 조사 사례 살펴보기
– 설문 조사 방법 및 장소 정하기, 역할 분담하기(학습지 활용)
– 설문 문항을 협의한 후 설문지 만들기(4절지, 매직 활용)
 (예. 판매할 물건 선호도, 색상 및 크기 선호도 조사)

다. 설문 조사하기
– 쉬는 시간 및 점심시간 활용하여 설문 조사 실시(2일)

라. 설문 조사 결과를 그래프로 나타내기
– 설문 조사 결과를 막대그래프로 나타내기

마. 설문 조사 결과 공유하기
– 모둠별 설문 조사 결과 발표하기

라. 가게에서 판매할 물품 정하기
– 판매할 물건 구체적으로 정하기
– 만들 물건의 색상, 크기, 개수, 효율적인 생산 전략 짜기
– 다른 모둠과 판매할 물품 공유하고 서로 조언하기

 아름다운 가게 놀이의 두 번째, 세 번째 시간에는 소비자가 무엇을
좋아하는지 설문 조사를 하고, 그 결과를 바탕으로 어떤 물건을 만들
지 의사결정을 거쳤다. 소비자의 입장에서 객관적으로 가게 계획을 점

검하였다. 소비자가 물건을 사야 가게의 수익이 올라가므로 소비자를 염두에 두고 사업을 계획하였다. 하지만 내가 만들고 싶은 것, 내가 잘 아는 것으로 가게를 꾸리는 것이 편하기도 하고, 학교에서 이루어지는 가게 놀이는 아이들이 서로서로 사 주기 때문에 소비자보다는 생산자, 판매자 입장이 더 강하게 작용하기 쉽다. 내가 잘하는 것으로 가게 놀이를 하는 것도 의미가 있지만 이번 수업에서는 생산, 판매, 수익금의 사용까지 경제의 큰 흐름을 모두 체험하는 데 목적이 있기 때문에 판매와 수익에 신경을 쓰지 않을 수 없었다. 또 이번 장터에 학부모님들과 다른 학년 학생들까지 초대하기로 했기 때문에 사람들이 살 만한 물건을 만들어야 했다. 아이들이 소비자를 고려한 기획의 중요성을 알 수 있도록 선풍적인 인기를 끌고 있는 허니버터칩의 기획 과정에 관한 기사를 함께 읽고 본격적인 활동을 시작했다.

허니버터칩 기사

설문지는 교과서에 실린 예시를 살펴본 후에 소비자에게 묻고 싶은 질문을 만들었다. 질문은 하나만 만들어도 좋다고 말했지만, 소비자들의 의견이 궁금했는지 아이들은 다양한 질문을 만들었다. 가격에 대한 질문이 가장 많았고, 디자인과 상품 종류에 대한 질문이 뒤를 이었다. 음식을 만드는 가게는 음식 재료와 맛에 대한 질문이 대부분이었다.

가격 설문지를 만들 때는 물건을 만들 때 들어가는 재료비와 수고비를 생각해서 수익이 남는 적당한 가격대를 제시해야 함을 반복해서 말해 주었다. 설문지는 4절 색지에 만들어 잠재적 소비자인 다른 반이나 다른 학년의 학생들이 스티커로 표시하도록 만들었다.

설문지를 다 만든 가게는 누가, 언제, 어디서, 어떤 방법으로 설문 조사를 할지 계획을 세웠다. 다른 학년 아이들이 설문 조사의 취지를 이해할 수 있도록 아름다운 가게 놀이와 가게에 대해 소개하는 말도 생각해 보도록 했다. 설문 조사 방법은 가게마다 아이들이 토의하여 정하도록 했는데, 모든 가게가 설문을 벽에 붙여 안내하기보다 종이를 들고 다니며 설문하는 방법을 택했다. 다른 학년이 있는 층에 가거나 등교 시간 현관에서 설문지를 들고 질문하는 것을 부끄러워할 줄 알았는데, 아이들은 씩씩하게 맡은 역할을 해냈다. 등교 시간, 점심시간 등 친

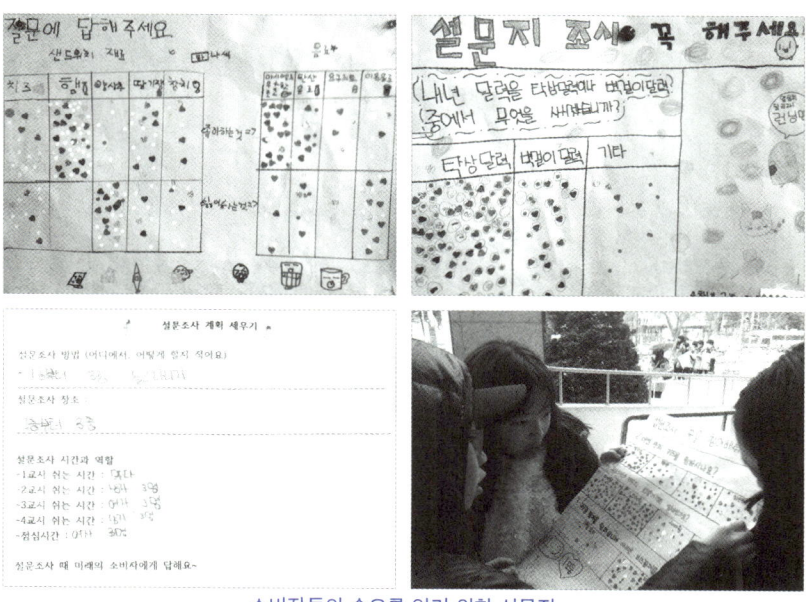

소비자들의 수요를 알기 위한 설문지

구들과 놀 수 있는 시간을 포기하고 설문을 하러 돌아다니면서도 아이들은 즐거워했다. 그 모습을 보니 아이들이 수업의 주인이 되어 즐기고 있는 듯해 뿌듯했다. 그 덕분인지 이틀로 잡았던 설문 조사 기간은 설문지가 스티커로 꽉 차서 하루 만에 끝이 났다.

조사를 마치고 나서 설문지를 분석했다. 먼저 질문에 대한 대답별로 스티커 개수를 세고, 한눈에 결과를 알아볼 수 있도록 막대그래프로 결과를 정리했다. 아이들이 급간을 제대로 정할 수 있을지, 항목별로 스티커 개수의 차이를 어떻게 정리할지 유심히 살펴보았다. 질문이 쏟아질 줄 알았는데 모둠별로 그려서인지 서로 이야기하며 좌표, 급간, 물결선을 사용하여 막대그래프를 쉽게 그려 냈다. 그래프로 정리한 후에는 설문 조사 전, 후에 계획이 어떻게 바뀌었는지, 결정 사항을 적어 보았다.

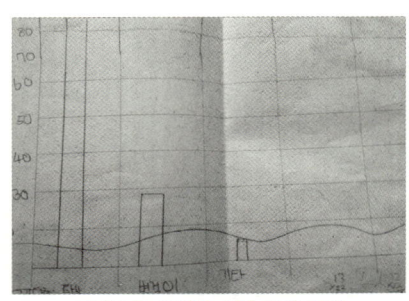

그래프로 표현한 설문 조사 결과

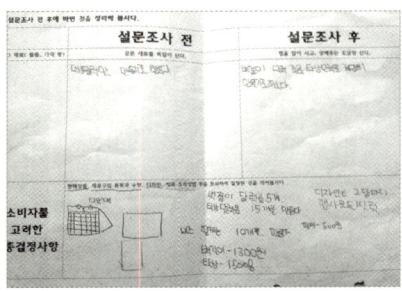

설문 조사 전과 후

어떤 일을 하든지 계획 단계가 중요하지만 겉으로 잘 드러나지 않기 때문에 간과하기 쉽다. 아가놀 수업에서는 경제 활동의 보이지 않는 부분을 차근차근 밟아 진행하려고 했다. 그것이 수익을 내기 위한 준비 과정으로 진행되었지만, 보이지 않는 부분의 수고와 중요성을 깨닫는 계기가 되었을 것이다.

3. 좋은 재료 찾기

수업 과정 안내

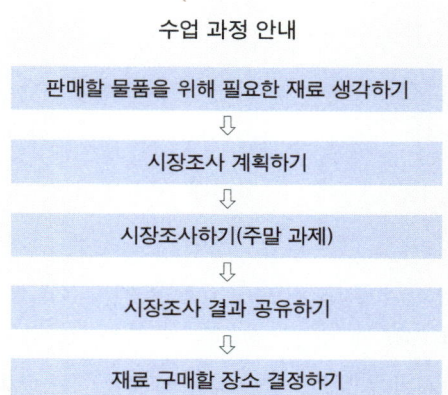

가. 판매할 물품을 위해 필요한 재료 생각하기
- 설문 조사한 결과를 바탕으로 판매 물품을 위해 필요한 재료를 구체적으로 정하기
- 디자인, 색상, 맛, 향기 등 구매자의 취향 고려하기

나. 시장조사 계획하기
- 재료를 살 수 있는 장소를 알아보기(인터넷, 주변 상점 등)
- 각 모둠원이 맡아 시장조사할 가게 정하기(역할 분담)

다. 시장조사하기
- 주말 동안 실시(2일)

라. 시장조사 결과 공유하기

마. 재료 구매할 장소 결정하기
- 모둠원 간 상의해서 최종 확정안 작성하기

　이전 시간에 학생들을 대상으로 한 질문지 조사 결과를 반영해 필요한 재료가 무엇인지 구체적으로 정했다. 그 후 각 가게별로 최대한 예산을 아끼기 위해 시장조사를 계획했다. 시장조사 방법은 각 가게의 구성원들이 각기 다른 상점을 방문해 똑같은 재료를 구매할 경우 드는

비용을 비교해 보는 것이었다. 시장조사 시 재료의 가격뿐만 아니라 디자인, 구성 성분, 친환경적인 점 등 다양한 요소를 고려해야 함을 안내했다.

시장조사의 목적과 방법을 살펴보고 가게별로 핸드폰을 이용해 시장조사를 시작했다. 인터넷 구매의 경우 가격이 저렴하기 때문에 아이들 마음을 흔들기에 충분했다. 인터넷 시장조사 후에 인터넷 구매의 장단점에 대해 이야기 나누었다. 또한 지역 경제 발전을 위해 지역에 있는 상점을 이용하는 것도 의미가 있음을 이야기했다.

금요일에 사전 공부를 하고 가게별로 시장조사 계획을 세운 후 주말 동안 충분한 시간을 갖고 실제 조사를 했다. 월요일에는 각 가게별로 어느 상점에서 물건을 구매할 것인지 최종 결정하고 확정안을 제출했다.

아이들이 낸 최종 확정안을 바탕으로 교사가 물품을 구매해 주었다. 아이들에게 직접 돈을 주는 과정이 상품권을 구입하는 등 복잡했기 때문에 교사가 구입했다. 그러나 절차상의 번거로움을 줄이고, 직접 물건을 고르는 경험을 하게 하려면 각 상점에서 아이들이 직접 물건을 구매하는 게 더 좋을 것이다.

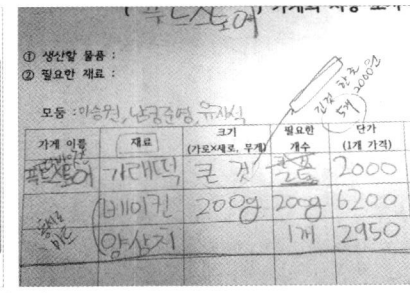

시장조사

4. 가게 알리기

수업 과정 안내

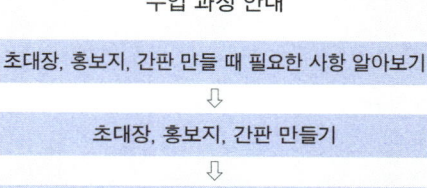

가. 초대장, 홍보지, 간판 만들 때 필요한 사항 알아보기
- 일시, 장소, 판매 물품 등이 들어가야 한다는 이야기를 나누기

나. 초대장, 홍보지, 간판 만들기
- 부모님을 아름다운 가게에 모시는 초대장 만들기
- 역할 분담하여 홍보지, 간판 만들기

다. 홍보지 게시하기
- 학교 학생들이 잘 볼 수 있는 곳에 홍보지 게시하기

가게 알리기는 아이들이 운영할 가게를 부모님, 학교 학생들에게 알리기 위한 수업이다. '아름다운 가게 놀이'는 4학년 꿈나무 한마당 행사로 진행되기 때문에 학부모들의 관심과 궁금증이 높을 것이라 생각했다. 그래서 먼저 아름다운 가게에 부모님을 모시는 초대장을 만들기로 했다. 그리고 남은 기간 동안 다른 반, 다른 학년 학생들에게 자신들의 가게를 알리기 위한 홍보지를 만들고, 가게 놀이 당일 판매 물품과 가격을 안내하는 간판까지 만들었다. 세 종류나 만들어야 하므로 모둠별로 역할을 나누어 부담을 줄이도록 했다.

만들기에 앞서, 각각의 알림 양식에는 어떤 내용들이 꼭 필요한지 이야기를 나눴다. 초대장에는 일시, 장소, 가게 이름, 파는 물건, 그리고 부모님께 전하는 간단한 메시지를 꼭 담도록 했다. 홍보지 역시 일시와

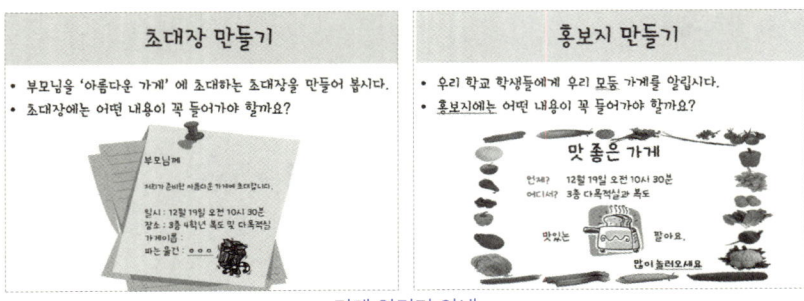
가게 알리기 안내

장소, 그리고 고객들의 기대를 높일 수 있는 구체적인 그림이나 판매
품목들을 넣으면 좋겠다는 이야기를 나눴다. 마지막으로 간판은 판매
물품과 가격이 눈에 잘 띄게 표현하기로 했다.

아이들은 초대장에 부모님이 아름다운 가게를 방문하여 본인들의

가게 알리기 초대장, 홍보지

활동을 함께해 주기를 바라는 내용을 담았다. 홍보지와 간판은 역할을 나눠, 모둠별로 1~2장씩 만들었다. 모든 활동을 마치는 데 2시간 정도 걸렸다.

완성된 홍보지는 아이들이 항상 지나다니는 계단, 등교할 때 잘 보이는 현관, 급식 후 나오는 길 등 많은 학생들이 볼 수 있는 곳을 찾아 붙이도록 했다. 저학년 학생들이 호기심 가득한 표정으로 한참 동안 홍보지를 읽는 모습이 눈에 띄었고, 고학년들은 동생들이 어떤 가게를 여는지 삼삼오오 모여서 이야기를 나누었다. 4학년 친구들 역시 다른 반에서는 어떤 가게를 여는지 흥미롭게 홍보지를 봤다. 일상 공간에서 자연스럽게 가게를 알릴 수 있어서, 당일 많은 손님들이 가게를 찾았다.

5. 가게에서 판매할 것 만들기

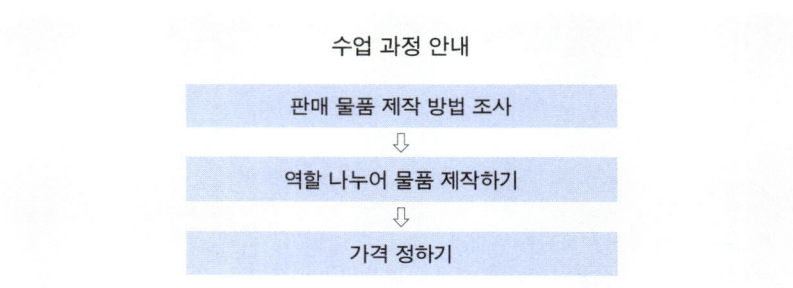

가. 판매 물품 제작 방법 조사
- 문구류나 장신구 제작 방법 사전 조사
- 요리 방법 사전 조사

나. 역할 나누어 물품 제작하기
- 역할 나누어 판매할 물품 제작하기
- 요리 모둠은 1회 판매할 만큼 조리해 보기

다. 가격 정하기
- 최종적으로 만든 물품의 가격 정하기

가게에서 팔 물건을 정하고 가게 이름을 짓고 홍보까지 끝난 후에 미술 시간에 판매할 물건을 만들었다. 필요한 재료는 시장조사 결과를 가지고 학습 발표회 예산으로 교사들이 구입해 주었다.

카드나 핸드폰 고리 등 판매할 개수를 생각하며 역할을 정하여 물건을 만들었다. 판매할 것이기 때문에 품질을 높일 수 있도록 조언을 많이 해 주어야 했다. 음식을 만들어 파는 모둠은 실과실에 모여 1인분을 만들어 시식을 해 보았다. 그리고 1인분의 양을 조정하여 가격을 확정했다.

6. 아름다운 가게(기부처 정하기)

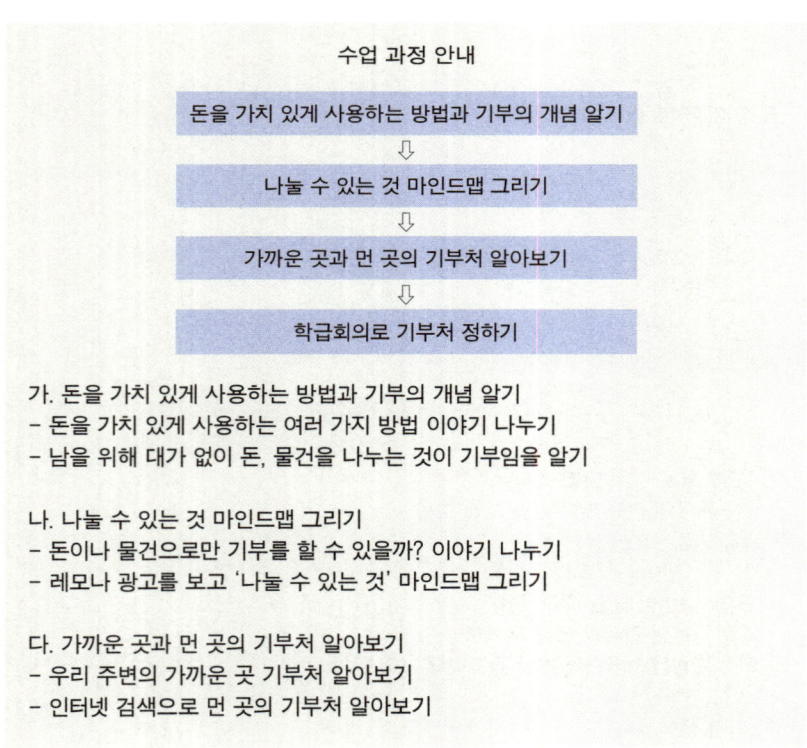

가. 돈을 가치 있게 사용하는 방법과 기부의 개념 알기
– 돈을 가치 있게 사용하는 여러 가지 방법 이야기 나누기
– 남을 위해 대가 없이 돈, 물건을 나누는 것이 기부임을 알기

나. 나눌 수 있는 것 마인드맵 그리기
– 돈이나 물건으로만 기부를 할 수 있을까? 이야기 나누기
– 레모나 광고를 보고 '나눌 수 있는 것' 마인드맵 그리기

다. 가까운 곳과 먼 곳의 기부처 알아보기
– 우리 주변의 가까운 곳 기부처 알아보기
– 인터넷 검색으로 먼 곳의 기부처 알아보기

라. 학급회의로 기부처 정하기
- 조사한 기부처 중 학급회의로 우리들의 의견을 모아 최종적으로 가게 놀이 수익
금 기부처 정하기

아가놀 수업의 핵심은 정당하게 번 돈을 아름답게 사용하는 것이다. 우리나라 사람들은 기부에 인색하다. 불합리한 경제 구조 때문에 중산층이라 불리는 계급이 적고 양극화가 심하다는 사실을 감안해도 그렇다. 우리는 또한 '형편이 나아지면 기부를 해야지.'라고 생각하곤 한다. 기부 금액이 적으면 부끄럽게 생각하는 것 또한 기부 문화를 조성하는 데 큰 걸림돌이다. 소득의 얼마 정도로 알맞은 비율을 정해 놓고 본인의 형편에 따라 내는 것이 당연한데, 기부를 성탄절 즈음의 일시적인 행사나 과시용으로만 여기기 때문이다.

우리들은 착한 경제의 필수적 요소로서의 기부, 자연스러운 기부 문화 조성, 기부에 대한 편견 깨뜨리기 등에 초점을 맞추었다. 또한 가게 놀이를 시작하기 전에 반별로 회의를 거쳐 미리 기부할 곳을 정해야 아이들에게 큰 동기를 부여할 수 있겠다는 생각이 들었다. 아름다운 가게 놀이가 끝나면 좀 더 따뜻한 세상을 만드는 데 도움이 되기 위해 수익금 전액을 기부할 것이다.

수업의 첫 시작은 돈을 사용하는 방법 중 가치 있는 방법에 대해 이야기를 나누는 것이었다. 저축, 사랑하는 사람에게 선물하기 등의 다양한 대답이 나왔지만, 역시나 기부라는 대답이 가장 먼저 나왔다. '다른 사람에게 대가 없이 돈이나 물건 등을 내놓는 것'이라는 기부의 일반적인 뜻을 정리하고 나서, 익명으로 수년째 구세군 냄비에 기부하는 기부 천사에 관한 뉴스를 함께 보았다. 그리고 아이들에게 질문을 했다.

"왜 누가 알아주지도 않는데 이런 큰돈을 기부했을까요?"

"남이 알아주지 않아도 그냥 기분이 좋으니까요."

"더 좋은 세상을 만들려고 그런 거 아닐까요? 그런데 1억 원은 너무 많아서 좀 아깝긴 할 거 같아요."

아이들의 대답에서 기부란 굳이 남을 위한 일뿐이 아니라 나를 위한 일이기도 함을 느낄 수 있었다.

두 번째로는 기부를 통해 우리가 나눌 수 있는 것을 알아보았다. 어른들 역시도 기부를 '돈(물건)', '봉사 활동(노동)' 두 가지 범주로 나누어 생각한다. 그런 편견을 깨뜨리려고 먼저 레모나 광고를 감상하고 물질적인 것뿐 아니라 추억, 감정, 꿈 등 다양하고 추상적인 것들까지도 나눌 수 있다는 것을 확인했다. 그 후 모둠끼리 '우리가 나눌 수 있는 것'에 대한 마인드맵을 그려 보았다. 재능, 행복, 사랑, 체력, 장난감, 개그, 장기, 헌혈 등 기부에 대해 한층 넓어진 생각을 확인할 수 있었다.

다음으로, 본격적인 기부처를 알아보기 위해 가까운 곳과 먼 곳을 물색하기로 했다. 먼저 우리 주변의 기부처에 대한 아이들의 생각을 물었더니 지역 아동 센터, 보육원, 노인정, 급식실 여사님을 비롯해 우리들의 학교생활을 도와주는 많은 분들, 우리 지역에 거주하는 독거노인, 가정 형편이 어려운 친구들, 양로원 등의 다양한 대답이 나왔다. 먼 곳은 아이들이 기부의 필요성을 체감하기 힘들 것 같아 교사용 컴퓨

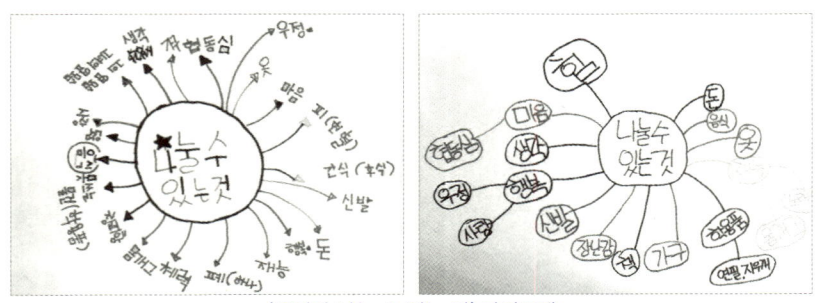

'우리가 나눌 수 있는 것' 마인드맵

터로 세이브더칠드런, 유니세프 등 자선단체 홈페이지에 접속하여 함께 도움을 줄 수 있는 방법을 물색해 보았다. 아프리카 아이들을 위한 염소 보내기 사업, 북한 어린이 돕기, 결식아동을 위한 사랑의 도시락 보내기, 영유아를 위한 모자 뜨기, 식수 사업 지원하기, 난민들이 많은 지역의 학교 건설에 힘 보태기 등을 함께 확인했다. 교사들은 국제적인 구호사업도 중요하지만 아이들과 가까운 곳에서부터 사랑을 실천했으면 좋겠다고 생각했다. 조심스럽게 아이들의 생각을 물었더니 다행히 아이들도 동의해 주었다. 반별로 회의를 통해 기부처가 결정되었기에 기부처가 각각 달랐다.

7. 아름다운 가게 놀이하기

수업 과정 안내

학급별 판매대 준비하기
⇩
판매 활동
⇩
금액 정산하기

가. 학급별 판매대 준비하기
– 학급별로 판매할 장소에 책상으로 매대 준비하기
– 음식은 교실에서 미리 조리하여 판매 준비

나. 판매 활동
– 적정한 가격으로 그동안 준비한 물건과 기부 물건을 판매

다. 금액 정산하기
– 교실에 모여 각 모둠에서 벌어들인 수익 정산

드디어 가게 놀이가 시작되는 날이다. 2주 동안 열심히 이날을 준비

한 아이들은 아침부터 들떠 있었다. 장소는 교실이 있는 3층의 복도와 로비였다. 공식적인 학습 발표회가 아니었기에 다른 학년 학생들을 대상으로 판매를 할 예정이었다. 하지만 판매가 시작되고 복도는 인산인해를 이루었다. 예상보다 여러 학년 아이들이 참여했고 학부모님들도 많이 오셨다.

요리를 맡은 아이들은 교실에서 음식을 만들어 판매대로 옮겼고, 액세서리와 재활용품을 가져와 판매하는 아이들은 자기들의 판매대뿐만 아니라 여기저기 돌아다니며 홍보 활동을 했다.

영어 전담 선생님은 뺑스크림 판매대를 만들어 운영했다. 아름다운 가게 놀이를 준비하는 기간에 배운 'How much is it?'이란 말을 사용하면 미리 나누어 준 가짜 돈으로 뻥튀기와 아이스크림으로 만든 '뺑스크림'을 주었다. 저학년은 100원, 5학년과 6학년은 벽에 붙은 영어 표현을 써서 말을 하면 100원에 살 수 있었다.

1시간 정도 진행된 가게 놀이에서 아이들은 물건을 모두 판매했다. 텅 빈 판매대를 보며 아이들은 행복한 얼굴을 감추지 못했다.

8. 아름다운 가게 마무리

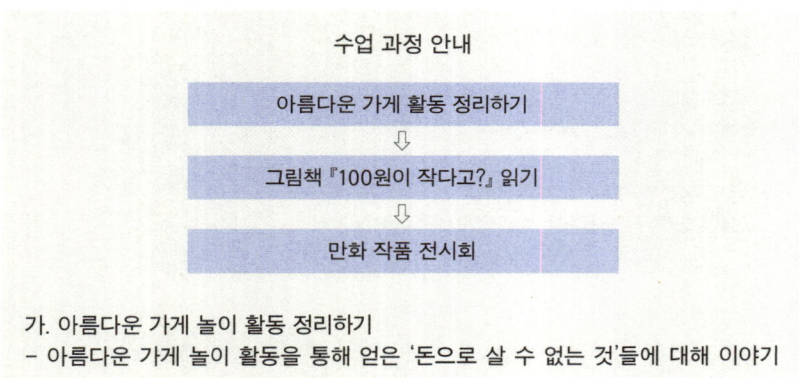

수업 과정 안내

아름다운 가게 활동 정리하기
⇩
그림책 『100원이 작다고?』 읽기
⇩
만화 작품 전시회

가. 아름다운 가게 놀이 활동 정리하기
- 아름다운 가게 놀이 활동을 통해 얻은 '돈으로 살 수 없는 것'들에 대해 이야기

나누기
－ 칠판 나누기나 칠판에 마인드맵을 통해 정리하기

나. 그림책 읽기
－ 그림책『100원이 작다고?』를 읽고 돈의 의미에 대해 생각해 보기
－ 경제 개념 및 돈의 가치와 나눔과 봉사에 대해 이야기 나누기

다. 만화 전시회
－ '가치 있게 돈 쓰기'를 주제로 만화 그리기
－ 학급에서 만화 작품 전시회 열기

　가게 놀이가 끝나고 정산 과정을 마치니 반별로 대동소이했다. 수익금은 14~20만 원 정도가 되었다. 겨울방학이 시작될 무렵, 우리는 힘들게 번 수익금으로 작은 사랑을 실천했다.

　1반은 학교에서 청소를 맡아 주고 계시는 분들께 선물을 드리며 고마움을 표현했다. 2반과 5반은 연탄 나르기 봉사를 했다. 3반은 지역 아동 센터에, 6반은 보육원에 수익금을 기부했다. 4반은 아파트 단지의 노인정에 가서 리코더 공연을 하며 수익금을 전달했다.

　방법은 달랐지만 아이들은 모두 수익금 기부가 끝난 후 뿌듯하고 행복해했다. 사랑과 나눔을 몸소 실천한 덕분일까, 더욱 넉넉한 미소가

수익금으로 연탄 봉사를 하는 모습과 학교생활을 도와주시는 분들께 선물을 드리는 모습

마음의 성장을 느끼게 했다. 아가놀 수업은 이렇게 따뜻한 추억을 우리들에게 선사했다.

아가놀 마무리 수업에서는 경제 활동의 전반적인 내용과 나눔의 가치를 담고자 했다. 가게 놀이 활동을 통해 얻은 돈으로 살 수 없는 것들에 대한 이야기를 나누고, 그림책을 통해 경제 개념을 살펴보았다. 그리고 가치 있게 돈 쓰기라는 주제로 만화 전시회를 여는 수업을 구성했다. 먼저, 우리가 이 활동을 통해 얻은 돈으로 살 수 없는 것들에 대해 이야기를 나누었다. 가게 만들기 계획부터 설문 조사, 시장조사, 판매 물건 만들기, 홍보, 판매, 기부까지 2주간의 활동을 통해 얻은 것들 중에서 돈으로 살 수 없는 것들에 대해 이야기를 나누며 정리해 보는 시간을 가졌다.

아이들은 돈으로 살 수 없는 것들의 예로 판매를 통한 행복, 가게 경영의 경험, 노동의 가치, 나눔과 기부, 협력과 협동, 위기 극복 능력, 아이디어, 손님, 성취감 등을 꼽았다. 또한 가게 놀이를 하는 동안 가장 생각난 사람은 부모님으로, 부모님에 대한 감사한 마음과 힘들게 일하시는 부모님에게 미안한 마음을 갖게 되었다고 한다.

돈으로 살 수 없는 것들에 대한 이야기를 나누고 나서, 돈의 가치를 생각해 보려고 그림책 『100원이 작다고?』를 함께 읽었다. 돈이 무엇인

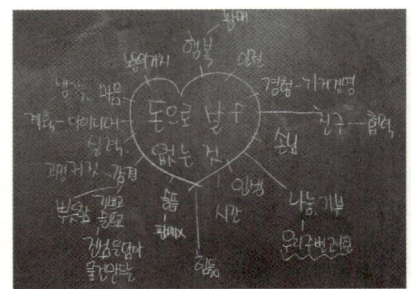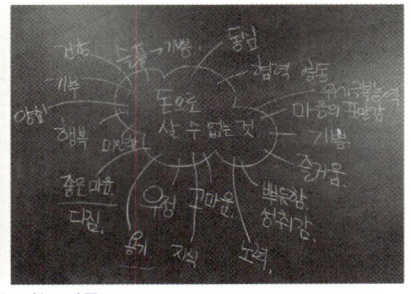

돈으로 살 수 없는 것들

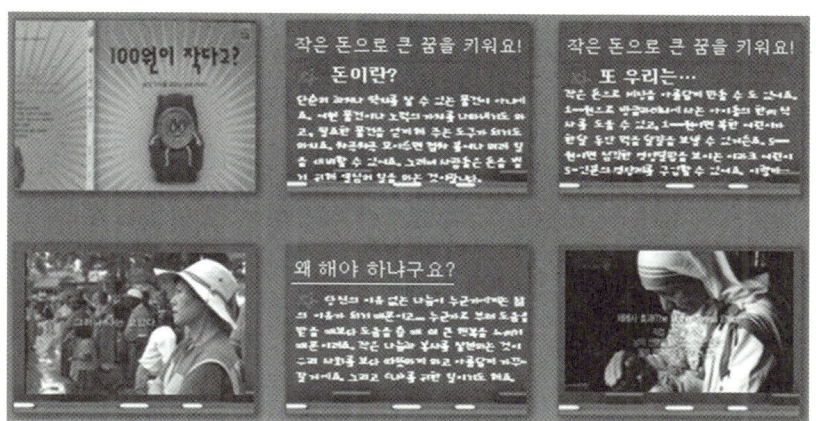

돈으로 살 수 없는 것들

지, 돈이 어떻게 만들어지고 쓰이는지에 대한 이야기로 돈의 가치와 역할, 교환, 저축, 투자, 소득 등 여러 가지 경제 개념을 담고 있는 그림책이다. 이 그림책을 통해 아이들이 돈의 의미와 돈의 가치, 봉사와 나눔의 의미를 생각하도록 했다. 그림책을 읽고 돈에 대한 이야기를 나눈후 지식채널e를 함께 보았다. 우리가 적게만 생각했던 돈이 우리 주변, 그리고 다른 나라의 아이들을 위해 얼마나 가치 있게 쓰이는지 알게되었다. 또한 지식채널e 「작은 힘 1부, 나」 영상에 나온 테레사 효과에 대해 알게 되었고, 남을 돕는 행동이 개인에게 어떤 영향을 미치는지 알았으며, 아이들은 남을 돕고 난 후의 정신적인 만족감이 신체적인 개선 효과를 불러일으킨다는 결과를 진지하게 들으면서 놀라워했다.

　마지막 활동으로 가치 있게 돈 쓰기를 주제로 만화를 그렸다. 아이들은 모두 만화 속의 주인공이 되어서 도움, 나눔, 봉사, 행복 등에 대한 생각을 담고자 노력했다. 만화에는 다른 나라 아이들에게 기부를 하거나 사랑의 밥차에 기부하고 봉사 활동을 하는 내용이 담겨 있었다. 학급에서 아이들 눈높이에 맞게 창문, 벽 등에 게시하고 둘러보는

가치 있게 돈 쓰기 만화 작품

시간을 가졌다. 아이들은 흥미 있게 만화 작품들을 감상하면서 친구들의 생각에 흐뭇한 미소를 지었다. 한 학생은 수업을 마치고 집으로 돌아간 후 그동안 모은 저금통에서 나온 금액을 확인하고 일부를 떼어 어려운 사람을 위해 기부하고 나머지는 저축을 했다고 한다. 수업으로만 끝나는 활동이 아니라 노동의 가치를 깨닫고 나눔을 실천하는 의미 있는 수업이 되었다. 앞으로 나를 돌아보고 주위의 이웃을 둘러보며 '더불어 행복하게 사는 삶'을 위해 나눔과 봉사를 실천하는 아이로 자라나길 기대해 본다.

수업을 마치며

우리나라가 무역 규모 세계 10위권의 경제 대국이 되면서 생활, 교육, 문화 수준이 발전하는 등 여러 가지 이점이 있는 반면에, 점차 자본주의의 어두운 그림자가 드리워지고 있다. 빈부 격차, 물질 만능주의, 인간 소외 현상 등은 '천민자본주의'를 단적으로 보여 준다.

이러한 상황에서 경제 수업에 어떤 가치를 담아야 할까 고민하며 아가놀 수업을 시작했다. 열심히 고민해서 활동한 덕분에 아이들은 '현명한 소비자'를 넘어 '생산수단을 갖춘 자본가(경영자)'와 '생산 활동을 하는 노동자'의 역할까지 몸으로 깨우칠 수 있었다. 아이들이 스스로 차린 가게에서 직접 경제 활동에 뛰어들었기 때문에, 주인의식이 생겨 더욱 재미있게 경제 공부를 할 수 있었던 귀중한 시간이었다.

가게를 계획하고, 물건의 가격과 종류를 결정하기 위해 선호도 조사를 하고, 역할을 분담하고 홍보하는 일련의 과정들. 이런 수업의 과정들 속에 경제 개념을 자연스럽게 녹여 활동을 고안하는 것이 쉬운 일은 아니었지만, 생활인으로서 알아야 할 경제적 개념들을 즐겁게 익힐 수 있었다. 또한 이 수업은 가족의 생활을 책임지는 경제 주체인 부모님의 마음과 고충을 이해할 수 있는 계기가 되었다.

그리고 가게 놀이의 수익금을 세상을 더 밝고 아름답게 만드는 데 사용하면서 '돈(이윤)의 순환'에 대해서 올바른 생각을 가질 수 있게 되었다. 단순한 이윤의 축적과 더 큰 이윤을 위한 투자가 아닌, 앞서 말했던 자본주의의 어두운 점을 극복하는 데 초점을 두었다.

가게 놀이를 하며 얻은 수익금으로 세상을 밝게 하는 방법은 반마다 달랐지만, 아이들은 보람을 느끼며 행복해했다. 더불어 사는 따뜻한 세상을 만드는 데 기여했다는 생각에 뿌듯해하며 미소를 지었다. 교실 속 딱딱한 경제 수업이 아니라 가치를 담은 따뜻한 가게 놀이……. 우리 아이들이 '착한 경제'를 지향하는 경제 주체로 성장하길 바란다.

8 개학 첫 주 보내기: 친해지고 싶어

새 학년이 시작되는 3월 첫날, 아이들은 두려움 반 설렘 반 교실 문을 두드린다. 우리 반 담임선생님은 어떤 분일까? 무서운 호랑이 선생님이면 어쩌지? 작년에 싸운 이후로 어색해진 친구랑은 어떻게 지내지? 예전에 날 괴롭혔던 친구가 또 나를 귀찮게 하지는 않을까? 걱정 반 기대 반이다.

새로운 반에 적응하는 데 필요한 시간은 아이들의 성향에 따라 짧게는 일주일부터 길게는 몇 달까지 개인차가 크다. 부끄러움이 많고 자기표현에 서투른 아이들은 그만큼 스트레스를 많이 받는다. 몇몇 아이들은 배앓이로 결석을 하기도 한다. 힘겨운 3월인 셈이다.

담임선생님들에게 3월이란 어떤 달일까? 새로운 업무와 학생들에게 적응하는 달, 학급 규칙을 세우느라 바쁜 달, 그래서 정시 퇴근은 힘든 달이다. 3월은 선생님들에게도 여유 없는 달이다.

어떻게 하면 3월이 즐거운 달로 바뀔 수 있을까? 교사들은 고민 끝에 '아이들이 협력의 가치를 깨달을 수 있으면서 자연스럽게 어우러질 수 있는 시간을 만들어 보자'고 뜻을 모았다. 이렇게 시작된 '친해지고 싶어' 주간은 올해로 3년째 계속되고 있다.

수업 개요

수업명	친해지고 싶어	시수	20차시
수업 목표	학기 초, 놀이 및 소개 활동을 통해 서로를 알아가고, 협력적 학급 공동체를 세워 평화로운 학급을 만들기 위해 노력하는 마음을 기른다.		

성취 기준		교과서
• 협동의 의미와 중요성을 종합적으로 이해하고, 일상생활 속에서 공감과 소통을 바탕으로 협동하려는 적극적인 자세를 지닐 수 있다.	도덕	7. 힘을 모으고 마음을 하나로
• 놀이와 여가의 관계 및 전통 놀이의 의미와 특성을 이해한다. • 전통 놀이의 특징과 방법을 이해하고 창의적인 계획을 세워 실천할 수 있다. • 다양한 전통 놀이의 규칙이나 방법을 변형하여 놀이를 할 수 있다.	체육	5. 여가 활동
• 다양한 방법으로 대상을 관찰하고 색다른 방법으로 표현한다.	미술	3. 새롭게 관찰하기
• 내용을 이해하기 쉽게 발표하고, 다른 사람의 발표를 평가하며 듣는다. • 글에 대한 경험과 반응을 다른 사람과 나눈다.	국어	9. 생각을 나누어요 1. 이야기 속으로

그림책과 함께하는 아침 열기

하루를 시작하기 전, 그림책으로 아침을 열어 보면 어떨까? 우선 아이들은 선생님의 목소리로 읽어 주는 책을 읽으며 안정감을 느낄 것이다. 우리는 두 가지 원칙을 정했다. 첫째 아이들이 '그림책 읽는 시간'을 가장 재미있는 시간으로 여길 수 있도록 재미있는 책으로 고를 것. 둘째 그림책 읽는 시간을 공부하는 시간으로 여기지 않도록 독후 활동 역시 부담 없는 것으로 할 것.

첫 번째 그림책 『학교 가기 싫어!』는 선생님과 아이들의 바람을 담은 책이다. 때로 학교 가기가 귀찮거나 싫고, 방학을 기다리는 주인공 선생님의 마음을 살펴보면서 공감대를 형성할 수 있었다. 연계 활동으로는 "가고 싶은 학교가 되려면 어떻게 해야 할까?"라는 질문의 답을 종이비행기에 적어 칠판을 향해 날리고, 하나씩 읽어 보면서 친구들의 바람을 알아보는 시간을 가졌다.

두 번째 그림책 『틀려도 괜찮아』는 발표를 주저하는 아이들을 위해

'친해지고 싶어!' 수업 기간 중 읽은 그림책

선정했다. 활동으로는 '무조건 틀려야 하는 퀴즈'를 했는데 선생님들과의 독서모임에서 읽었던 『콩닥콩닥 신명나는 책놀이』에서 아이디어를 얻었다. 활동을 하고 난 뒤엔 아이들과 함께 '친구의 틀린 답에 절대 비난하지 않기', '몰라도 적극적으로 참여하고 발표하기' 등 원칙을 정했다.

세 번째 그림책 『파란 의자』는 사막에서 의자를 발견한 두 친구들이 의자를 가지고 다양하게 노는 내용을 담았다. 『파란 의자』를 읽고 '다른 생각'은 결코 '틀린 생각'이 될 수 없다는 것과, 오히려 다른 생각으로 인해 즐거운 세상이 된다는 것을 알 수 있었다. 의자로 놀이터, 회전목마, 유모차 등 다양한 모양을 만들어 보며 즐겁게 독후 활동을 마무리했다.

네 번째 그림책 『백만 번 산 고양이』는 '시간의 유한성' 덕분에 인생이 아름답고 풍요롭다는 점을 일깨워 주는 작품이다. 책을 읽은 후엔 5학년 1년 동안 이루고 싶은 꿈들을 모아 구체적인 버킷리스트를 만들

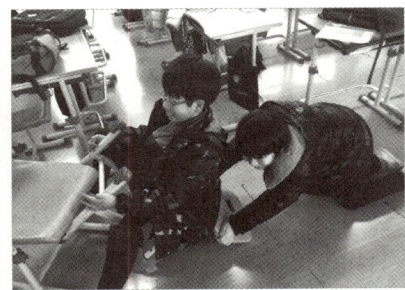

『파란 의자』 독후 활동

어 보았다. 가족과 여행 가기, 엄마 생신상 차려 드리기, 제빵 배우기 등 아이들의 소박한 바람을 나눌 수 있어 행복한 시간이었다. 아이들이 만든 버킷리스트 사진을 클래스팅에 올려놓으니, 한 학부모님은 생일상을 차리려고 아이가 벌써부터 요리를 한다고 댓글을 남겨 주셨다.

다섯 번째 그림책 『입이 똥꼬에게』를 읽고서 '당연한 것들의 소중함'을 느꼈다. 읽은 나서 아이들에게 "우리 주위에 정말 중요하지만 너무나 흔하고 당연해서 무시당하는 것들은 무엇이 있을까?"라고 질문했더니 공기, 물, 가족, 학교, 소꿉친구, 10원짜리 동전 등 속 깊은 대답을 했다. 똥꼬를 만져 보고 내 똥꼬에게 주는 선물을 그려 보라고 했더니 부끄러워하면서도 열심히 그리는 아이들의 모습이 참 귀여웠다.

쉽고 재미있는 그림책을 읽으며 첫 시간을 함께 보냈더니 선생님과 아이들 모두 부담도 적고 그림책과 연계한 재미있는 활동이라는 장점

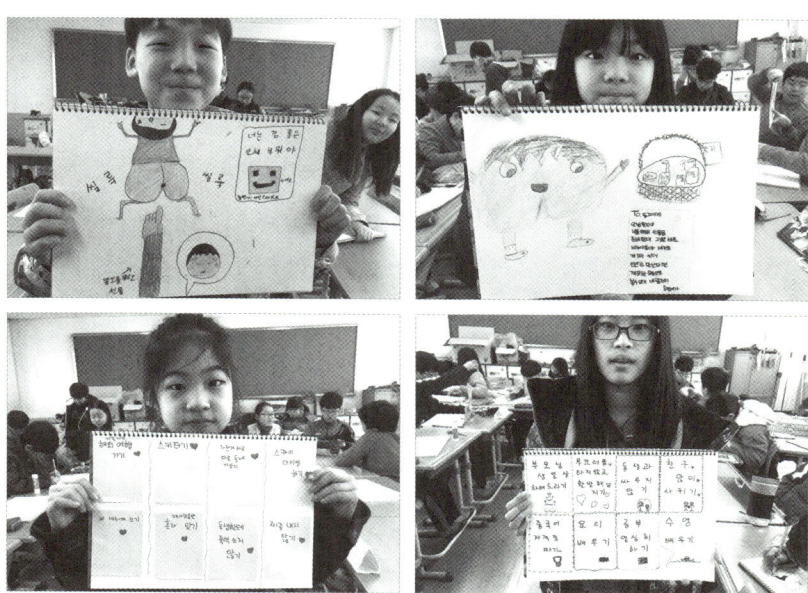

『백만 번 산 고양이』, 『입이 똥꼬에게』 독후 활동

이 있다. 게다가 우리 교실이 지향하는 가치(협력, 다양성을 인정하기)를 자연스럽게 내면화할 수 있었다. 무엇보다도 참 즐거웠다.

교실놀이(몸놀이)

'친해지고 싶어'에서 주력했던 또 하나의 활동은 바로 교실놀이(몸놀이)다. 몸으로 놀며 친구들과 직접 부딪히는 과정에서 아이들은 더 빨리 친해진다. 선생님들과 함께 놀이 연수를 들으며 인상 깊었던 말이 "요즘 아이들은 놀 줄 몰라서 스마트폰을 가지고 논다."였다. 인터넷 게임과 스마트폰밖에 모르는 요즘 아이들에게 '진짜 노는 방법'을 알려주는 효과도 있었다. 아이들과 함께 즐겼던 놀이들은 연수나 책에서 아이디어를 얻었음을 밝힌다.

첫날 즐긴 진주조개놀이는 조개와 진주로 역할을 나누어 즐기는 놀이다. 먼저 2명씩 짝을 이루어 조개를 만들어 서로 손을 맞잡는다. 진주를 맡은 친구는 조개들이 손을 둥글게 맞잡은 공간 안으로 들어간다. 이때 서로의 역할이 헷갈리지 않도록 진주는 머리 위로 손을 흔들어 진주임을 표시한다. 선생님이 "진주"라고 외치면 진주들끼리 자리를 바꾸어 조개 안으로 들어가고, "조개"라고 외치면 조개들은 다른 짝을 만나 진주를 품어야 한다. 이 놀이를 할 땐 서로의 역할이 바뀌지 않도록 아이들에게 주의를 준다.

두 번째로 소개할 교실놀이는 모둠 풍선 배구다. 서로 손을 잡아 둥글게 원을 만든 뒤 풍선을 떠워 바닥에 떨어지지 않도록 협력해서 오랜 시간을 버티는 놀이다. 처음엔 모둠끼리 하다가 8명, 15명, 반 전체로 점차 수를 늘려 가며 협력의 가치를 배울 수 있다.

과일 사세요, 왕자공주 모셔 오기는 '당신의 이웃을 사랑하십니까?'를 변형한 게임이다. 아이들은 동그랗게 둘러앉아 자리를 바꾸는 이 게임을 정말 좋아했다.

협동 배구

이면지(신문지) 공놀이는 아이들이 닫혀 있던 에너지를 발산하고 스트레스를 푸는 데 제격이었다. 책걸상을 쌓아 가운데 한 줄로 성을 만든 뒤, 신문지를 구겨 만든 종이 공을 던지며 놀았는데, 게임이 끝나고 나서 신문지 공을 다 펴서 높이 쌓아 깔끔하게 마무리까지 했다.

우리 반뿐만 아니라 학년 아이들과 함께 즐길 수 있는 놀이는 무엇이 있을지 고민하다가 대동놀이를 하기로 했다. 강강술래 중 청어 엮자(풀자), 덕석말이를 교실에서 연습하고서 운동장으로 나갔다. 아이들은 하나 됨을 느끼며 시간이 부족하다고 아쉬워했다. 오히려 헷갈려하는 선생님들보다 더 신나게 잘하는 아이들을 보니 뿌듯했다.

강강술래 연습과 한마당 어울림

방관자에서 적극적인 방어자로! 평화샘 프로젝트와 나들이

작년부터 평화샘 프로젝트를 실시하여 '멈춰! 제도'와 '평화회의'에 어느 정도 익숙해진 아이들이지만, 올해에도 평화샘을 실시한다는 사실을 분명히 하고, 아이들에게 다시 한 번 상기시키기 위해 4대 규칙을 공부했다. 4대 규칙을 공부한 다음에는 아이들이 자율적으로 학급 급훈, 학급 규칙 등을 정하는 시간을 가졌다.

학교 주변을 돌며 나들이를 하는 시간도 가졌다. 저기는 누구네 집이 있는 쪽, 거기는 우리가 학교 끝나고 모여서 노는 거미줄 놀이터, 주말마다 언니와 함께 찾아가는 도서관, 옆집 할머니가 다니시는 노인정…… 익숙한 곳을 새로운 선생님, 친구들과 찾아가는 마음은 정말 색달랐을 것이다. 날씨는 아직 추웠지만, 행복해하는 아이들의 모습이 인상적이었다.

간이 MBTI 검사

진로교육을 도대체 어떻게 해야 할까? 많은 선생님들의 고민이다. 우리는 진로교육의 첫 단추는 나 자신을 바로 아는 것이라고 생각하고, 간이 MBTI 검사를 하기로 했다. 물론 정식 검사보다는 덜 과학적이고 체계성도 떨어지겠지만, 교실에서 별다른 노력 없이 간단하게 실시할 수 있었다. 다만 ISFP 등과 같은 MBTI 유형의 이름이 낯설고 어려워 어떻게 해야 할지 고민했다. 궁리 끝에 우리 반에서 같은 유형이 나온 친구들끼리 모여 그 유형의 특징을 담은 예쁜 유형 이름을 새로 짓기로 했다. '인기 스타형', '예술가형', '이해심 짱!' 등 개성 있는 MBTI 유형 이름이 만들어졌다. 선생님들에게도 검사 후 아이들의 성격을 파악할 수 있어서 유익한 시간이었다.

'친해지고 싶어' 수업 덕분에 편안하고 행복한 3월 첫 주를 보낼 수 있었다. 아이들은 "선생님! 아예 일주일 동안 공부를 안 했네요?", "덕분에 친구들과 쉽게 친해질 수 있었어요." 등 열광적인 반응을 보였다. 선생님도 아이들도 함께 여러 가지 활동을 하면서 서로를 이해하고 사랑하게 되는 그런 시간이었다. 긴장감과 불안의 연속인 3월 첫 주! 과감하게 '친해지고 싶어' 수업을 하며 평화로운 우리 반을 함께 일구면 어떨까?

〈친해지고 싶어〉 시간표

	월	화	수	목	금
	하루 열기	하루 열기	하루 열기	하루 열기	하루 열기
1	그림책 『나도 학교 가기 싫어』 -종이비행기 '가고 싶은 학교 만드는 방법' 도덕	그림책 『틀려도 괜찮아』 -틀린 답하기 퀴즈 국어	그림책 『파란 의자』 -의자놀이 국어	그림책 『백만 번 산 고양이』 -1년 버킷리스트 만들기 도덕	그림책 『입이 똥고에게』 -똥고에게 주고 싶은 선물 도덕
2	교사 소개 PPT 질문&대답 학생에게 되묻기 국어	찾아라 우리 반 친구 도덕	전담 1	전담 2	전담 3
3	명패 만들기 미술	교실놀이 -모둠 풍선 배구 체육	MBTI 검사 -유형 이름 만들기 -3단계 인터뷰 직업 안전	학교 주변 나들이 교통안전	교실놀이 -과일 사세요 -왕자 공주 모셔 오기 체육
4	교실놀이 -진주조개 체육	도서관 이용 교육 국어		교실놀이 -이면지 공 체육	학급 규칙 세우기 생활안전
5	사진 찍기 문장 완성하기 국어	평화샘 선서 -4대 규칙 학교폭력 예방교육 (폭력 및 신면 안전)	청어 엮자, 남생이 연습 교실 체육	청어 엮기, 풀기 덕석말이(교실) 체육	대동놀이 체육
6	선생님 시간 -가정환경조사서, 선생님 편지 -독서 릴레이 안내장 국어	선생님 시간 국어	선생님 시간 국어	선생님 시간 국어	선생님 시간 국어
	하루 닫기	하루 닫기	하루 닫기	하루 닫기	하루 닫기

첫걸음을 떼는 후배 교사들에게

-6년 차 교사가 들려주고 싶은 교육 이야기

임용고시에 합격하고 발령이 확정된 후, 신규 연수를 받으며 부푼 꿈에 설렜다. 어떤 아이들을 만나게 될까, 아이들과 어떤 활동을 해 볼까, 어떻게 하면 아이들에게 원칙적이면서도 따뜻한 선생님이 될 수 있을까. 그 시기에 나의 마음을 사로잡은 단어는 '학급 운영'이었다. 우연히 접한 우리교육 출판사의 『초등 학급 운영 1, 2, 3』 시리즈는 떨리고 걱정스러웠던 나의 마음을 평온하게 만들어 줬다. 학급 규칙 세우기, 자리 바꾸기, 청소 역할 정하기 등 자세한 내용이 담겨 있는 3권의 두툼한 책은 나에겐 기본 지침서처럼 다가왔다. 포스트잇을 붙이고, 밑줄을 그어 가며 새로운 시작을 준비했다.

이런 기대감이 좌절로 바뀌는 경우도 가끔 있었지만, 운 좋게도 예쁜 학생들과 좋은 부모님들을 만나 큰 어려움 없이 첫해와 두 번째 해를 보냈었다. 그 당시 나는 '내가 준비를 열심히 했구나', '내가 잘하고 있구나' 생각했었다. 어떠한 틀에 맞춰, 꼼꼼하게 준비하고 실천한다면 문제가 없으리라 생각했다. 그러나 3년 차가 되던 해 선배 및 동기들과 교사 공동체를 이루어 함께 만들어 가는 수업, 학급, 학교 문화를 경험하게 되면서 나의 시야가 굉장히 좁고 위태로웠음을 깨달았다.

학급 운영을 매뉴얼로, 기술적인 부분만 생각하는 것은 알꼬 없는

찐빵과 같다는 사실을 깨달았다. 학급 운영을 교과 지도, 생활 지도로 나눠 분절적으로 보는 시각에서 벗어나 교육과정을 실천하는 학급 활동 전반으로 생각할 수 있게 되었다. 또 교사 주도의 '학급 운영'이라는 표현보다는 아이들과 함께하는 '학급살이'라는 표현이 더 적절하다는 생각도 할 수 있게 되었다.

다양한 아이들이 존재하고, 교사 역시 변화하기에 해마다 똑같은 방법으로 똑같은 학급살이를 하기란 불가능하다. 아이들과 소통하며 교사의 고민과 철학이 녹아든 학급 활동이 일상적으로 이루어질 때, 기존 방식과는 조금 달라질지라도 그 학급만의 새로운 문화가 만들어질 수 있다.

교사의 고민과 철학은 무엇을 말하는 것일까. 가장 중요한 것이 바로 교과서, 교육과정, 평가, 아동을 바라보는 눈이다. 정답이 정해져 있을 것 같지만 정말 다양한 시각이 존재한다.

신규 1~2년 차의 나에게 교육과정이란 임용고시에 합격하기 위해 외워야 하는 딱딱한 문서였고, 교과서는 면접을 위해 공부할 문제와 활동 순서를 찾아내는 성전Bible과 같았다. 기승전결이 완벽하게 계획 및 실행되는 것이 좋은 수업이라 생각했고, 선다형의 지필평가를 잘 풀어야 교사, 학생, 학부모 모두가 행복해진다고 믿었다.

아이들 모두가 수업 시간에 나를 쳐다보고 집중해야 하며, 과제와 준비물을 챙기는 생활 태도를 갖는 것은 당연한 것이라 생각했다. 이러한 틀로 생활을 하다 보니 문서화된 국가교육과정은 찾아볼 필요가 없었고, 교과서 및 지도서, 인디스쿨(초등 교사 커뮤니티)을 중심으로 매 시간 수업을 열심히 준비했다. 아이들이 한 문제라도 더 맞을 수 있도록 시험 기간이면 학습지를 몇 장씩 준비해서 풀게 했고, 개인 점검표를 마련하여 수업 태도, 과제 수행 등을 꼼꼼하게 체크하여 개별·모둠 보상을 해 줬다.

담임 첫해에는 나와 비슷한 성향의 아이들을 만나서인지 과제나 준비물로 잔소리할 일이 없었다. 열심히 가르쳐 주는 만큼 따로 놀이 시간을 갖는 등 아이들과 함께 어울리는 시간이 많아 관계도 원만했다. 하지만 이듬해 다양한 개성을 가진 아이들을 만나면서 과제, 모둠 활동 등이 내 뜻대로 되지 않는 상황을 만났다. 힘들고 답답한 마음에 '이 아이들은 정말 왜 이럴까?'라는 불평도 했었다. 하지만 이것은 똑같은 방식을 모든 아이들에게 적용하고자 했던 나 자신의 문제였다. 동료 선생님들과의 대화, 독서 토론, 다양한 연수를 통해 나의 교육철학 및 아동관을 재정립하는 기회를 가질 수 있었고 좀 더 편안한 마음으로 여유를 가지고 학급살이를 할 수 있게 되었다.

'교과서는 하나의 자료이다.'라는 이야기는 예비 교사 시절부터 많이 들어 봤다. 하지만 정해진 답을 맞혀야 좋은 득점을 하는 임용고시에서 교과서는 절대적인 자료였다. 그러나 현장에서는 교과서를 과감히 내려놓아야 한다. 표준화된 교과서의 내용은 우리가 만나는 아이들에게 항상 적합한 자료일 수는 없다. 우리 교실, 우리 아이들의 상황과 수준에 맞게 적절히 변용해서 가르쳐야 한다.

교육과정에서 요구하는 수준을 넘어서는 경우도 있고, 비슷한 내용이 중복되는 경우도 많다. 단원 순서대로 가르치기엔 계절적 특성이 시기적으로 맞지 않거나 여러 교과의 단원들을 연관 지어 가르치면 더 효과적인 내용들도 있다. 이에 현장 전문가인 교사들은 아이들의 삶과 밀접한 자료들을 활용하여 교과서를 재구성하거나, 새로운 교육과정 자료를 개발해야 한다.

이때 걱정거리가 생길 것이다. '왜 순서대로 배우지 않느냐', '교과서 ○○페이지를 안 배웠다', '중학교에 가면 뒤처질 수 있다' 등의 불만이 들릴 수도 있다. 이때 교사의 철학과 소신 있는 태도가 중요하다. 우리가 법적으로 가르쳐야 할 의무가 있는 것은 '교과서'가 아닌 '국가교육과정'이다. 교사가 교육과정을 늘 가까이해야 하는 이유가 여기에 있다. 교육과정의 과목별 성취 기준을 파악하면 그리 많은 편이 아니다. 이 내용을 가지고 1년 동안 아이들과 어떤 즐거운 배움을 만들어 갈지 행복한 상상을 하면 되는 것이다. 이와 함께 아이들에게도, 학부모들에게도 지속적으로 '교과서'가 아닌 '국가교육과정'을 배우는 것임을 안내해야 한다.

평가를 바꾸는 것도 매우 중요하다. 교과서 외 다양한 자료와 활동으로 공부했는데, 평가는 교과서를 암기해서 풀게 하는 선다형 문항으로 보고, 그 점수를 가지고 아이들을 서열화한다면 앞뒤가 맞지 않다. 평가의 진정한 목적은 교육과정 중 아이가 잘 알고 있는 것과 어려워하는 것은 무엇인지를 파악하고, 보충이 필요한 부분을 돕는 것이지 서열을 매기는 것이 아니다. 시험이 끝나면 올백이니, 몇 점이니 점수 이야기부터 시작하는 우리 아이들의 현실이 안타깝다. 정보의 홍수, 다변화 시대에 살고 있는 우리들에게 어떠한 배움과 평가가 필요한지, 아이들과 학부모들이 평가의 진정한 의미에 대해 생각해 볼 수 있도록 소통해야 한다.

마지막으로 아이들을 바라보는 시각이다. 엄기호의 저서 『교사도 학교가 두렵다』를 보면 이런 구절이 나온다.

중견 교사들이 보기에 지금 교직에 들어오는 20대들은 지나치게 경쟁에 순응하고, 모범생의 태도를 가지고 있으며, 다르거나 낯선 학생들을 이해하려고 노력하지 않는다. 대신 학교나 관리자가 시키는 일은 시키는 대로 다 처리한다. 그것도 아주 깔끔하게 처리한다.

나는 뜨끔했고 동료 교사들도 공감했다. 많은 교사들이 학창 시절 공부를 잘하는 모범생이었을 것이다. 다양한 개성을 가진 아이들을 머리로는 이해하지만, 마음으로 온전히 이해하기 어려울 수밖에 없다. 아이들이 완벽한 존재가 아님을 인정해야 한다. 변화할 가능성이 크기 때문에 마음의 여유를 갖고 아이들을 기다려 줄 수 있어야 한다.

교사의 지나친 꼼꼼함으로 아이들을 수동적 존재로 만들거나 숨 막히게 하는 것도 주의해야 한다. 과도한 과제 제시나 일기 검사는 피하고 준비물 역시 학교의 학습 준비물 예산으로 마련하여 아이들의 부담을 최소화해 주는 것이 좋다.

특히, 초임 교사 시절 많이 활용하는 스티커나 쿠폰 등의 보상제도에 대해 고민해야 한다. 이런 보상은 아이들을 능동적 주체가 아닌 수동적 존재로 길러 낼 수 있다. 황선미 작가의 『나쁜 어린이표』라는 책을 보면 스티커로 인한 아이들의 스트레스가 얼마나 큰지 알 수 있다. 모둠 보상 역시 모둠 간 경쟁을 유발하고, 모둠 내에서 느린 친구를 공공의 적으로 만든다. 보상제도 없이도 학급살이는 가능하다. 아니, 보상제도가 없을 때 진정으로 행복한 학급살이가 완성된다. 다만 전체가 잘했을 때 함께 칭찬받고, 보상도 함께 누릴 수 있는 학급 보상은 활용할 만하다. 학급 온도계를 통해 학급이 하나가 됐을 때 학급 보상을 하고, 보상 내용도 학급회의를 통해 결정하도록 운영하는 것도 좋은 방법이다.

신규 교사, 학교 문화에서 살아남기

두 학교 이야기

A교사는 46학급의 학교에 근무하는 5년 차 교사다. 학교에는 정년 퇴직을 앞둔 원로 교사부터, 경력 10~30년 차의 다양한 연령대 교사들이 있다. 비슷한 또래의 5년 차 미만의 교사들도 5~6명 있다. 동학년은

9학급으로 출근하면 학년 연구실에 모여 커피도 마시고 오늘 의상과 화장에 대해 이야기도 나눈다. 교실에는 30명의 학생들이 선생님을 반갑게 맞아 주고, 아이들과 함께 모둠 활동 등 다양하게 수업을 진행한다. 지도서와 인터넷 커뮤니티를 참고하여 내일 수업을 준비하고 퇴근 전 남는 시간은 원격 연수를 좀 듣다가 인터넷 서핑을 한다.

B교사는 6학급 학교에 근무하는 4년 차 교사다. 경력 순으로 교무부장 다음이다. 그 뒤로는 3년 차 교사, 그리고 올해 발령이 난 신규들이 있다. 출근하면 교무실에 들러 인사를 한 뒤 교실로 간다. 교실에는 7명의 학생들이 선생님을 반갑게 맞아 준다. 교과서와 아이스크림 자료를 활용하여 열심히 수업을 한다. 방과 후, 교무회의에서 교장선생님의 말씀이 길어진다. 오늘까지 교육청에 보고해야 할 공문이 있어 마음이 초조하다. 4시 30분을 넘겨 일을 마치고 집에 오니 저녁 7시가 넘었다.

행정가가 아닌 교사로 살기

두 학교 이야기는 도시 학교의 큰 규모에서 근무하는 A교사와 시골 6학급에서 근무하는 B교사의 이야기를 실제 상황을 바탕으로 각색한 것이다. 물론 도시에서도 작은 규모의 학교가 있고, 시골에도 큰 규모의 학교가 존재하는 경우도 있다.

비슷한 경력의 두 교사는 첫 발령지에 따라 교직생활의 양상이 크게 달라진다. 큰 규모의 학교일수록, 선배 교사가 많고, 동학년이 있기 때문에 업무나 학급에서의 어려움을 함께 나누고 도움을 받을 수 있다. 하지만 규모가 작거나 도심과 먼 학교의 경우 중년층 선배 교사가 적고, 비슷한 또래가 많다. 관리자와의 어려움 및 수업에 대해 의논하고 도움을 요청할 멘토 교사를 만나기 어렵고, 개인당 주어진 단위 업무가 크기 때문에 업무의 비중이 커 수업 연구를 위한 시간 확보가 어렵다. 게다가 강압적이고 업무를 중시하는 관리자를 만나게 된다면, 본인의 정체성이 혼란스러워질 우려가 있다. 교사가 아닌 업무 행정가로서의 정체성을 갖게 될 수 있는 것이다.

이때 경계해야 할 태도는 모든 학교가 이럴 것이라고 생각하고 순응하는 것이다. 부당하거나 과도한 지시에 대해서는 '아니오.'라고 말할 수 있어야 하고, 교사의 역할은 업무 처리가 아닌 수업임을 잊지 말아야 한다. 이를 위해서는 동기들과 꾸준히 소통하며 다른 학교의 소식을 들어야 하고, 지역 단위의 소모임이나 집합 연수에 참여하여 더 많은 교사들과 소통해야 한다. 그 모임을 통해 도움이나 자극을 받고 주어진 환경을 조금씩이나마 바꿔 나갈 수 있을 것이다.

외딴섬, 교실이라는 왕국

선배 교사가 많고 규모가 큰 학교에 근무하는 A교사는 어려움이 없을까? 이 경우도 경계해야 할 것은 자신만의 교실 속 왕국을 만들어 그 안에서만 생활하는 것이다. 지도서를 정독한 뒤 인터넷 커뮤니티에서 자료를 찾아 혼자 수업을 준비하고, 인터넷으로 다양한 원격 연수를 듣지만 교내 연수나 집합 연수에는 참여하지 않는다. 교실에 혼자 있는 시간이 편하고, 교무회의가 길어지면 지루해한다. 이런 생활에 익숙해지면 '나 정도면 잘하고 있지.'라고 생각하며 개인주의에 빠질 수 있다. 큰 규모의 학교에서는 사람은 많지만 외로운 군중 속 고독을 경험하게 된다. 물론 불편하지는 않다. 하지만 혼자 계획한 수업은 여럿이 의논하고 고민한 수업과 그 깊이가 다르다. 혼자서는 시야가 좁고, 쉽게 지치게 된다. 이런 경우는 멀리 가지 못한다.

나를 성장하게 하는 교사 공동체

다양한 사람들의 생각을 듣고, 나의 생각이나 방법이 틀렸을 수도 있음을 인정할 때 교사는 한 단계 더 성장하게 된다. 처음부터 깊이 있는 수업 이야기나 자신의 고민들을 나누기는 어렵다. 이때 가장 좋은 것이 바로 독서모임이다. 경력 1~2년 차에 수업도, 학급살이도 '어떻게How?', 즉 방법적인 면에만 몰두했던 내가 '왜Why?, 무엇을What?'에 관해 깊이 있게 고민하게 만들어 준 것이 바로 동료 교사들과의 독서모임이다. 책에는 나와 비슷한 고민과 상처를 가진 교사들의 이야기가 많다. 그것만으로도 위로가 되는데, 가장 가까이에 있는 동료 교사 역시 같은 감정을 겪었다니. 동료애가 절로 생겨났다. 책을 통해 아이들, 수업에 관한 이야기를 나누다 보면 함께 수업을 논의하는 것도 어렵지 않게 된다.

현장에 나가면 인터넷 커뮤니티 자료실의 유혹을 떨쳐내기 힘들 것이다. 물론 좋은 자료도 정말 많다. 하지만 지나치게 주어진 자료에 의존해서 수업을 준비하지 말자. 우리 아이들의 수준과 상황에 맞는 나만의 수업을 만들어 내는 것은 내 몫이다. 그리고 가까이에 있는 우리 학년, 우리 학교 교사들이 가장 큰 도움을 줄 수 있음을 기억하자. 작은 규모 학교가 많은 지역은 지역별 동학년 모임이 활성화되고 있다. 연수도 혼자서 듣는 원격 연수보다는 사람들과 만나고 소통하는 집합 연수 참여를 적극 권장한다.

행복한 첫걸음을 응원하며……

첫 학교에서 어떤 선배 교사를 만나느냐에 따라 이후 교사로서의 삶이 달라진다. 수업이나 교육과정보다 업무나 승진에 관심을 두는 선배를 만났다면 나도 그 길을 따라가고 있을지도 모르겠다. 주변의 친구들을 돌아보면 첫 학교에서 만난 선배들의 문화가 큰 영향을 미치는 것 같다. 첫 단추가 어떻게 끼워지느냐에 따라 다른 삶을 살게 된다.

내가 꿈꾸는 교사는 어떤 모습인지, 자신의 교육철학으로 아이들과 어떻게 만날 것인지 그려 보면 좋겠다. 지난 시간을 돌아봤을 때 나를 교사로서 성장하게 해 준 것은 아이들, 학부모, 동료 교사들과의 소통이었다. 교직 생활의 진정한 즐거움은 아이들 속에서 행복한 나를 발견할 때다. 아이들 속에서 함박웃음을 지을 후배님들의 한 걸음 한 걸음을 응원해 본다.

박미영 • 전주 송천초

삶의 행복을 꿈꾸는 교육은
어디에서 오는가? 미래 100년을 향한 새로운 교육

▶ 교육혁명을 앞당기는 배움책 이야기
혁신교육의 철학과 잉걸진 미래를 만나다!

 핀란드 교육혁명
한국교육연구네트워크 총서 01 | 320쪽 | 값 15,000원

 일제고사를 넘어서
한국교육연구네트워크 총서 02 | 284쪽 | 값 13,000원

 새로운 사회를 여는 교육혁명
한국교육연구네트워크 총서 03 | 380쪽 | 값 17,000원

 교장제도 혁명
한국교육연구네트워크 총서 04 | 268쪽 | 값 14,000원

 새로운 사회를 여는 교육자치 혁명
한국교육연구네트워크 총서 05 | 312쪽 | 값 15,000원

 혁신학교에 대한 교육학적 성찰
한국교육연구네트워크 총서 06 | 308쪽 | 값 15,000원

 혁신학교
성열관·이순철 지음 | 224쪽 | 값 12,000원

 행복한 혁신학교 만들기
초등교육과정연구모임 지음 | 264쪽 | 값 13,000원

 서울형 혁신학교 이야기
이부영 지음 | 320쪽 | 값 15,000원

 혁신교육, 철학을 만나다
브렌트 데이비스·데니스 수마라 지음
현인철·서용선 옮김 | 304쪽 | 값 15,000원

 혁신교육 존 듀이에게 묻다
서용선 지음 | 292쪽 | 값 14,000원

 다시 읽는 조선 교육사
이만규 지음 | 750쪽 | 값 33,000원

 프레이리와 교육
한국교육연구네트워크 번역 총서 01
존 엘리아스 지음 | 한국교육연구네트워크 옮김
276쪽 | 값 14,000원

 교육은 사회를 바꿀 수 있을까?
한국교육연구네트워크 번역 총서 02
마이클 애플 지음 | 강희룡·김선우·박원순·이형빈 옮김
352쪽 | 값 16,000원

 **비판적 페다고지는
세상을 변화시킬 수 있는가?**
한국교육연구네트워크 번역 총서 03
Seewha Cho 지음 | 심성보·조시화 옮김 | 280쪽 | 값 14,000원

 마이클 애플의 민주학교
한국교육연구네트워크 번역 총서 04
마이클 애플·제임스 빈 엮음 | 강희룡 옮김 | 276쪽 | 값 14,000원

 미래교육의 열쇠, 창의적 문화교육
심광현·노명우·강정석 지음 | 368쪽 | 값 16,000원

 대한민국 교사, 어떻게 가르칠 것인가?
윤성관 지음 | 320쪽 | 값 15,000원

 아이들을 어떻게 가르칠 것인가
사토 마나부 지음 | 박찬영 옮김 | 232쪽 | 값 13,000원

 아이들의 배움은 어떻게 깊어지는가
이시이 준지 지음 | 방지현·이창희 옮김 | 200쪽 | 값 11,000원

 모두를 위한 국제이해교육
한국국제이해교육학회 지음 | 364쪽 | 값 16,000원
2015 세종도서 학술부문

 경쟁을 넘어 발달 교육으로
현광일 지음 | 288쪽 | 값 14,000원

 독일 교육, 왜 강한가?
박성희 지음 | 324쪽 | 값 15,000원

 대한민국 교육혁명
교육혁명공동행동 연구위원회 지음 | 224쪽 | 값 12,000원

▶ 비고츠키 선집 시리즈
발달과 협력의 교육학 어떻게 읽을 것인가?

 생각과 말
레프 세묘노비치 비고츠키 지음
배희철·김용호·D. 켈로그 옮김 | 690쪽 | 값 33,000원

 도구와 기호
비고츠키·루리야 지음 | 비고츠키 연구회 옮김
336쪽 | 값 16,000원

 어린이 자기행동숙달의 역사와 발달 Ⅰ
L.S. 비고츠키 지음 | 비고츠키 연구회 옮김
564쪽 | 값 28,000원

 어린이 자기행동숙달의 역사와 발달 Ⅱ
L.S. 비고츠키 지음 | 비고츠키 연구회 옮김
552쪽 | 값 28,000원

 어린이의 상상과 창조
L.S. 비고츠키 지음 | 비고츠키 연구회 옮김
280쪽 | 값 15,000원

 연령과 위기
L.S. 비고츠키 지음 | 비고츠키연구회 옮김
336쪽 | 값 17,000원

 성장과 분화
L.S. 비고츠키 지음 | 비고츠키 연구회 옮김
308쪽 | 값 15,000원

 관계의 교육학, 비고츠키
진보교육연구소 비고츠키교육학실천연구모임 지음
300쪽 | 값 15,000원

 비고츠키 생각과 말 쉽게 읽기
진보교육연구소 비고츠키교육학실천연구모임 지음
316쪽 | 값 15,000원

 비고츠키와 인지 발달의 비밀
A.R. 루리야 지음 | 배희철 옮김 | 280쪽 | 값 15,000원

 수업과 수업 사이
비고츠키 연구회 지음 | 196쪽 | 값 12,000원

▶ 평화샘 프로젝트 매뉴얼 시리즈
학교 폭력에 대한 근본적인 예방과 대책을 찾는다

 학교 폭력 어떻게 만들어지는가
문재현 외 지음 | 300쪽 | 값 14,000원

 학교 폭력, 멈춰!
문재현 외 지음 | 348쪽 | 값 15,000원

 왕따, 이렇게 해결할 수 있다
문재현 외 지음 | 236쪽 | 값 12,000원

 젊은 부모를 위한 백만 년의 육아 슬기
문재현 지음 | 248쪽 | 값 13,000원

 아이들을 살리는 동네
문재현·신동명·김수동 지음 | 204쪽 | 값 10,000원

평화! 행복한 학교의 시작
문재현 외 지음 | 252쪽 | 값 12,000원

마을에 배움의 길이 있다
문재현 지음 | 208쪽 | 값 10,000원

▶ 교과서 밖에서 만나는 역사 교실
상식이 통하는 살아 있는 역사를 만나다

 전봉준과 동학농민혁명
조광환 지음 | 336쪽 | 값 15,000원

 남도의 기억을 걷다
노성태 지음 | 344쪽 | 값 14,000원

 응답하라 한국사 1·2
김은석 지음 | 356쪽·368쪽 | 각권 값 15,000원

 즐거운 국사수업 32강
김남선 지음 | 280쪽 | 값 11,000원

 즐거운 세계사 수업
김은석 지음 | 328쪽 | 값 13,000원

 강화도의 기억을 걷다
최보길 지음 | 276쪽 | 값 14,000원

 광주의 기억을 걷다
노성태 지음 | 348쪽 | 값 15,000원

 **선생님도 궁금해하는
한국사의 비밀 20가지**
김은석 지음 | 312쪽 | 값 15,000원

 걸림돌
키르스텐 세룹-빌펠트 지음 | 문봉애 옮김
248쪽 | 값 13,000원

 교과서 밖에서 배우는 역사 공부
정은교 지음 | 292쪽 | 값 14,000원

 팔만대장경도 모르면 빨래판이다
전병철 지음 | 360쪽 | 값 16,000원

 빨래판도 잘 보면 팔만대장경이다
전병철 지음 | 360쪽 | 값 16,000원

 영화는 역사다
강성률 지음 | 288쪽 | 값 13,000원

 친일 영화의 해부학
강성률 지음 | 264쪽 | 값 15,000원

 한국 고대사의 비밀
김은석 지음 | 304쪽 | 값 13,000원

 조선족 근현대 교육사
정미량 지음 | 320쪽 | 값 15,000원

 다시 읽는 조선근대교육의 사상과 운동
윤건차 지음 | 이명실·심성보 옮김 | 516쪽 | 값 25,000원

 음악과 함께 떠나는 세계의 혁명 이야기
조광환 지음 | 292쪽 | 값 15,000원

▶ 창의적인 협력수업을 지향하는 삶이 있는 국어 교실
우리말 글을 배우며 세상을 배운다

 중학교 국어 수업 어떻게 할 것인가?
김미경 지음 | 340쪽 | 값 15,000원

 토론의 숲에서 나를 만나다
명혜정 엮음 | 312쪽 | 값 15,000원

 토닥토닥 토론해요
명혜정·이명선·조선미 엮음 | 288쪽 | 값 15,000원

 이야기 꽃 1
박용성 엮어 지음 | 276쪽 | 값 9,800원

 이야기 꽃 2
박용성 엮어 지음 | 294쪽 | 값 13,000원

 인문학의 숲을 거니는 토론 수업
순천국어교사모임 엮음 | 308쪽 | 값 15,000원

▶ 4·16, 질문이 있는 교실 마주이야기
통합수업으로 혁신교육과정을 재구성하다!

통하는 공부
김태호·김형우·이경석·심우근·허진만 지음
324쪽 | 값 15,000원

내일 수업 어떻게 하지?
아이함께 지음 | 300쪽 | 값 15,000원
2015 세종도서 교양부문

인간 회복의 교육
성래운 지음 | 260쪽 | 값 13,000원

교과서 너머 교육과정 마주하기
이윤미 외 지음 | 368쪽 | 값 17,000원

수업 고수들 수업·교육과정·평가를 말하다
박현숙 외 지음 | 368쪽 | 값 17,000원

도덕 수업, 책으로 묻고 윤리로 답하다
울산도덕교사모임 지음 | 320쪽 | 값 15,000원

체육 교사, 수업을 말하다
전용진 지음 | 304쪽 | 값 15,000원

교실을 위한 프레이리
아이러 쇼어 엮음 | 사람대사람 옮김 | 412쪽 | 값 18,000원

마을교육공동체란 무엇인가?
서용선 외 지음 | 360쪽 | 값 17,000원

21세기 교육과 민주주의
한국교육연구네트워크 번역 총서 05
넬 나딩스 지음 | 심성보 옮김 | 392쪽 | 값 18,000원
2016 세종도서 학술부문

교사, 학교를 바꾸다
정진화 지음 | 372쪽 | 값 17,000원

함께 배움
학생 주도 배움 중심 수업 이렇게 한다
니시카와 준 지음 | 백경석 옮김 | 280쪽 | 값 15,000원

공교육은 왜?
홍섭근 지음 | 352쪽 | 값 16,000원

자기혁신과 공동의 성장을 위한
교사들의 필리버스터
윤양수·원종희·장군·조경삼 지음 | 280쪽 | 값 14,000원

주제통합수업, 아이들을 수업의 주인공으로!
이윤미 외 지음 | 392쪽 | 값 17,000원

수업과 교육의 지평을 확장하는 수업 비평
윤양수 지음 | 316쪽 | 값 15,000원
2014 문화체육관광부 우수교양도서

교사, 선생이 되다
김태은 외 지음 | 260쪽 | 값 13,000원

교사의 전문성, 어떻게 만들어지나
국제교원노조연맹 보고서 | 김석규 옮김 392쪽 | 값 17,000원

수업의 정치
윤양수·원종희·장군 지음 | 280쪽 | 값 14,000원

학교협동조합,
현장체험학습과 마을교육공동체를 잇다
주수원 외 지음 | 296쪽 | 값 15,000원

거꾸로교실,
잠자는 아이들을 깨우는 수업의 비밀
이민경 지음 | 280쪽 | 값 14,000원

교사는 무엇으로 사는가
정은균 지음 | 292쪽 | 값 15,000원

마음의 힘을 기르는 감성수업
조선미 외 지음 | 300쪽 | 값 15,000원

작은 학교 아이들
지경준 엮음 | 376쪽 | 값 17,000원

감성 지휘자, 우리 선생님
박종국 지음 | 308쪽 | 값 15,000원

대한민국 입시혁명
참교육연구소 입시연구팀 지음 | 220쪽 | 값 12,000원

교사를 세우는 교육과정
박승열 지음 | 312쪽 | 값 15,000원

전국 17명 교육감들과 나눈
교육 대담
최창의 대담·기록 | 272쪽 | 값 15,000원

▶ 더불어 사는 정의로운 세상을 여는 인문사회과학
사람의 존엄과 평등의 가치를 배운다

밥상혁명
강양구·강이현 지음 | 298쪽 | 값 13,800원

좌우지간 인권이다
안경환 지음 | 288쪽 | 값 13,000원

도덕 교과서 무엇이 문제인가?
김대용 지음 | 272쪽 | 값 14,000원

민주 시민교육
심성보 지음 | 544쪽 | 값 25,000원

자율주의와 진보교육
조엘 스프링 지음 | 심성보 옮김 | 320쪽 | 값 15,000원

민주 시민을 위한 도덕교육
심성보 지음 | 500쪽 | 값 25,000원
2015 세종도서 학술부문

민주화 이후의 공동체 교육
심성보 지음 | 392쪽 | 값 15,000원
2009 문화체육관광부 우수학술도서

교과서 밖에서 배우는 인문학 공부
정은교 지음 | 280쪽 | 값 13,000원

갈등을 넘어 협력 사회로
이창언·오수길·유문종·신윤관 지음 | 280쪽 | 값 15,000원

오래된 미래교육
정재걸 지음 | 392쪽 | 값 18,000원

동양사상과 마음교육
정재걸 외 지음 | 356쪽 | 값 16,000원
2015 세종도서 학술부문

대한민국 의료혁명
전국보건의료산업노동조합 엮음 | 548쪽 | 값 25,000원

교과서 밖에서 배우는 철학 공부
정은교 지음 | 280쪽 | 값 14,000원

교과서 밖에서 배우는 고전 공부
정은교 지음 | 288쪽 | 값 14,000원

교과서 밖에서 배우는 사회 공부
정은교 지음 | 304쪽 | 값 15,000원

전체 안의 전체 사고 속의 사고
김우창의 인문학을 읽다
현광일 지음 | 320쪽 | 값 15,000원

교과서 밖에서 배우는 윤리 공부
정은교 지음 | 292쪽 | 값 15,000원

▶ 살림터 참교육 문예 시리즈
영혼이 있는 삶을 가르치는 온 선생님을 만나다!

꽃보다 귀한 우리 아이는
조재도 지음 | 244쪽 | 값 12,000원

선생님이 먼저 때렸는데요
강병철 지음 | 248쪽 | 값 12,000원

성깔 있는 나무들
최은숙 지음 | 244쪽 | 값 12,000원

서울 여자, 시골 선생님 되다
조경선 지음 | 252쪽 | 값 12,000원

아이들에게 세상을 배웠네
명혜정 지음 | 240쪽 | 값 12,000원

행복한 창의 교육
최창의 지음 | 328쪽 | 값 15,000원

밥상에서 세상으로
김흥숙 지음 | 280쪽 | 값 13,000원

북유럽 교육 기행
정애경 외 14인 지음 | 288쪽 | 값 14,000원

▶ 남북이 하나 되는 두물머리 평화교육
분단 극복을 위한 치열한 배움과 실천을 만나다

10년 후 통일
정동영·지승호 지음 | 328쪽 | 값 15,000원

선생님, 통일이 뭐예요?
정경호 지음 | 252쪽 | 값 13,000원

분단시대의 통일교육
성래운 지음 | 428쪽 | 값 18,000원

김창환 교수의 DMZ 지리 이야기
김창환 지음 | 264쪽 | 값 15,000원

▶ 출간 예정

근간
한글혁명
김슬옹 지음

근간
세계 교육개혁의 빛과 그림자
프랭크 애덤슨 외 지음 | 심성보 외 옮김

근간
서울 마을교육공동체 만들기
박동국 외 지음

근간
민·관·학 협치 시대를 여는
마을교육공동체 만들기
김태정 지음

근간
학교를 개선하는 교장
마이클 풀란 지음 | 서동연·정효준 옮김

근간
혁신학교 사전
송순재 외 지음

근간
민주시민을 위한 역사교육
황현정 지음

근간
미국의 진보주의 교육 운동사
윌리엄 헤이스 지음 | 심성보 외 옮김

근간
왜 학교인가
마스켈라인 J. & 시몬 M. 지음 | 윤선인 옮김

근간
경기의 기억을 걷다
경기남부역사교사모임 지음

근간
핀란드 교육의 기적은 어떻게 만들어지나
Hannele Niemi 외 지음 | 장수명 외 옮김

근간
함께 만들어가는 강명초 이야기
이부영 외 지음

근간
역사 교사로 산다는 것은
신용균 지음

근간
민주주의와 교육
Pilar Ocadiz, Pia Wong, Carlos Torres 지음 | 유성상 옮김

근간
고쳐 쓴 갈래별 글쓰기 1
(시·소설·수필·희곡 쓰기 문예 편)
박안수 지음(개정 증보판)

근간
고쳐 쓴 갈래별 글쓰기 2
(논술·논설문·자기소개서·자서전·독서비평·
설명문·보고서 쓰기 등 실용 고교용)
박안수 지음(개정 증보판)

근간
어린이와 시 읽기
오인태 지음

참된 삶과 교육에 관한 생각 줍기